U0083387

古代歷史文化研究輯刊

二五編

王 明 蓀 主編

第13冊

清代越南燕行使節的北京書寫研究（上）

李宜樺 著

國家圖書館出版品預行編目資料

清代越南燕行使節的北京書寫研究（上）／李宜樺 著 -- 初版
-- 新北市：花木蘭文化事業有限公司，2021〔民 110〕
目 6+216 面；19×26 公分
（古代歷史文化研究輯刊 二五編；第 13 冊）
ISBN 978-986-518-315-8（精裝）
1. 外交史 2. 清代 3. 中國 4. 越南
618　　110000154

ISBN-978-986-518-315-8

古代歷史文化研究輯刊
二五編　第十三冊　　ISBN：978-986-518-315-8

清代越南燕行使節的北京書寫研究（上）

作　　者　李宜樺
主　　編　王明蓀
總 編 輯　杜潔祥
副總編輯　楊嘉樂
編　　輯　許郁翎、張雅淋　美術編輯　陳逸婷
出　　版　花木蘭文化事業有限公司
發 行 人　高小娟
聯絡地址　235 新北市中和區中安街七二號十三樓
　　　　　電話：02-2923-1455／傳真：02-2923-1452
網　　址　http://www.huamulan.tw 信箱 service@huamulans.com
印　　刷　普羅文化出版廣告事業
初　　版　2021 年 3 月
全書字數　378435 字
定　　價　二五編 15 冊（精裝）台幣 45,000 元

清代越南燕行使節的北京書寫研究（上）

李宜樺 著

作者簡介

李宜樺，臺灣雲林人，國立成功大學中國文學研究所博士，現任教於國立斗六高級中學。曾通過國立編譯館審查，出版專書《接受與再生：《平山冷燕》之書寫續衍與轉化研究》，並有〈從史傳到稗語——〈漢將王陵變〉之情節承衍與轉化考察〉、〈論日僧空海《遍照發揮性靈集》中所呈現的異域情調〉、〈論陳玉慧日記體散文《巴伐利亞的藍光》之書寫策略〉、〈王瓊玲小說集《美人尖》中的臺灣鄉野民俗書寫〉、〈《左傳》吳王夫差之人物形象析論〉等專文發表於學術期刊。

提　要

本研究以清代越南燕行使節的北京書寫為考察中心，探討越南使節北京生活的各種面貌，還原東亞漢文化圈曾發生的歷史交流與互動，並試圖詮釋其中內涵，發掘出幽深隱微的書寫意義，以補充越南漢學和使節文化書寫研究上的一個空白。

論文以清代越南使節出使中國所留下的作品為研究材料，2010 年中國復旦大學與越南漢喃研究院合作，影印出版的《越南漢文燕行文獻集成》為主要研究文本，並以其他稀見文本如《范魚堂北槎日記》、《萬里行吟》下冊卷三、卷四本（VHv.849/2）加以補充和校正。

全書共分七章，在爬梳中越外交關係和考察越南使節燕行活動的基礎上，就清代越南燕行使作客北京所記之「地景」、「活動」、「人物形象與交遊」、「觀察與感懷」等主題加以探討，並分析每項論題背後的意義與可再思考之面相。

清代越南燕行使節的北京書寫可視為一本另類的旅遊指南，不僅記下地理上的山川風景、朝貢儀節的執行細則、北京政壇上的史事人物、異國作客的心情點滴、他鄉知音的同文交流，字裡行間更充滿可供推敲之線索，讓讀者在看似已經逝去的歷史往事中，既尋找私人敘事的日常生活細節，也關注宏大敘事的民族國家認同。

目次

上冊

下　冊

第一章　緒　論

中國文化廣博深厚，甚且多藉國與國之外交往來向外傳播，深深影響東亞地區，形成所謂的東亞漢文化圈。陳慶浩教授曾這樣說道：「以漢文字為書寫工具的地區，我們稱為漢文化區。漢文化區以中國漢文化為主流，但亦應包括朝鮮、越南、日本、琉球等地區。長久以來，這些國家以漢字為表達工具，創作了大量的漢文作品，與中國相對而言，可稱為域外漢文化區。」〔註 1〕。與中國國土毗連的越南，其與中國互動所產生的相關書寫，早被納入漢文化區之範疇，文化交流不僅僅是東西相遇的驚嘆、齟齬、融合，就在東亞地理圈下，也因為歷史、地緣、漢文化的關係，曾經有著深刻的交流印記。本論文即選定以中越文化交流過程中，越南使節出使中國所留下的漢文文獻為研究對象，藉此一窺東亞漢文化圈內，中越兩國曾有的真實互動。

第一節　研究動機與目的

一、討論東亞之必要

作為二十一世紀中國文學的研究者，如何讓自己的眼光不受限制，客觀且深入地就所欲探討的課題展開大格局的思考？筆者以為，具備國際視野是重要因素之一，亦即不只從中國文學看中國，而是要建立一個國際參照系統，將研究對象與成果置於其中觀看、比較，而所謂的國際參照系統，又以

〔註 1〕見《越南漢文小說叢刊》書前總序。陳慶浩、王三慶主編：《越南漢文小說叢刊》（臺北：臺灣學生書局，1987 年 4 月初版），頁 1。

同為漢文書寫的東亞文化圈諸國尤為重要。葛兆光教授便曾指出，在現今全球化看似普遍同質的時代，研究者正進入「在多面鏡中認識自我的時代」，若想「取鑑十面，八方安排」，則要「從周邊看中國」，從周邊各個區域對中國的認識，重新認知歷史中國、文化中國和政治中國。而探索日本、琉球、朝鮮、越南所保存與中國相關的域外文獻，正可以發揮「旁觀者清」之效，讓研究者「跳出中國，又反觀中國」，了解中國的真正特性，避免產生「當局者迷」的弊病。更重要的是，以看似文化差異不大的周邊為「他者」，或許更能看出其與「自我」之間細微卻又重要的文化差異。〔註 2〕

無獨有偶，張伯偉教授也曾以「三隻眼睛」來說明取鑑東亞漢籍的必要性。他說西方文獻中的中國人曾自負地認為自己獨具兩隻眼睛，歐洲人則只有一隻眼睛。用兩隻眼睛觀察事物，是要看見自己，也看見他人，然而透過政治上的冊封，貿易上的朝貢，軍事上的羽翼及文化上的四敷，中國人兩眼所見，除了自己，就是自己在他者身上的投影，與用一隻眼睛去理解事物、見己不見人無異。不過，隨著東西文化交流的增加，中國人擦亮了第二隻眼睛，看見世界，認識自己，只可惜依舊缺少「第三隻眼」，即以異域人觀察中國之眼，反觀自身的「第三隻眼」，此乃「別具隻眼」的「異域之眼」。〔註 3〕張氏所說透視深廣、價值極高且擁有獨到見解、別具一隻眼的異域之眼，乃是日本、朝鮮、越南等中國周邊所形成的漢文化圈諸國。

將東亞各國視為「他者」，與「我者」中國進行文化、歷史甚或政治上的參照，如此方能知彼知己，了解同文書寫下的同與異；將東亞漢籍作為異域之眼的慧眼觀察與反饋，細讀其中擲地有聲的思想見聞，並以之反觀自身、省思補正，這才是研究中國文學時，別於他人且更具文化交流意義的大格局作法。以「東亞視野」來看待漢文文獻已是今日研究之必要，正如張伯偉教授所揭示：當研究者把歷史上的漢字文獻賦予一個整體的意義時，眼光自然可以超越國別的限制，也能超越傳統史家局限於文化一體的視野。〔註 4〕也正如陳慶浩教授所強調：只有對各部分充分研究，才能看到整體的情況；而也

〔註 2〕葛兆光：〈預流、立場與方法——追尋文史研究的新視野〉，《復旦學報》第 2 期（2007 年），頁 4～6。

〔註 3〕張伯偉：〈總序〉，《清代詩話東傳略論稿》（北京：中華書局，2007 年 7 月第 1 版），頁 1～2。

〔註 4〕張伯偉：〈導言：域外漢籍研究——一個嶄新的學術領域〉，《東亞漢籍研究論集》（臺北：國立臺灣大學出版中心，2007 年 7 月初版），頁 4。

只有對整體有了解，才能真正了解到各部分的特色。〔註5〕立足於東亞視野所思考的漢文化研究，方能將各個不同文化體看成全體不可或缺的部分，進行客觀而整體的研究。

二、我們為什麼要研究越南？

2012 年 9 月 24 日陳益源教授曾以「我們為什麼要研究越南？」在成大中文系對碩博士研究生進行演講。我們為什麼要研究越南？這個問題的答案，不只是越南漢學領域的研究者該重視，就連中文學界其他領域的研究者，也應該了解。一直以來，研究中國文學很容易因為中國曾是東亞漢文化圈的中心——高高在上的宗主國，垂視朝鮮、越南等藩屬國，而因此忽略了將視野拉向邊陲；又或者以自我為中心，思考中國文化、文學向外傳播的成果，如此，便容易忽略東亞其他各國吸收且轉化中國文學、文化，而產生受中國影響卻具本土特色的文學。研究越南，可以讓我們調整視角，不再只是由內而外、由中心而邊陲，而是由外而內、由邊陲而看向中心，此種研究視角的調整，當能讓研究者有不同的論述思維，也能看到不一樣的風景。

研究越南看似立足邊陲卻視野寬廣，只可惜當關心東亞漢文學研究的學者大聲疾呼，不該忽視日本、朝鮮所藏與中國相關的漢籍文獻與資料時，越南往往得不到研究者青睞的眼光，而越南漢文學的研究成果，在整體東亞漢文學的研究上，明顯薄弱，亟待有志之士熱情投入開發。究竟研究越南，可以如何讓吾人開拓視野，擁有寬廣的學術思考脈絡，陳益源教授在〈越南在東亞漢文學研究的不可或缺——以《越南漢籍文獻述論》的簡介為例〉一文，以其多年研究所得，舉具體論文作為實證內容，說明越南研究之不可或缺。如欲知中國漢籍在東亞的傳播，越南研究不可或缺；欲知中國小說在東亞的影響，越南研究不可或缺；欲知東亞文人交往，越南研究不可或缺；欲知東亞民俗風情，越南研究不可或缺；欲知東亞地區的國際關係，越南研究不可或缺。研究越南，和越南學者建立更廣泛的學術交流，才能進行東亞漢文學深入的交叉比較、綜合研究，也才能讓東亞漢文學研究呈現出均衡而完整的新面貌。〔註6〕

〔註5〕陳慶浩：〈漢文化整體研究三十年感言〉，收入陳益源：《越南漢籍文獻述論》（北京：中華書局，2011 年 9 月第 1 版），頁 4。

〔註6〕陳益源：〈越南在東亞漢文學研究的不可或缺——以《越南漢籍文獻述論》的簡介為例〉，收入王寶平主編：《東亞視域中的漢文學研究》（上海：上海古籍

如果討論東亞是為了使漢文化研究、中國文學研究更為全面完整，了解跨越時空下漢文書寫背後傳播、交流、接受、再生的歷史足跡與印記，那麼作為東亞漢文化圈的成員，和中國有著深厚的文化淵源，甚至建立長達千年宗藩關係，留下許多漢文文獻的越南，當然不能在東亞漢文化與文學研究中缺席、留白。過去，未曾留心越南的筆者，不知道開澎進士蔡廷蘭漂流至越南所留下的紀錄《海南雜著》，原來很早就被翻譯成俄文，受到外國人的重視；不清楚越南使節留下的中國書店販售書目及書籍售價，竟是研究中國書籍文化及傳播主題時，可資取材佐證的資料；不曉得當自己朗吟崔顥的「黃鶴樓」詩，以及杜甫、孟浩然有關「岳陽樓」的詩作時，越南使節也曾站在黃鶴樓、岳陽樓上吟誦李、杜等中國文人詩作，甚且有所感發，自賦詩作以歌詠和韻。現在，因為親近越南，準備研究越南，立足於越南這個看似邊陲的研究對象，因此可以回看、對照，而開拓出更寬廣的研究視野。顯然，從研究「他者」出發，因為對「他者」有了更深的認識與了解後，對於自我的觀照便能更多元、完整，而且全面、深入。

三、作為多元意義文本的越南燕行文獻

陳寅恪先生曾在〈陳垣燉煌劫餘錄序〉一文談到：

> 一時代之學術，必有其新材料與新問題。取用此材料，以研求問題，則為此時代學術之新潮流。治學之士，得預於此潮流者，謂之預流（借用佛教初果之名）。其未得預者，謂之未入流。此古今學術史之通義，非彼閉門造車之徒，所能同喻者也。〔註7〕

顯然，關注新材料以及由新材料所開展出的新研究課題，是開創一時代學術新潮流所不可忽視的研究進路，倘若不能妥善把握新材料並加以運用，治學實有未入流之嫌。而二十一世紀值得中國文學研究者關注的新材料，藏於東亞文化圈日本、朝鮮、越南、琉球等國的域外漢籍，無疑是一大寶庫。張伯偉曾言：域外漢籍所形構出的歷史圖景，涉及到制度、法律、經濟、思想、宗教、歷史、教育、文學、藝術、醫藥、民間信仰和習俗等各個方面，系統且深入。張氏亦從學術史的角度，指出域外漢籍打開了中國學術的新視野，也代

出版社，2013年2月初版），頁73～85。

〔註7〕陳寅恪：《陳寅恪集．金明館叢稿二編》（北京：生活．讀書．新知三聯書店，2001年7月北京第一版），頁266。

表了中國學術的「新材料」，可對應陳寅恪先生所謂「取異族之故書與吾國之舊籍互相補正」的說法，研究者可將之作為中國文化的對話者、比較者和批判者，從而在各方面對漢文化整體的意義作出「新發明」。〔註 8〕

承前所論與分析，在東亞視野下的越南研究新材料——越南使節出使中國所留下的燕行（又名「北使」）文獻〔註 9〕，實乃值得投入開發與深研的對象。從西元 968 年丁部領統一越南，建立大瞿越國，而後宋太祖封其為交趾郡王開始（西元 975 年），越南成為獨立自主之封建國家，中越兩國也展開了近千年的宗藩關係，越南使者因求封、進貢、告哀等原因出使中國的次數極為頻繁，故而產生了許多珍貴的燕行文獻。據《越南漢喃文獻目錄提要》所記，目前共收錄 8 種燕行記、80 餘種北使詩文集以及 8 種北使程圖。〔註 10〕而隨著 2010 年中國復旦大學與越南漢喃研究院共同合作出版《越南漢文燕行文獻集成》，精選七十九部作品原書影印出版，更帶給有志研究越南燕行文獻者極大的便利性。

越南漢文燕行文獻是越南使節北使中國留下的紀錄，其性質毫無疑問是「歷史的文本」，它不僅是中越外交關係的史料，透過越南使節異域之眼的觀察與記錄，燕行文獻也是了解中國尤其清代〔註 11〕之政治、社會、經濟、民俗等各面相之最佳佐證史料。除此之外，越南漢文燕行文獻更是「文學的文本」。越南現存的燕行文獻中，「北使詩文」是越南使臣最主要的著述文體，相較於朝鮮的使節文獻多為「燕行錄」，文獻價值主要在於史學，越南的北使文獻其價值顯然主要在文學方面，這也意味著越南使臣的出使，文化交流意義絲毫不遜於政治意義，而對漢文化的認同以及對詩賦外交的重視，實乃根本原因。〔註 12〕越南使臣多為漢文化素養高的文人，是越南國內最優秀的學

〔註 8〕張伯偉：〈總序〉，《清代詩話東傳略論稿》（北京：中華書局，2007 年 7 月第 1 版），頁 3。

〔註 9〕越南人以「北」和「燕」來指代中國，因中國在越南北方，而其出使多至明清之國都「燕京」，故「北使」乃指出使到北方的中國，「燕行」則意謂中國／燕京之行。

〔註 10〕劉玉珺：《越南漢喃古籍的文獻學研究》（北京：中華書局，2007 年 7 月第 1 版），頁 294。

〔註 11〕越南北使文獻大興乃至繁盛主要在越南後黎朝、西山朝與阮朝，對照中國朝代主要在明清兩代，尤其是清代。有關越南北使文獻的介紹可參考劉玉珺：《越南漢喃古籍的文獻學研究》之第五章「越南北使文獻與詩賦外交」。

〔註 12〕劉玉珺：《越南漢喃古籍的文獻學研究》，頁 337～338。

者和詩人，更是中國書籍傳播越南的重要媒介者〔註 13〕，因此從「文學文本」及「文化交流文本」的角度重新審視其燕行紀錄，極為重要。尤其時至今日，學科跨界交融，歷史學和文化理論結合，歷史儼然可以作為文學、作為敘事，〔註 14〕那麼研讀兼具歷史、文學及文化交流文本性質的燕行文獻，探索其中隱含的記憶、想像與認同等課題，實有其深義。

越南燕行文獻是越南使節跨越疆界的書寫，具空間移動的特質，可以呈現出作者在當下時空情境中的感懷與意識。燕行紀錄在使節書寫的那一刻，即產生文本性，縱使由越南至中國的行旅是非自願性，且有任務在身，但到了自己一心嚮往之地，見識所謂的異域風情，而把眼見的中國視為「空間」，留下地誌式的場景意象書寫，越南燕行文獻實可視為「另類旅行文本」。旅行所帶來空間移動的變化，涉及到人的心理符號機制，旅行過程常常是一種自我與他人再現的心理機制，會對別人的文化社會進行比較、參考與對照，並顯現出人我之別。而心理機制也會把外面的景觀及引發的情緒變化，藉書寫的方式顯現出內心裡的人我差異，此種比較再透過記憶和自我認同的重新思考、調整，甚至進行所謂的批判與修正，將使個人視野開闊不少。〔註 15〕旅行是在異域空間中的自我檢視與辯證，而越南使節的燕行之旅，處處充滿我者／他者的思辨：中越之「我」與「他」，東西方之「我」與「他」，越南、西方之「我」與「他」，越南、東亞諸國使節之「我」與「他」，越南內部之「我」與「他」，越南燕行文獻的切入視角之多元，足可證明。

事實上，對越南燕行文獻的種種探究，都可以統合在使節文化書寫的大主題下。中國與東亞各國自古往來頻繁，身銜皇命的使臣，其所留下的交流與文字紀錄，即使節文化書寫之文本。就書寫位置來看，使節文獻既是官方的、國家的檔案，也是私人的、自我的辯證對話，公私交會，看似矛盾卻又並呈交融。而使節文化書寫除了有風土人情的紀錄外，也反映了自我／他者的

〔註 13〕有關中國書籍流傳越南的研究可參考劉玉珺：《越南漢喃古籍的文獻學研究》之第一章「古代中越書籍交流」，以及陳益源：〈清代越南使節在中國的購書經驗〉，《越南漢籍文獻述論》（北京：中華書局，2011 年 9 月第 1 版），頁 1～48。

〔註 14〕關於歷史學與文化理論的結合，可參閱〔英〕西蒙·岡恩（Simon Gunn）著，韓炯譯：《歷史學與文化理論》（北京：北京大學出版社，2012 年 7 月第 1 版）。

〔註 15〕廖炳惠：〈旅行、記憶與認同〉，《臺灣與世界文學的匯流》（臺北：聯合文學出版社，2006 年 5 月初版），頁 186～189。

相互觀看、新舊事物與價值觀念的衝撞與融合、對商業或社會實境等不同面向的反映，〔註 16〕這些正是越南及朝鮮「燕行錄」的內涵。又，研究使節文獻很容易涉及到文化意象、比較文學形象學、跨文化形象學〔註 17〕的問題，可以抽出作為單獨發展的主題。使節出使異國，在其異域之眼的凝視中，自可形塑出某種屬於該國或地域的樣貌，形之於翰墨，皆是對異國形象的認識與描述，張伯偉在「域外文獻裡的中國」專題系列講座〔註 18〕講述〈朝鮮半島漢籍裡的中國〉時，即點出由比較文學形象學之脈絡來研究域外文獻的思考方向。〔註 19〕

異國形象的產生，源於行旅者對自我與他者、本土與異域關係的自覺意識，而東亞各國因漢字文化傳播及詩賦外交傳統的影響，不免存在一些「文化共相」，這些文化共相在有利情境下會形塑出清晰可感的「意象」，讓日本、朝鮮、越南等異域之人彼此產生出某種同體感。〔註 20〕因此由「文化意象」角度切入，藉越南燕行文獻等使節文獻，考察東亞地區各國理想世界、勝景／聖境、典範人物、軼事／傳奇等文化意象，亦是值得耕耘的研究進路。〔註 21〕廖肇亨曾指出：「東亞各國使節的文化書寫，既是相互觀看的窗口，也是彼此發聲溝通的場域。甚至也有可能成為形塑一個國家或區域文化意象（與想像）的憑藉」。〔註 22〕誠然，使節出使他方之國的觀察，自有眼見為憑而加以記錄的具體形象，又或有非物質的文化意象之采風實錄，

〔註 16〕廖肇亨：〈知海則知聖人：明代琉球冊封使海洋書寫義蘊探詮〉，《臺灣古典文學研究集刊》第 2 期（2009 年 12 月），頁 7。

〔註 17〕所謂「跨文化形象學」即以跨文化研究的方法，分析不同國家地區一般社會想像中作為文化他者的中國形象。此部分之研究可參考周寧：《跨文化研究：以中國形象為方法》（北京：商務印書館，2011 年 10 月第 1 版）。

〔註 18〕此講座在 2013 年由上海圖書館、復旦大學古籍所及章培恒先生學術基金共同舉辦，演講內容可見《域外文獻裡的中國》一書。

〔註 19〕張伯偉：〈朝鮮半島漢籍裡的中國〉，收入復旦大學古籍整理研究所、章培恒先生學術基金編：《域外文獻裡的中國》（上海：上海文藝出版社，2014 年 6 月第 1 版），頁 11。

〔註 20〕石守謙：〈由文化意象談「東亞」之形塑〉，收入石守謙、廖肇亨主編：《東亞文化意象之形塑》（臺北：允晨文化實業股份有限公司，2011 年 3 月初版），頁 8。

〔註 21〕此部分之研究成果可參考石守謙、廖肇亨主編：《東亞文化意象之形塑》（臺北：允晨文化實業股份有限公司，2011 年 3 月初版）。

〔註 22〕廖肇亨：〈知海則知聖人：明代琉球冊封使海洋書寫義蘊探詮〉，《臺灣古典文學研究集刊》第 2 期（2009 年 12 月），頁 7。

然而由於個人思維意識的先在影響，觀看之眼或將帶有既定色彩，而形成某種自我想像，就如同比較文學意義上的形象討論，認為形象並非現實的複製品（或相似物），它是按照注視者文化中的模式、程序而重組、重寫的，這些模式和程式均先存於形象。〔註 23〕因此，研究越南燕行文獻等使節書寫，必然得思考其紀實與想像／虛構並存的曖昧特性，且考量東亞文化共相可能有的衍化變異發展，採用跨文化形象學之跨文化研究的方法，以分析越南等東亞諸國民族意識集體想像下，國族他者與文化他者彼此糾結的中國形象，如此方能全方位解讀面相多元、意義多元的使節文獻。

四、越南燕行使節的北京書寫

不論從歷史、文學、文化交流、旅遊書寫、使節文化書寫，或是比較文學形象學、跨文化形象學、東亞文化意象等角度切入，越南燕行文獻皆是值得研究的對象，足見其本身具備的文本多元性與豐富性。因此筆者選定清代越南燕行使節所留下的漢文燕行文獻為研究對象，並鎖定其燕行最重要的目的地——「北京」作為研究聚焦的主體，以一個都城的區域書寫為核心進行考察，探究對中國山川風物、對中華文化深深戀慕的越南知識分子，當其真正翻山越嶺、歷經辛勞抵達宗主國清代王朝的首都時，其異域之眼所見，會呈現出何種北京風貌？

越南燕行使節銜命前往北京，身負重任，乃「萬里將命，係乎其人爾」；其獲越南國君「素所簡知」故「特有斯選」之青睞，「須不負四方專對」才得「從優獎賞」，否則「國法綦嚴」、「公論具在」，將有「難當此重咎」之責。而燕行使之同僚、鄉人對能任如燕使節者有著「榮矣哉」、「吾郡有人矣」的肯定，在異地越南想像著燕行軺車所歷之處與古人遺跡，羨慕其能親炙中土，感受平日所考、粗閱一二的「荊豫燕冀之都」，以及「太行黃河之高深」、「陶唐周漢之遺風」。洞庭使帆、黃鶴有詩、岳陽之樓……「凡平日之所聞者，今皆親履其境，此造物之所與，而吾友之獨得也」，「凡山川名勝，古人題詠，平昔之所聞者，而今身歷之，誠可以豁大觀矣，其得意為何如？」〔註 24〕越

〔註 23〕〔法〕達尼埃爾—亨利・巴柔著、孟華譯：〈形象〉，收入孟華主編：《比較文學形象學》（北京：北京大學出版社，2001 年 7 月第 1 版），頁 157。

〔註 24〕此段所引相關文字皆出自裴樻《燕行總載》正文前阮翼宗之上諭，及鄧禮甫等阮朝公卿士人餞別裴氏之文。見〔越南〕裴樻：《燕行總載》，收入中國復旦大學文史研究院、越南漢喃研究院合編：《越南漢文燕行文獻集成》第十五

南文人鄉紳是如此浸淫孺慕中國斯土斯文，因此集滿一身欣羡眼光且克服萬難來到中國的越南燕行使，其抵達北京後有何不負專對與行萬里路之得意書寫，令人期待。

先秦時期北京曾是燕國的都城，故又名燕京。早期的北京因非華夏文化核心區而較未受重視，但自西元 1153 年金朝將首都遷到北京以加強對中原地區的控制，因而第一次成為首都後，其地位日益重要。尤其元世祖忽必烈滅金之後，於西元 1267 年將首都遷至金的中都城並改名為大都，從此北京便由半個中國的首都演變為全中國的首都直至現在。金、元二朝既要南取中原，又要照顧其民族根據地，建都北京是最理想之舉，而由東北龍興入主關內的清朝，情況亦然。〔註 25〕事實上北京擁有控扼天下的地理形勢，金人梁襄便曾言：「燕都地處雄要，北倚山險，南壓區夏，若坐堂皇而俯視庭宇也。又居庸、古北、松亭諸關，東西千里，險峻相連，近在都畿，據守尤易」；顧祖禹《讀史方輿紀要》亦言：「關山險峻，川澤流通，據天下之脊，控華夏之防，鉅勢強形，號稱天府。」〔註 26〕仰慕中華文化的越南使節，面對關外滿夷治理下的清朝與北京，民族自主與宗藩關係的矛盾，讓越南使節的燕行往往又背負著考察中國山川地理形勢的責任，如此則燕行使節對號令天下、形勢險要的一代帝都北京之寫，是否寓有政治態勢、疆域考察、國族思辨、文化情結在其中？又中國古代城市是國家和王權的象徵，城市規劃布局圍繞著天子宮室為中心進行，〔註 27〕滿人治下的北京城，勢必呈現滿漢風情或對峙或交融的樣貌。作為天子腳下、首善之區的北京，以天子所居的紫禁城為出發點，跟著清代越南使節的文字腳步，行旅在從元代大都發展而來的京城帝都中，古都的歷史性與時間性、紫禁城揉和中國文化的空間感、「耀目九街鋪錦繡，繁華難狀帝城春」（〈燕京褋詠〉）〔註 28〕的繁華京師，這些在在洋溢著引人入勝、一探究竟的氣息，值得深入了解。

冊（上海：復旦大學出版社，2010 年 5 月第一版），頁 219～307。

〔註 25〕張曉虹：《古都與城市》（香港：中華書局有限公司，2014 年 5 月初版），頁 60～62。

〔註 26〕以上二段引文皆見〔清〕顧祖禹撰，賀次君、施和金點校：《讀史方輿紀要》（北京：中華書局，2005 年 3 月第 1 版），頁 440。

〔註 27〕張曉虹：《古都與城市》，頁 34。

〔註 28〕〔越南〕阮倣《星軺隨筆》，收入中國復旦大學文史研究院、越南漢喃研究院合編：《越南漢文燕行文獻集成》第十六冊（上海：復旦大學出版社，2010 年 5 月第一版），頁 144。

距今不過三百多年前的越南使節燕行之人與事，這些身影卻早已湮沒在歷史長河中，越南燕行文獻也只不過是乏人關注的寂寞文本。清代越南使節的燕行書寫、北京書寫，是歷盡艱險的生命見聞紀錄，越南使節行疆異域的過程中，究竟其聽、說、聞、見為何？在中國、越南的宗藩關係，及逐漸不可避免的西力東漸情勢下，燕行使之所思所感，是慕戀、鄙夷、心焦又或是無奈？文化與國族的認同、華夷和我者與他者的思辨……，都在這紀實與想像交錯的燕行詩文中。筆者期待藉此論文之進行，能為東亞視野下重要而不可或缺的越南研究，補上承先啟後之一筆。

第二節　文獻探討與述評

越南與中國依山傍水、土地相連，自古往來關係密切，有大量燕行文獻傳世。越南使節是其國內漢文素養最頂尖的知識分子，他們運用漢詩描繪勾勒出越南人眼中的中國形象。回顧越南使節的漢文書寫研究，臺灣因於越南漢學此領域投入甚早，且保持高度關注，〔註 29〕故早在 1956 年彭國棟〈談越南漢詩〉一文，就曾在「元代越南之漢詩」一節提及越南陳朝名士阮忠彥（1289～1370）出使元朝之事，而「明清以來越南之漢詩」及「阮恂叔之燕軺詩草」二節，引錄並分析明清越南使臣如阮公沆（1679～1732）、阮宏匡、阮輝偿（1713～1798）等之燕行漢詩，且專文介紹、選錄阮思僩（1823～？）同治年間之北使詩集《燕軺詩草》。〔註 30〕而前述提及越南使節多為越南國內文學大家，因此鄭永常《漢文文學在安南的興替》一書，雖非鎖定使節文獻作為研究對象，然其於介紹越南漢文文學發展情況時，曾提及莫挺之(1280～1346)、阮忠彥、馮克寬（1528～1623）、黎貴惇（1726～1784）、鄭懷德（1765～1825）等人出使中國一事，且就鄭懷德《艮齋詩集》中幾首燕行之作加以討論。〔註 31〕其後隨著《越南漢文小說叢刊》一、二輯之出版（1987

〔註 29〕陳益源：〈越南漢文學中的東南亞新世界——以 1830 年代初期為考察對象〉，《深圳大學學報》第 27 卷第 1 期（2010 年 1 月），頁 119～120。該文前言扼要簡述了臺灣在越南漢學方面之研究發展成果，本論文所述之臺灣越南漢學研究發展脈絡皆本於此。

〔註 30〕見郭廷以等：《中越文化論集（一）》（臺北：中華文化出版事業委員會，1956 年 4 月初版），頁 159～179。此文後收入彭國棟：《中越緬泰詩史》（臺北：中華文化出版事業委員會，1958 年 4 月初版），頁 16～45。

〔註 31〕鄭永常：《漢文文學在安南的興替》（臺北：臺灣商務印書館，1987 年 4 月初版）。

年、1992 年），臺灣學界對越南漢學的研究重心轉往越南漢文小說，之後更往越南漢喃銘文與越南民俗文化之研究方向發展。直至 2002 年中央研究院中國文哲研究所出版《越南漢喃文獻目錄提要》，內有專文論及越南使節的燕行記和北使詩文，〔註 32〕為研究者提供文獻蒐集與資料檢索極佳的參考與指引，而 2004 年的《越南漢喃文獻目錄提要補遺》〔註 33〕則更補足越南漢喃文獻目錄之完整性。現兩書內容皆可透過中研院「越南漢喃文獻目錄資料庫系統」〔註 34〕進行查詢。

國立成功大學特聘教授陳益源長期投入越南漢學之研究，在累積了對越南文學作品及中越文化交流關係的研究能量與成果後，〔註 35〕率先針對越南燕行文獻之價值進行開發，開啟了臺灣越南漢文學研究過去未曾開拓之新領域。如 2007 年策劃舉辦「東亞漢文學與民俗文化國際學術研討會」，推動且提供越南漢文學與民俗文化研究之發表平台，因而有王偉勇之〈中越文化「意外」交流之成果——《中外群英會錄》述評〉〔註 36〕一文發表，評介道光十

〔註 32〕劉春銀、王小盾、陳義主編：《越南漢喃文獻目錄提要》（臺北：中央研究院中國文哲研究所，2002 年 12 月初版），頁 18～23。

〔註 33〕劉春銀、王小盾、陳義主編：《越南漢喃文獻目錄提要補遺》（臺北：中央研究院亞太研究專題中心，2004 年 12 月初版）。

〔註 34〕「越南漢喃文獻目錄資料庫系統」，共計收錄存藏於越法兩國六所圖書館之珍貴漢喃古籍文獻目錄 5,023 筆。其中經部 147 筆、史部 1,665 筆，子部 1,527 筆及集部 1，684 筆。資料庫網址如下：http://www.litphil.sinica.edu.tw/hannan/。

〔註 35〕如執行國科會計畫：「1998 年中越金雲翹傳之比較研究」、「1999 年漢喃研究院所藏越南漢文小說及其與中國小說之關係」、「2002 年蔡廷蘭及其《海南雜著》之調查、翻譯與研究」，出版專著：《剪燈新話與傳奇漫錄之比較研究》（1990）、《王翠翹故事研究》（2001）、《蔡廷蘭及其海南雜著》（2006）、《中越漢文小說研究》（2007）等，發表論文：〈越南漢文小說《傳奇漫錄》的淵源與影響〉（1989）、〈《聊齋誌異》對越南漢文小說《傳記摘錄》的影響〉（2001）、〈漢喃研究院所藏越南漢文小說《傳記摘錄》研究〉（2001）、〈越南《翹傳》漢喃文獻綜述〉（2002）、〈《聊齋誌異》、《後聊齋誌異》與越南的《傳記摘錄》〉（2004）、〈越南漢喃研究院所藏的中國重抄重印本小說〉（2005）、〈《亦復如是》、《志異續編》與越南的《異聞雜錄》〉（2005）、〈《海南雜著》的版本與譯本〉（2005）、〈越南漢文小說與中國小說之關係〉（2006）、〈越南女神柳杏公主漢喃文獻考索〉（2006）、〈李文馥與《二度梅》〉（2006）等。有關陳益源教授之學術研究成果可參考成大中文系之教師個人網頁，網址如下：http://radb.ncku.edu.tw/Personal_Report/profile.php?s=OTIwODAwMSA7YWxsOzsyO3BlcnNvbmFsX3JlcG9ydF9jc3NfMQ==（2014 年 11 月 19 日檢索）

〔註 36〕王偉勇：〈中越文人「意外」交流之成果——《中外群英會錄》述評〉，收入

三年至十四年（1833～1834）越南使者李文馥等五人因護送中國漂流船抵粵，而與當地文人繆艮詩文酬和之交流成果集——《中外群英會錄》，讓讀者一窺除中韓（朝鮮）交流之《皇華集》〔註 37〕外，東亞世界裡中越兩國以文會友之美事。陳教授又於 2008 年起，連續多年執行國科會（現更名為科技部）計畫，關注越南使節漢文書寫作品，如 2008 年「越南李文馥的北使經歷及其與中國文學之關係」、2009 年「在東方遇見西方——1830 年代越南漢文學中的東亞新世界」、2010 年「十九世紀越南使節於中國購書記錄之調查與研究」、2011 年「清代越南使節黃鶴樓詩文之調查、整理與研究」、2012 年「清代越南使節岳陽樓詩文之調查、整理與研究」、2013 年「《越南漢文燕行文獻集成》的補充與考證」，其已發表之論文見下表：

編號	時間	作者	論著名稱	出　處
1	2008	陳益源	越南李文馥（1785～1849）筆下十九世紀初的亞洲飲食文化	第十屆中華飲食文化學術研討會論文集，後收入《越南漢籍文獻述論》（2011），頁 263～282
2	2009	陳益源 阮氏銀	周遊列國的越南名儒李文馥及其華夷之辨	越南儒教第二次國際學術會議論文集，後收入《越南漢籍文獻述論》（2011），頁 225～236
3	2009	阮氏銀 陳益源	擦身而過——越南李文馥與臺灣蔡廷蘭的詩緣交錯	臺灣古典文學研究集刊，後收入《越南漢籍文獻述論》（2011），頁 237～262
4	2010	陳益源	清代越南使節在中國的購書經驗	域外漢籍研究集刊，後收入《越南漢籍文獻述論》（2011），頁 1～48
5	2010	陳益源	越南漢文學中的東南亞新世界——以 1830 年代初期為考察對象	深圳大學學報，後收入《越南漢籍文獻述論》（2011），頁 283～309
6	2010	陳益源	越南名儒李文馥及其「展謁紫陽書院恭紀并序」	朱熹與東亞儒學的國際學術研討會，後收入《東亞漢文學與民俗

王三慶、陳益源主編：《東亞漢文學與民俗文化國際學術研討會論文集》（臺北：樂學書局，2007 年 12 月），頁 519～561。

〔註 37〕《皇華集》乃明代文臣出使朝鮮，與朝鮮文人酬酢唱和之作品集。關於《皇華集》的研究可參見王國良：〈倪謙《遼海編》與《庚午皇華集》〉，收入張伯偉編：《域外漢籍叢刊》（北京：中華書局，2006 年），第二輯，頁 337～346；杜慧月：《明代文臣出使朝鮮與「皇華集」》（北京：人民出版社，2010 年 12 月第 1 版）。

				文化論叢（二）》〔註 38〕之〈越南名儒李文馥研究二章〉一文（2011），頁 177～190
7	2011	陳益源	越南名儒李文馥的〈夷辨〉與阮思僩的〈辨夷說〉	越南社科院哲學研究所「越南儒學傳統與創新」國際學術研討會，後收入《東亞漢文學與民俗文化論叢（二）》之〈越南名儒李文馥研究二章〉一文（2011），頁 177～190
8	2011	陳益源	越南與琉球使節在中國的詩文交會	日本、越南文學在東亞的語境學術研討會
9	2011	陳益源 凌欣欣	清同治年間越南使節的黃鶴樓詩文	《長江學術》2011 年第 4 期，頁 144～157
10	2011	陳益源 賴承俊	寓粵文人繆艮與越南使節的因緣際會——從筆記小說《塗說》談起	《明清小說研究》2011 年第 2 期，頁 212～226

上表多篇論文收入《越南漢籍文獻述論》一書，有意研究越南漢學者，該書可謂重要參考書目。

檢視上列論文，會發現越南使節李文馥（1785～1849）是研究焦點。李文馥是越南十九世紀上半葉著名的詩人、外交官，其於宦海浮沉前後三十年，「多在洋程效勞」，自 1830 年起，十幾年間至少出訪外國十一次，寫下《西行見聞錄》、《閩行詩草》、《粵行詩草》、《粵行續吟》、《鏡海續吟》、《周原雜詠》等多部詩文集。其走向世界的外交使節身分，備受矚目，而其留下的北使集更是越南使節個人創作之冠，故極易成為越南使節書寫的研究中心。考察上述已發表與李文馥相關的論文，有建構李文馥與中華文友、尤其是閩粵詩友如繆艮（1766～1835，字兼山，號蓮仙）的人際交遊網絡，及與開澎進士蔡廷蘭擦身而過的詩緣；有介紹李氏周遊列國出使中國及東南亞的情形，與十九世紀初亞洲東南亞、南亞、菲律賓、中國等地的飲食文化紀錄，甚至再加上其他越南使節如鄧文啟、何宗權、潘清簡等出使東南亞的詩文作品，再現 1830 年代初期東南亞新世界的歷史樣貌；有論及李氏視「家孔孟而戶朱程」的越南為華而非夷的華夷之辨，及深受越南阮朝崇尚朱子學說影響的堅定儒學思想，並延伸談及同治年間使華的阮思僩，同樣慷慨激昂地主張越

〔註 38〕王三慶、陳益源主編：《東亞漢文學與民俗文化論叢（二）》（臺北：樂學書局有限公司，2011 年 12 月初版）。

南是華而非夷的華夷之辨。以上研究成果可見李文馥其人其事其文，從個人生平、出使經歷、文化思想到人際脈絡，已被勾勒出一具體輪廓，是越南燕行文獻研究的一大亮眼成就。

而〈清代越南使節在中國的購書經驗〉一文，則將北使文獻作為中越交流之可信史料的特色加以發揮，該文藉汝伯仕（1787～1867）《粵行雜草編輯》、阮思僩《燕軺筆錄》與《如清日記》、陳文梓翻刻《五類遺規》、阮述（1842～？）《每懷吟草》與《往津日記》等之燕行經驗與如燕作品、所附書目、翻刻之書，還原中越文化交流的真貌，一睹由越南使節扮演重要媒介形成北書南傳、北書南印現象的歷史印記。〈清同治年間越南使節的黃鶴樓詩文〉則是使節燕行詩文的主題式研究篇章，以越南使節燕行必經的名勝古跡「黃鶴樓」為討論中心，就同治年間越南使節的黃鶴樓詩文詳加探討，除了展現出黃鶴樓的變遷、周遭環境的改變，更讓人看到異域之眼下，近代中國時局變動的真實情形。

臺灣其他有關越南北使文獻或燕行使節之研究還有以越使馮克寬、阮攸、鄭懷德、阮述等人為主的論文，如鄭永常〈一次奇異的詩之外交：馮克寬與李睟光在北京的交會〉〔註 39〕；許文堂〈越南詩人阮攸的生平與作品〉〔註 40〕、黎春開《阮攸「北行雜錄」人文地景書寫之研究》〔註 41〕與〈越南漢文文獻中的中國地景——以阮攸漢詩集《北行雜錄》為分析場域〉〔註 42〕；鄭瑞明〈華僑鄭懷德對越南的貢獻〉〔註 43〕、龔顯宗〈華裔越南漢學家、外交家鄭懷德〉〔註 44〕與〈自《艮齋觀光集》看越、清兩國交涉與七省風物〉〔註 45〕、

〔註 39〕鄭永常：〈一次奇異的詩之外交：馮克寬與李睟光在北京的交會〉，《臺灣古典文學研究集刊》第 1 期（2009 年 6 月），頁 345～372。

〔註 40〕許文堂：〈越南詩人阮攸的生平與作品〉，《亞太研究論壇》第 44 期（2009 年 6 月），頁 258～269。

〔註 41〕黎春開：《阮攸「北行雜錄」人文地景書寫之研究》（臺北：國立臺灣師範大學臺灣語文學系碩士論文，2012 年 6 月，許俊雅指導）。

〔註 42〕黎春開：〈越南漢文文獻中的中國地景——以阮攸漢詩集《北行雜錄》為分析場域〉，《古典文獻與民俗藝術集刊》第 2 期（2013 年 10 月），頁 77～96。

〔註 43〕鄭瑞明：〈華僑鄭懷德對越南的貢獻〉，《歷史學報》第 4 期（1976 年 4 月），頁 221～240。

〔註 44〕龔顯宗：〈華裔越南漢學家、外交家鄭懷德〉，《歷史月刊》第 150 期（2000 年 7 月），頁 107～112。

〔註 45〕龔顯宗：〈自《艮齋觀光集》看越、清兩國交涉與七省風物〉，《臺灣古典文學研究集刊》第 1 期（2009 年 6 月），頁 373～392。

阮進立〈試校鄭懷德《艮齋詩集》版本〉〔註 46〕；戴榮冠〈阮述《每懷吟草》詩作考〉〔註 47〕。《北行雜錄》、《艮齋觀光集》和《每懷吟草》分別是越南使節阮攸、鄭懷德、阮述的燕行紀錄，而此三部著作之所以較容易被研究者關注，乃因阮攸改編自中國青心才人小說的六八體喃詩《金雲翹傳》是越南文學名著，阮攸可謂越南文學大家；而鄭懷德則因其華僑身分受到矚目；阮述則為越南最後派遣至中國的使臣，其另一燕行著作《往津日記》頗受歷史學界重視，故此三人的燕行之作較其他作品先獲得青睞。上述戴榮冠一文直接針對阮述的燕行詩集《每懷吟草》進行基礎整理，比對版本以考查校訂，有助於此文本日後之精細詮釋與研究。至於清代曾出使中國的越南後黎朝文人黎貴惇，臺灣學界則著重於其學術與思想面向之研究；〔註 48〕而阮黃燕〈論越南十九世紀筆記中之臺灣形象〉〔註 49〕、李貴民〈清代臺灣與越南的時空連結——以越南漢文文獻為例〉〔註 50〕二文，雖非探究越南燕行詩文之作，但因涉及越南使節阮文超（1799～1872）及其著作《方亭隨筆錄》，與越南使節裴文禩之燕行著作《萬里行吟》，故仍可供研究參考。

越南使節之北使中國是東亞使節文化交流重要的一環，可惜除了學者個人著力深研外，臺灣晚近幾次與東亞相關的重要研究計畫，其研究範圍雖有意擴及東亞地區的日本、韓國、越南諸國，如中研院主題計畫「東亞文化意象之形塑——第十一至十七世紀間中日韓三地的藝文互動」（2008 年至 2010 年）〔註 51〕，曾邀請陳益源教授談「清代越南北使詩文蠡探——以李

〔註 46〕阮進立：〈試校鄭懷德《艮齋詩集》版本〉，《興國學報》第 15 期（2014 年 1 月），頁 81～111。

〔註 47〕戴榮冠：〈阮述《每懷吟草》詩作考〉，《靜宜中文學報》第 3 期（2013 年 6 月），頁 187～226。

〔註 48〕參見鍾彩鈞主編：《黎貴惇的學術與思想》（臺北：中央研究院中國文哲研究所，2012 年 12 月）；林維杰〈越儒黎貴惇《芸臺類語》中的朱子學線索〉、〈越儒黎貴惇的宗教思想〉、〈黎貴惇的朱子學及其仙佛思想〉三文，分別見於《當代儒學研究》第 10 期（2011 年 6 月）、第 12 期（2012 年 6 月），頁 145～170、1～30；《臺灣東亞文明研究學刊》第 20 期（2013 年 12 月），頁 161～186。

〔註 49〕阮黃燕：〈論越南十九世紀筆記中之臺灣形象〉，收入王三慶、陳益源主編：《東亞漢文學與民俗文化論叢（二）》（臺北：樂學書局有限公司，2011 年 12 月初版），頁 219～244。

〔註 50〕李貴民：〈清代臺灣與越南的時空連結——以越南漢文文獻為例〉，《人文研究期刊》第 11 期（2013 年 12 月），頁 25～52。

〔註 51〕研究成果見石守謙、廖肇亨：《東亞文化意象之形塑》（臺北：允晨文化實業

文馥和他的作品為例」；又如中研院前瞻計畫「漢詩與外交——十四至十九世紀東亞使節及其文化書寫」（2009 年至 2013 年），將中國、越南往來使節與文獻及中國、越南使節交流論著目錄進行整理，〔註 52〕提供研究者重要資訊，能快速掌握文獻資料與相關研究論著，然而整體結果越南部分的比重依舊遠遠不如日本、韓國之投入者眾且成果豐碩。近年來召開與東亞使節交流相關的研討會，亦是如此，如「四海斯文自一家：東亞使節文化書寫」國際學術研討會（2009 年 9 月）〔註 53〕、「東亞的思想與文化——海洋文化及越南儒學」國際學術研討會（2010 年 9、10 月）〔註 54〕、「近世東亞文化意象與使節交流」國際學術研討會（2012 年 12 月）〔註 55〕，運用越南燕行文獻者有限，使節文獻之研究開發，焦點仍然集中於朝鮮燕行錄、琉球冊封使著作，以及晚清民初中國使節走向世界之作，也因此未能建構出東亞整體性的宏觀成果。

彭茜〈試論國內學界對越南來華使節及其漢詩的研究〉一文，則敘述了中國大陸對越南燕行使節及其詩文的研究情況。〔註 56〕在 2010 年中國復旦大學與越南漢喃研究院合作，影印出版《越南漢文燕行文獻集成》前，有關越南北使文獻的研究並不多，羅長山〈越南陳朝使臣中國使程詩文選輯〉〔註 57〕一文，乃根據越南河內社會科學出版社 1993 年出版的《出使詩》，對越南陳朝使節的部分北使漢詩文，以及陳朝皇室贈予中國使臣的漢字詩文進行音譯與簡要注釋，屬文獻基礎研究。進入二十一世紀後，隨著域外漢學日漸受重視，2000 年中國南京大學特別成立「域外漢籍研究所」，並創辦《域外漢籍研

股份有限公司，2011 年 3 月初版）。

〔註 52〕計畫內容與成果可參網址 http://proj3.sinica.edu.tw/~eaenvoys/index.php（2014 年 11 月 21 日檢索）。

〔註 53〕議程請見 http://www.litphil.sinica.edu.tw/home/news/20090910/timetable.pdf（2014 年 11 月 21 日檢索），會中共發表八篇論文，只有一篇與越南使節相關，即陳益源「清代越南使節在中國的購書經驗」。

〔註 54〕成果見《東亞的思想與文化國際學術研討會論文集》，該論文集並未正式出版。

〔註 55〕議程請見 http://culture2012envoy.blogspot.tw/2012/11/blog-post_509.html（2014 年 11 月 21 日檢索）。會中並無與越南使節漢文書寫相關之論文發表。

〔註 56〕彭茜：〈試論國內學界對越南來華使節及其漢詩的研究〉，《東南亞縱横》（2013 年 8 月），頁 52～55。

〔註 57〕羅長山：〈越南陳朝使臣中國使程詩文選輯〉，《廣西教育學院學報》第 7 期（1998 年），頁 205～211。

究集刊》，出版「域外漢籍研究叢書」，大力推動域外漢學之發展，其中關於越南漢學的部分，以劉玉珺《越南漢喃古籍的文獻學研究》〔註 58〕，及前述提及陳益源的《越南漢籍文獻述論》為代表。劉玉珺其書第五章「越南北使文獻與詩賦外交」為針對越南北使情形及所留使節文獻專門進行討論之章節，除介紹越南北使文獻的創作概況與繁榮情形，並藉使節文獻探討中越文學交流的形式，深究詩賦外交對越南古典文學發展的影響，可謂研究越南燕行詩文之重要參考資料。又其另一論文〈越南北使文獻總說〉〔註 59〕分期簡要敘述越南使節燕行所留文獻，亦可供參考。

至於有關清代越南使節北使中國的相關研究，有孫宏年《清代中越宗藩關係研究》〔註 60〕、于燕《清代中越使節研究》〔註 61〕、汪泉《清朝與越南使節往來研究》〔註 62〕等專論，爬梳清代中越使節往來之具體情形。《越南漢文燕行文獻集成》出版後，則有周亮《清代越南燕行文獻研究》〔註 63〕、張茜《清代越南燕行使者眼中的中國地理景觀——以「越南漢文燕行文獻集成」為中心》〔註 64〕等論著。《越南漢文燕行文獻集成》全套二十五冊，收錄了越南陳朝至阮朝北使中國之多部漢文使節文獻，每部作品前皆有提要，針對作者生平、著作內容和價值進行簡要介紹，周亮和張茜二人即在此套書基礎上，對中越朝貢制度、清代社會狀況、越南使節的中國觀、燕行交通路線、沿途所見城市與商貿網絡、地方信仰與民居生活等主題進行探討，發揮越南燕行文獻之價值。其他有關越南使節出使中國或是越南使節其人研究的論文，還可參考于向東〈黎貴惇的著述及其學術思想〉〔註 65〕、〈黎貴惇的生平及其哲

〔註 58〕劉玉珺：《越南漢喃古籍的文獻學研究》（北京：中華書局，2007 年 7 月第 1 版）。

〔註 59〕劉玉珺：〈越南北使文獻總說〉，《華西語文學刊》第 2 期（2012 年），頁 146～157。

〔註 60〕孫宏年：《清代中越宗藩關係研究》（哈爾濱：黑龍江教育出版社，2006 年）。此書後修訂、增補為《清代中越關係研究（1644～1885）》，於 2014 年由黑龍江教育出版社出版。

〔註 61〕于燕：《清代中越使節研究》（濟南：山東大學專門史碩士論文，2007 年）。

〔註 62〕汪泉：《清朝與越南使節往來研究》（廣州：暨南大學歷史學碩士論文，2008 年）。

〔註 63〕周亮：《清代越南燕行文獻研究》（廣州：暨南大學歷史學碩士論文，2012 年）。

〔註 64〕張茜：《清代越南燕行使者眼中的中國地理景觀》（上海：復旦大學歷史地理研究中心碩士論文，2012 年）。

〔註 65〕于向東：〈黎貴惇的著述及其學術思想〉，《東南亞研究》第 3 期（1991 年），頁 10～17。

學思想〉〔註 66〕；劉玉珺〈越南使臣與中越文學交流〉〔註 67〕、〈越南王安石——黎貴惇〉〔註 68〕；陳文〈安南黎朝使臣在中國的活動與管待——兼談明清封建朝貢制度給官民帶來的負擔〉〔註 69〕、〈安南後黎朝北使使臣的人員構成與社會地位〉〔註 70〕、王晨光〈明清越南使節燕行檔案中的中國風貌〉〔註 71〕等文章。

而關於越南使節北使之交遊研究，則有何仟年〈越中典籍中的兩國詩人交往〉〔註 72〕、張宇〈越南貢使與中國伴送官的文學交游——以裴文禩與楊恩壽交游為中心〉〔註 73〕、鄭幸〈《默翁使集》中所見越南使臣丁儒完與清代文人之交往〉〔註 74〕、史蓬勃《清代越南使臣在華交游述論》〔註 75〕、張京華〈三「夷」相會〉〔註 76〕等論文，透過燕行詩文中的酬贈唱和紀錄，可以大致推敲出越南北使使臣與中國文人、官員交流的概貌，見證同文書寫而以文會友的文化交流之情，以及筆談華夷思想之辯，也還原越南使臣中國之行的人際互動網絡。上述史蓬勃之碩士論文整理出越南使臣在華期間與中國士人及朝鮮、琉球使臣的交往，並討論越南使臣的政治態度、文

〔註 66〕于向東：〈黎貴惇的生平及其哲學思想〉，《許昌學院學報》第 1 期（1993 年），頁 48～54。

〔註 67〕劉玉珺：〈越南使臣與中越文學交流〉，《學術研究》第 1 期（2007 年），頁 141～146+160。

〔註 68〕劉玉珺：〈越南王安石——黎貴惇〉，《古典文學知識》第 2 期（2010 年），頁 96～104。

〔註 69〕陳文：〈安南黎朝使臣在中國的活動與管待——兼談明清封建朝貢制度給官民帶來的負擔〉，《東南亞縱橫》（2011 年 5 月），頁 78～84。

〔註 70〕陳文：〈安南後黎朝北使使臣的人員構成與社會地位〉，《中國邊疆史地研究》第 2 期（2012 年 6 月），頁 114～126。

〔註 71〕王晨光：〈明清越南使節燕行檔案中的中國風貌〉，《浙江檔案》第 7 期（2014 年），頁 51～53。

〔註 72〕何仟年：〈越中典籍中的兩國詩人交往〉，《揚州大學學報》第 1 期（2006 年 1 月），頁 49～53。

〔註 73〕張宇：〈越南貢使與中國伴送官的文學交游——以裴文禩與楊恩壽交游為中心〉，《學術探索》第 4 期（2010 年 8 月），頁 140～144。

〔註 74〕鄭幸：〈《默翁使集》中所見越南使臣丁儒完與清代文人之交往〉，《文獻》第 2 期（2013 年 3 月），頁 174～180。

〔註 75〕史蓬勃：《清代越南使臣在華交游述論——以「越南漢文燕行文獻集成」為中心》（濟南：山東師範大學專門史碩士論文，2014 年）。

〔註 76〕張京華：〈三「夷」相會——以越南漢文燕行文獻為中心〉，《外國文學評論》第 1 期（2012 年），頁 5～44。

化認同與華夷之辨；張京華之文則爬梳越南燕行文獻，藉越使黎貴惇與阮思僩和中國士子的筆談，探討中越雙方以漢字詩文為外交媒介時，所表現出對禮樂文明與綱常正統的看法，不僅點出越南使臣的交遊對象，更對交遊互動所談深入討論，此部分頗值得參考。有關越使燕行別集之研究則有李修章〈讀越南詩人阮攸《北行雜錄》有感〉〔註 77〕、李謨潤〈拒斥與認同：安南阮攸《北行雜錄》文獻價值審視〉〔註 78〕、韓紅葉《阮攸「北行雜錄」研究》〔註 79〕、張恩練《越南仕宦馮克寬及其「梅嶺使華詩集」研究》〔註 80〕、龔敏〈阮述《往津日記》引發的學術因緣〉〔註 81〕等論文，和臺灣學術界一樣，馮克寬、阮攸、阮述等越南使節之著作，依舊是研究的焦點。

至目前為止，大陸學界對越南燕行詩文的主題研究，除陳正宏討論越南燕行使者的清宮遊歷與戲曲觀賞外，〔註 82〕其他多以中國地景、歷史人物或是區域特色之文學探討為主，如張京華〈黎貴惇「瀟湘百詠」校讀〉〔註 83〕、黃權才〈明清兩朝來華使節的花山詩篇〉〔註 84〕、彭丹華〈越南使者詠柳宗元〉〔註 85〕及〈越南使者詠屈原詩三十首校讀〉〔註 86〕、滕蘭花〈清代越南

〔註 77〕李修章：〈讀越南詩人阮攸《北行雜錄》有感〉，《東南亞研究》第 1 期（1991 年），頁 97～99+106。

〔註 78〕李謨潤：〈拒斥與認同：安南阮攸《北行雜錄》文獻價值審視〉，《廣西民族學院學報》第 6 期（2005 年），頁 157～161。

〔註 79〕韓紅葉：《阮攸「北行雜錄」研究》（北京：首都師範大學碩士論文，2007 年）。

〔註 80〕張恩練：《越南仕宦馮克寬及其「梅嶺使華詩集」研究》（廣州：暨南大學歷史學碩士論文，2011 年）。

〔註 81〕龔敏：〈阮述《往津日記》引發的學術因緣——以香港大學饒宗頤館藏戴密微、饒宗頤往來書信為中心〉，《社會科學論壇》第 3 期（2011 年），頁 43～49。

〔註 82〕陳正宏：〈越南燕行使者的清宮遊歷與戲曲觀賞〉，《故宮博物院院刊》第 5 期（2012 年），頁 31～40＋159～160。

〔註 83〕張京華：〈黎貴惇「瀟湘百詠」校讀〉，《湖南科技學院學報》第 10 期（2011 年 10 月），頁 41～48。

〔註 84〕黃權才：〈明清兩朝來華使節的花山詩篇〉，《廣西師範學院學報》第 2 期（2013 年 4 月），頁 48～52。

〔註 85〕彭丹華：〈越南使者詠柳宗元〉，《湖南科技學院學報》第 3 期（2011 年 3 月），頁 27～29。

〔註 86〕彭丹華：〈越南使者詠屈原詩三十首校讀〉，《湖南科技學院學報》第 10 期（2011 年 10 月），頁 35～40。

使臣眼中的伏波將軍馬援形象分析〉〔註 87〕、胡佳〈越南使者詠賈誼〉〔註 88〕、張澤槐〈越南使者詠舜詩選注〉〔註 89〕、張京華〈從越南看湖南——《越南漢文燕行文獻集成》湖南詩提要〉〔註 90〕及〈「北南還是一家親」——湖南永州浯溪所見越南朝貢使節詩刻述考〉〔註 91〕、彭敏〈元結紀詠詩文研究——以湖南浯溪碑林與越南燕行文獻為中心〉〔註 92〕、詹志和〈越南北使漢詩與中國湖湘文化〉〔註 93〕、彭丹華〈越南使者詠永州（一）～（六）〉〔註 94〕。湖南是越南使者燕行必經之地，所留下的歌詠詩篇自是不少，故湖南相關地景、區域地色，及與湖南有關的歷史人物屈原、賈誼、柳宗元等，極易受到矚目，且隨著越南漢文燕行文獻影印出版，將書面文獻與石刻文物對考，更是相得益彰。此外，由於越南使節漢文燕行之作以詩歌體裁最多，故有關越南漢詩之研究論著，亦可作為越南燕行詩文研究與詮釋之參考。〔註 95〕

〔註 87〕滕蘭花：〈清代越南使臣眼中的伏波將軍馬援形象分析——以《越南漢文燕行文獻集成》為視角〉，《廣西民族大學學報》第 3 期（2013 年 5 月），頁 137～143。

〔註 88〕胡佳：〈越南使者詠賈誼〉，《湖南科技學院學報》第 6 期（2013 年 6 月），頁 17～23。

〔註 89〕張澤槐：〈越南使者詠舜詩選注〉，《湖南科技學院學報》第 4 期（2014 年 4 月），頁 50～54。

〔註 90〕張京華：〈從越南看湖南——《越南漢文燕行文獻集成》湖南詩提要〉，《湖南科技學院學報》第 3 期（2011 年 3 月），頁 54～62。

〔註 91〕張京華：〈「北南還是一家親」——湖南永州浯溪所見越南朝貢使節詩刻述考〉，《中南大學學報》第 5 期（2011 年 10 月），頁 160～163。

〔註 92〕彭敏：〈元結紀詠詩文研究——以湖南浯溪碑林與越南燕行文獻為中心〉，《湖南科技學院學報》第 1 期（2012 年 1 月），頁 16～20。

〔註 93〕詹志和：〈越南北使漢詩與中國湖湘文化〉，《中南林業科技大學學報》第 6 期（2011 年 12 月），頁 147～150。

〔註 94〕彭丹華：〈越南使者詠永州（一）～（六）〉，《湖南科技學院學報》第 7、9、10（2013 年 7 月、9 月、10 月）及第 1、2、4 期（2014 年 1 月、2 月、4 月），頁 14～20、15～20、26～29、26～32、40～42、55～59。

〔註 95〕如溫祖蔭：〈越南漢詩與中華文化〉，《福建師範大學學報》第 4 期（1989 年），頁 55～61；于在照：《越南漢詩與中國詩歌之比較研究》（洛陽：中國人民解放軍外語學院博士論文，2007 年）；毛翰：〈越南歷代漢詩概說 1~4〉，《安徽理工大學學報》第 3、4 期（2009 年 9 月、12 月）及第 1、2 期（2010 年 3 月、6 月），頁 49～53、31～34、42～46、52～58；于在照：〈中國古典詩歌與越南古代漢文詩〉，《深圳大學學報》第 4 期（2010 年 7 月），頁 5～10；李時人、劉廷乾：〈越南古代漢文詩敘論〉，《上海師範大學學報》第 6 期（2010 年 11 月）；嚴明：〈越南古代七律詩初探〉，《學術界》總第 172 期（2012 年 9 月），頁 50～61。

而因為越南使節涉及中越關係之問題，臺、港、大陸等歷史學者亦取用越南北使文獻作為考證之史料，其研究成果可作為越南漢文燕行文學之詮釋參考。如陳荊和曾編註《阮述「往津日記」》〔註 96〕一書，並就越南阮朝閉關禁教政策與法國之干與，以及阮述使華之經緯進行解說，書末則附有饒宗頤所著〈阮荷亭《往津日記》鈔本跋〉一文。此書之出版讓越南使節阮述之北使文獻得以公諸於世，作為近代中越關係及中越文學交流之寶貴史料。陳三井〈阮述《往津日記》在近代史研究上的價值〉〔註 97〕一文，介紹了《往津日記》的發現、註釋與出版，說明阮述的生平與使華動機，整理出《往津日記》所載的旅程與重要活動，分析阮述使華對沿途城市的印象、其與王韜和伍廷芳等人的交往、參觀洋務新政心得，以及對中法交涉的悲觀看法，將阮述《往津日記》的內容和價值清楚勾勒出；〈中法戰爭前夕越南使節研究——以阮述為例之討論〉〔註 98〕一文，則就阮述的使節特質進行研究，由《往津日記》中歸納出阮述具備深厚的中國文化素養、喜結交新派人物、留心洋務新政、對法國同仇敵愾之心等四點，是直接針對越南燕行使節及其燕行作品進行研究的重要論文。

許文堂〈十九世紀清越外交關係之演變〉〔註 99〕詳考史料，爬梳十九世紀清廷與越南阮朝諸帝的外交關係，文末附有「清代遣使越南一覽」、「越南遣使大清一覽」二表，對了解中越關係及越南北使情形有極大助益。而其另一篇論文〈范慎遹《如清日程》解題〉〔註 100〕，則針對 1883 年與阮述同赴中國天津公幹的范慎遹（1825～1885）及其《如清日程》進行解題介紹，說明范氏其人其事其著與所涉之中越外交往來。鄭永常〈嗣德帝的最後掙扎：1880～1883 年中越秘密接觸〉〔註 101〕一文，則介紹了范慎遹、阮述出使天津的背

〔註 96〕陳荊和編註：《阮述「往津日記」》（香港：中文大學出版社，1980 年初版）。

〔註 97〕陳三井：〈阮述《往津日記》在近代史研究上的價值〉，《國立臺灣師範大學歷史學報》第 18 期（1990 年 6 月），頁 231～244。

〔註 98〕陳三井：〈中法戰爭前夕越南使節研究——以阮述為例之討論〉，收入許文堂主編：《越南、中國與臺灣關係的轉變》（臺北：中央研究院東南亞區域研究計畫，2001 年 12 月初版），頁 65～76。

〔註 99〕許文堂：〈十九世紀清越外交關係之演變〉，收入許文堂主編：《越南、中國與臺灣關係的轉變》（臺北：中央研究院東南亞區域研究計畫，2001 年 12 月初版），頁 79～127。

〔註 100〕許文堂：〈范慎遹《如清日程》解題〉，《亞太研究通訊》第 18 期（2002 年 12 月），頁 24～27。

〔註 101〕鄭永常：〈嗣德帝的最後掙扎：1880～1883 年中越秘密接觸〉，收入許文堂

景、經過與結果，可作為了解《往津日記》、《如清日程》等燕行文獻之參考；〈越南阮朝嗣德帝的外交困境，1868～1880〉〔註 102〕則可作為越南近代對外關係態度的參考。陳國保〈越南使臣與清代中越宗藩秩序〉〔註 103〕、〈越南使臣對晚清中國社會的觀察與評論〉〔註 104〕二文，運用李文馥《閩行雜詠》及《使程括要》、阮輝僅《奉使燕京總歌並日記》、黎貴惇《北使通錄》、范世忠《使清文錄》、潘輝注《華軺吟錄》及《輶軒叢筆》、汝伯仕《粵行雜草》、范熙亮《范魚堂北槎日記》、阮思僩《燕軺筆錄》、黎峻《如清日記》、阮述《往津日記》、范慎遹《往使天津日記》等越南漢文燕行文獻以為論證之需，可見越南使節燕行之作的政治性與社會性極為豐富，異域之眼的觀察紀錄有其重要參考價值。孫宏年《清代中越關係研究（1644～1885）》〔註 105〕一書是研究中越外交等相關問題的重要參考書目，此書就中越宗藩關係之演進、運作和中越朝貢貿易、民間貿易、邊界交涉、海事與邊事問題，以及入華越僑、入越華僑、中越文化交流等課題進行研究，尤其在中越文化交流一章，大量運用阮述《往津日記》作為論述史料，並適度援引《越南漢文燕行文獻集成》所收錄之北使文獻內容，如武輝珽《華程詩》、阮思僩《燕軺詩文集》、阮宗窐《使華叢詠集》等作品，越南使節燕行詩文之價值，足可證明。

王志強〈越南漢籍《往津日記》及其史料價值評介〉〔註 106〕、〈從 1883 年越南遣使來華看中越宗藩關係的終結〉〔註 107〕、〈越南漢籍阮述《往津日記》與《建福元年如清日程》的比較〉〔註 108〕、〈從越南漢籍《往津日記》看

主編：《越南、中國與臺灣關係的轉變》（臺北：中央研究院東南亞區域研究計畫，2001 年 12 月初版），頁 39～61。

〔註 102〕鄭永常：〈越南阮朝嗣德帝的外交困境，1868～1880〉，《成大歷史學報》第 28 號（2004 年 6 月），頁 49～88。

〔註 103〕陳國保：〈越南使臣與清代中越宗藩秩序〉，《清史研究》第 2 期（2012 年 5 月），頁 63～75。

〔註 104〕陳國保：〈越南使臣對晚清中國社會的觀察與評論〉，《史學月刊》第 10 期（2013 年），頁 55～67。

〔註 105〕孫宏年：《清代中越關係研究（1644～1885）》（哈爾濱：黑龍江教育出版社，2014 年 2 月第 1 版）。

〔註 106〕王志強：〈越南漢籍《往津日記》及其史料價值評介〉，《東南亞縱橫》第 12 期（2010 年），頁 71～74。

〔註 107〕王志強、權赫秀：〈從 1883 年越南遣使來華看中越宗藩關係的終結〉，《史林》第 2 期（2011 年），頁 85～91。

〔註 108〕王志強：〈越南漢籍阮述《往津日記》與《建福元年如清日程》的比較〉，《東南亞縱橫》第 12 期（2012 年），頁 56～59。

晚清中越文化交流〉〔註 109〕、〈李鴻章與清代最後來華的越南使節〉〔註 110〕等文章，則考察了 1883 年越南最後遣使至中國的情形，以及所留下的兩本北使文獻《往津日記》與《建福元年如清日程》之版本、流傳、作者、內容、史料價值與中越文化之交流；王氏並充分利用《往津日記》作為史料，研究李鴻章與清末中越外交關係，其成果可見《李鴻章與越南問題（1881～1886）》一書，書末並附錄其校點之《建福元年如清日程》全文。〔註 111〕另外，如欲了解清末有關越南方面史學界的整體研究成果，可參考王志強〈國內外有關晚清越南問題研究述評〉〔註 112〕，及李貴民〈越南研究回顧與展望——以臺灣學界為論述中心〉〔註 113〕二文。

至於越南方面對燕行使節與詩文的研究成果，據阮黃燕整理，早在二十世紀二〇年代，越南法屬時期第一份越、漢、法三文綜合的月刊《南風雜誌》（1917～1934），即陸續刊登燕行使節、燕行作品與出使故事的相關介紹；二十世紀末，有關越南和朝鮮使節在中國的接觸與詩文唱和議題，逐漸受到關注，越南使節馮克寬、黎貴惇、武輝瑨等人與朝鮮使臣在中國的交流被撰文討論，此外「使程路線」亦成為新研究課題。進入二十一世紀，越南燕行主題的相關研究愈發蓬勃，探討越南燕行使節、作品、相關史料，及藉燕行錄研究中越／朝越文化交流的論文日益增加，共有 48 篇。另外，更有阮氏玉英《越南中代詩人使程詩研究》（2009）、李春鐘《越南與韓國使節詩文唱和之研究》（2009）、潘氏豔《裴櫃《燕臺嬰話曲》的介紹與翻譯》（2013）、阮氏錦戎《潘清簡使程詩》（2014）等學位論文相繼產生。〔註 114〕

事實上，越南在燕行詩文方面的研究，以「越南和朝鮮使節的詩文唱和」論題最為亮眼，此部分兩岸三地切入研究者不多，相關論文只有鄭永常

〔註 109〕王志強：〈從越南漢籍《往津日記》看晚清中越文化交流〉，《蘭臺世界》第 2 期（2013 年），頁 31～32。

〔註 110〕王志強：〈李鴻章與清代最後來華的越南使節〉，《蘭臺世界》第 6 期（2013 年），頁 67～68。

〔註 111〕王志強：《李鴻章與越南問題（1881～1886）》（廣州：暨南大學出版社，2013 年 3 月第 1 版）。

〔註 112〕王志強：〈國內外有關晚清越南問題研究述評〉，《東南亞縱橫》第 6 期（2013 年），頁 49～53。

〔註 113〕李貴民：〈越南研究回顧與展望——以臺灣學界為論述中心〉，《臺灣史學雜誌》第 12 期（2012 年 6 月），頁 133～150。

〔註 114〕阮黃燕：《1849～1877 年間越南燕行錄之研究》（臺南：國立成功大學中國文學系博士論文，2015 年 6 月），頁 10～27。

〈一次奇異的詩之外交：馮克寬與李睟光在北京的交會〉〔註 115〕，沈玉慧〈乾隆二十五～二十六年朝鮮使節與安南、南掌、琉球三國人員於北京之交流〉〔註 116〕，陸小燕、葉少飛〈萬曆二十五年朝鮮安南使臣詩文問答析論〉，陸小燕〈同治八年越南——朝鮮使臣交流初論〉〔註 117〕等四篇，研究成果無法和日本學者清水太郎一系列的論文相比。〔註 118〕倒是越南，不僅曾譯介清水太郎的論文，〔註 119〕還有漢喃研究院與韓國仁荷大學共同合作，於 2013 年出版《韓越使臣唱和詩文》專書，〔註 120〕更有李春鐘〈武輝瑨與朝鮮使臣新發現的兩首唱和詩〉、〈阮公沆與朝鮮使節詩文唱和作品〉、〈越南與

〔註 115〕鄭永常：〈一次奇異的詩之外交：馮克寬與李睟光在北京的交會〉，《臺灣古典文學研究集刊》第 1 期（2009 年 6 月），頁 345～372。

〔註 116〕沈玉慧：〈乾隆二十五~二十六年朝鮮使節與安南、南掌、琉球三國人員於北京之交流〉，《臺大歷史學報》第 50 期，2012 年 12 月，頁 109～153。

〔註 117〕陸小燕、葉少飛：〈萬曆二十五年朝鮮安南使臣詩文問答析論〉，收入張伯偉編：《域外漢籍研究集刊．第九輯》北京：中華書局，2013 年 7 月第 1 版，頁 395～420；陸小燕：〈同治八年越南——朝鮮使臣交流初論〉，收入張伯偉編：《域外漢籍研究集刊．第十二輯》（北京：中華書局，2015 年 11 月），頁 237～254。

〔註 118〕清水太郎計有七篇關於「越南與朝鮮使節在中國的交流」之論文，羅列如下：①〈ベトナム使節と朝鮮使節の中国での邂逅——18 世紀の事例を中心に〉，《北東アジア文化研究》第 12 號，2000 年 10 月，頁 15～31；②〈ベトナム使節と朝鮮使節の中国での邂逅（2）1790 年の事例を中心に〉，《北東アジア文化研究》第 14 號，2001 年 10 月，頁 31～47；③〈ベトナム使節と朝鮮使節の中国での邂逅（3）1597 年の事例を中心に〉，《北東アジア文化研究》第 16 號，2002 年 10 月，頁 35～54；④〈ベトナム使節と朝鮮使節の中国での邂逅（4）——16 世紀以前の事例を中心として——〉，《北東アジア文化研究》第 18 號，2003 年，頁 63～83；⑤〈北京におけるベトナム使節と朝鮮使節の交流：15 世紀から 18 世紀を中心に〉，《東南アジア研究》，2010 年 12 月，頁 334～363；⑥〈ベトナム使節と朝鮮使節の中国での邂逅（6）——19 世紀を中心として——〉，《周縁と中心の概念で読み解く東アジアの越．韓．琉——歴史学．考古学研究からの視座》第 6 號，2012 年 3 月，頁 47～65；⑦〈漢字文化圈内での使節間交流：ベトナム使節と朝鮮使節を例として〉，《東アジア文化交渉研究》第 7 號，2014 年 3 月，頁 477～490。

〔註 119〕〔日〕清水太郎（Shimizu Taro）、梁氏秋譯、阮氏鶯校訂（Shimizu，Taro，Lương Thị Thu dịch，Nguyễn Thị Oanh hiệu đính）：〈十八世紀越南與朝鮮使節在中國的相遇〉（Cuộc Gặp Gỡ Của Sứ Thần Việt Nam Và Triều Tiên Ở Trung Quốc Trọng Tâm Là Chuyện Xảy Ra Trong Thế Kỷ Xviii），《漢喃研究院》（Tạp chí Hán Nôm），2001 年第 3 期，頁 88～99。

〔註 120〕〔越南〕鄭克孟、仁荷大學：《韓越使臣唱和詩文》（首爾：仁荷大學出版社，2013 年 6 月）。

韓國使者的詩文唱和：文本學的研究成果〉三篇單篇論文，及學位論文《越南與韓國使節詩文唱和之研究》；〔註 121〕鄭克孟、阮德全〈越南使臣阮登與朝鮮使節的唱和作品〉、〈再發現兩位越南使節與韓國李氏使節有唱和作品〉二篇論文；〔註 122〕阮明祥〈中代越南使臣與韓國使臣的一次接觸〉、〈黎貴惇與朝鮮使節於 1760 年在中國的相遇〉二篇論文；〔註 123〕阮維正〈1790 年越南與朝鮮使團在清朝的會面〉；〔註 124〕阮青松〈友好與競爭：大越與朝鮮使節 1766～1767 年在中國的會面〉，〔註 125〕在越南與朝鮮使節交流方面，

〔註 121〕〔越南〕李春鐘（Lý Xuân Chung）：〈武輝瑨與朝鮮使臣新發現的兩首唱和詩〉（Hai Bài Thơ Xướng Họa Giữa Vũ Huy Tấn Với Sứ Thần Triều Tiên Mới Được Phát Hiện），收入漢喃研究院（Viện nghiên cứu Hán Nôm）：《漢喃學通報》（Thông Báo Hán Nôm Học），河內：漢喃研究院，2005 年，頁 110～117；〈阮公沆與朝鮮使節詩文唱和作品〉（Về Văn Bản Thơ Xướng Họa Giữa Nguyễn Công Hãng（Việt Nam） Với Du Tập Nhất， Lý Thế Cấn （Hàn Quốc） Trong Chuyến Đi Sứ Trung Quốc Năm 1718），收入漢喃研究院（Viện nghiên cứu Hán Nôm）：《漢喃學通報》（Thông Báo Hán Nôm Học），河內：漢喃研究院，2007 年；〈越南與韓國使者的詩文唱和：文本學的研究成果〉（Thơ Văn Xướng Họa Của Các Tác Gia-Sứ Giả Việt Nam Hàn Quốc：Những Thành Tựu Nghiên Cứu Về Văn Bản Học），收入漢喃研究院（Viện nghiên cứu Hán Nôm）：《漢喃學通報》（Thông Báo Hán Nôm Học），河內：漢喃研究院，2009 年；《越南與韓國使節詩文唱和之研究》（Nghiên Cứu，Đánh Giá Thơ Văn Xướng Họa Của Các Sứ Thần Hai Nước Việt Nam，Hàn Quốc），河內：漢喃研究院博士論文，2009 年。

〔註 122〕〔越南〕鄭克孟、阮德全（Trịnh Khắc Mạnh，Nguyễn Đức Toàn）：〈越南使臣阮登與朝鮮使節的唱和作品〉（Thơ Xướng Họa Của Sứ Thần Đại Việt-Hoàng Giáp Nguyễn Đăng Với Sứ Thần Joseon-Lý Đẩu Phong），《漢喃雜誌》（Tạp chí Hán Nôm），2012 年第 3 期，頁 3～10；〈再發現兩位越南使節與韓國李氏使節有唱和作品〉（Thêm Hai Sứ Thần Đại Việt Có Thơ Xướng Họa Với Sứ Thần Joseon），《漢喃雜誌》（Tạp chí Hán Nôm），2012 年第 5 期，頁 32～37。

〔註 123〕〔越南〕阮明祥（Nguyễn Minh Tường）：〈中代越南使臣與韓國使程的一次接觸〉（Một Số Cuộc Tiếp Xúc Giữa Sứ Thần Việt Nam Và Sứ Thần Hàn Quốc Thời Trung Đại），《漢喃雜誌》（Tạp chí Hán Nôm），2007 年第 6 期，頁 3～12；〈黎貴惇與朝鮮使節於 1760 年在中國的相遇〉（Cuộc Tiếp Xúc Giữa Sứ Thần Đại Việt Lê Quý Đôn Và Sứ Thần Hàn Quốc Hồng Khải Hy，Triệu Vinh Tiến，Lý Huy Trung Tại Bắc Kinh Năm 1760），《漢喃雜誌》（Tạp chí Hán Nôm），2009 年第 1 期，頁 3～17。

〔註 124〕〔越南〕阮維正（Nguyễn Duy Chính）：〈1790 年越南與朝鮮使團在清朝的會面〉（Cuộc Gặp Gỡ Giữa Phái Đoàn Triều Tiên Và Đại Việt Ở Triều Đình Nhà Thanh Năm Canh Tuất （1790）），《研究與發展雜誌》（Tạp chí Nghiên cứu và Phát triển），2010 年第 6 期，頁 3～22。

〔註 125〕〔越南〕阮青松（Nguyễn Thanh Tùng）：〈友好與競爭：大越與朝鮮使節 1766

取得一定的研究成果。

另外，美國 Liam C. Kelley 博士的論文《銅柱何在？北使詩文與 16～19 世紀的中越關係》，則藉由分析越南燕行使節的北使詩文，探討十六至十九世紀越南人如何看待世界，及所謂的中越宗藩關係。作者認為越南使節在詩歌中表達了對中國首都文化世界的深刻認同，且能夠接受國家在政治上有所屈從的事實，從而得出越南使節認同中國文化，認為自己是東亞文化圈的一員，並承認自己是中國藩屬國的結論。〔註 126〕而漢喃研究院丁克順教授則曾於復旦大學舉辦的「從周邊看中國」學術會議上，發表〈阮輝瑩及其 1765 年赴清朝擔任使者時編著的書籍〉一文，〔註 127〕介紹阮輝瑩的在華活動與使華著作《北輿輯覽》、《皇花使程》、《奉使燕京總歌》，並分析越南使節對清代中國文化的仰慕、學步，及對當時中國的了解程度，亦是值得參考的文章。

總結來說，早期的越南研究多著重在中越關係史，包括中越宗藩關係與朝貢制度，以及中越文化比較與交流之上，〔註 128〕越南使節的北使與其燕行詩文之探討，較少受到關注。《越南漢文燕行文獻集成》出版前，臺、港、大陸的越南漢學研究成果，主要在漢文小說、民俗文化、清越歷史關係、漢喃文獻學、漢字傳播與中越文化交流等主題，此當與越南漢文燕行文本取得不易有關；《越南漢文燕行文獻集成》出版後，越南使節朝貢與使清的過程有更

～1767 年在中國的會面〉（Giao Hảo Và Cạnh Tranh：Về Cuộc Hội Ngộ Giữa Sứ Thần Đại Việt Và Sứ Thần Joseon Trên Đất Trung Hoa Năm 1766 – 1767），收錄於《越南——韓國關係：過去、現在與未來國際學術研討會》論文集（Hội thảo khoa học quốc tế 「Quan hệ Việt Nam-Hàn Quốc：Quá khứ，Hiện tại và Tương lai」(International Conference on Vietnam-Korea Relationship in the past，the present and the future)），胡志明市：胡志明市人文社會科學大學、韓國中央文化研究院，2012 年。

〔註 126〕Liam C. Kelley, *Whither the Bronze Pillars? Envoy Poetry and the Sino-Vietnamese Relationship in the 16th to 19th Centuries*（Hawaii: University Of Hawaii, 2001）.

〔註 127〕〔越南〕丁克順：〈阮輝瑩及其 1765 年赴清朝擔任使者時編著的書籍〉，收入復旦大學文史研究院編：《從周邊看中國》（北京：中華書局，2009 年 6 月第 1 版），頁 405～412。

〔註 128〕如郭廷以等《中越文化論集》（1956 年）、陶鎔等《中越文化論集》（1968 年）、呂士朋《北屬時期的越南：中越關係史之一》（1977 年）、山本達郎《越南中國關係史年表》（1983 年）、黄國安《中越關係史簡編》（1986 年）、張秀民《中越關係史論文集》（1992 年）、黄錚《中越關係史研究輯稿》（1992 年）、孫宏年《清代中越宗潘關係研究》（2006 年）、李未醉《中越文化交流論》（2009 年）。

多說明與佐證的材料，而越南燕行詩文的揭露，更有待研究者進行文本校訂與詮釋，因此越南使節北使及其燕行書寫成為學界可以著力發揮的領域，也產生出不少針對使節出使情形、北使燕行詩文、中越／朝越文人交遊與文化交流，以及個案或單一主題加以探討的論文。整體來看，越南燕行文獻的研究成果雖不及韓國燕行錄，但也日益豐富，面相多元，而當學界出現較為全面式或選定主題式的學位論文時，〔註 129〕筆者也思考如何能夠兼具縱向時間脈絡與橫向空間定位，及各項主題匯聚，卻又能分類詮說，既全面又聚焦的研究主題，開展越南燕行文獻研究的可能性。

首先就空間角度來看，檢視越南燕行詩文研究現況，前人有以區域為範圍進行討論，如越南使節歌詠「湖南」的地景、名人詩篇，即因「湘學」提倡而被關注研討，然而在「北京學」開始受重視的現在，卻仍少有取材越南燕行文獻，就越南使節對北京、紫禁城之書寫進行探討者。有關越南研究討論的空間範圍，往往只侷限於越南使節燕行路線的前半段，亦即中國南方之地，燕行使最重要的目的地——「北京」之相關地景、區域特色、使節活動、文化交流等研究，卻未被聚焦探討，成為有待補足的空白。少數可供參考的資料，除前述日本、越南學者對朝越使節在北京進行文化交流的探討外，只有中國大陸為推動故宮學研究，加深對燕行文獻等域外漢文史料的挖掘，其故宮學研究所曾於 2014 年 6 月 28 和 29 日在北京故宮博物院召開「燕行使進紫禁城——14 至 19 世紀的宮廷文化與東亞秩序學術研討會」，異國使節對北京和紫

〔註 129〕Liam C. Kelley, *Whither the Bronze Pillars? Envoy Poetry and the Sino-Vietnamese Relationship in the 16th to 19th Centuries*（Hawaii：University Of Hawaii， 2001）；阮氏玉英（Nguyễn Thị Ngọc Anh）：《越南中代詩人使程詩研究》（Tìm Hiểu Về Thơ Đi Sứ Của Các Nhà Thơ Trung Đại Việt Nam），榮市大學語文學系碩士論文，2009 年；周亮：《清代越南燕行文獻研究》（廣州：暨南大學歷史學碩士論文，2012 年）；張茜：《清代越南燕行使者眼中的中國地理景觀》（上海：復旦大學歷史地理研究中心碩士論文，2012 年）；劉曉聰：《清代越南使臣之「燕行」及其「詩文外交」研究——以「越南漢文燕行文獻集成」為中心》（南寧：廣西民族大學碩士論文，2013 年）；史蓬勃：《清代越南使臣在華交游述論——以「越南漢文燕行文獻集成」為中心》（濟南：山東師範大學專門史碩士論文，2014 年）；李標福：《清代越南使臣在華活動研究——以《越南漢文燕行文獻集成》為中心》（廣州：暨南大學碩士論文，2015 年）；阮黃燕：《1849～1877 年間越南燕行錄之研究》（臺南：國立成功大學中國文學系博士論文，2015 年）；黎春開：《越南燕行詩中的中國敘述——以人文、地景、文學文化交流為論述中心》（臺北：國立臺灣師範大學國文學系博士論文，2016 年）。

禁皇城的書寫，才被凸顯而加以討論，然如同往昔，聚焦在朝鮮燕行使之論為多，越南燕行使部分為少，而論越南者其內容扣準紫禁城書寫者，就只有陳益源教授的〈與北京紫禁城有關的二本稀見越南漢文燕行文獻〉一文。

陳益源教授以《范魚堂北槎日記》和《萬里行吟》完整四卷本此二種未見於《越南漢文燕行文獻集成》的文本進行研究，藉此了解同治、光緒年間越南燕行使進紫禁城的狀況，及其在皇城中的相關活動。〔註130〕一個地理空間（包括各式建築或不同地域）可以是某種意象化的形式，而文學亦可以主觀性地表達地方與空間的社會意義。〔註131〕以有清一代作為歷史時間脈絡，考察越南使節燕行紀錄中的區域空間，可以讓人了解一個變化中的時代和國家，及其與周邊鄰國的關係，更可以透過越南使節北京生活的討論，由其行住坐臥、觀看感受、活動往來等各項主題，了解紫禁城中異國人士的感官與心靈紀錄。然此命題尚未被研究者深入探討、詮釋，所見論著屈指可數，實一尚待開發探索的研究領域，故筆者借本論文聚焦於清代越南燕行使節之「北京書寫」，期待看見越南知識分子行走異域、作客紫禁城中的凝視與反思，並補充越南燕行文獻學術發展史中，在北京區域研究與使節文化書寫討論上的空白。

第三節　研究範疇與方法

一、研究範疇

（一）「紫禁城」與「北京書寫」之意義界定

本論文意欲探討清代越南燕行使節北使中國抵達北京後，客居北京，出入紫禁城皇宮，所留下的相關文字書寫。因古代京城是一個京城、皇城、宮城的三層結構，最外圈為京城（分內、外城），其內可再區分出皇城，以及包含在皇城內的宮城，故論文進行前，得先就「紫禁城」及「北京書寫」之「北京」，其指涉意義與地域範圍加以釐清。

學者張法在討論到紫禁城與京城之涵義時，認為日常用語中，可以用「紫

〔註130〕見「燕行使進紫禁城——14至19世紀的宮廷文化與東亞秩序學術研討會」論文集，頁395～414。

〔註131〕〔英〕Mike Crang著，王志弘、余佳玲、方淑惠譯：《文化地理學》（臺北：巨流圖書股份有限公司，2003年初版），頁58～59。

禁城」來泛指「京城」，也可以用「京城」來專指「紫禁城」，二者可以互換，因為「紫禁城」是「京城」的核心，說「紫禁城」也就說到了「京城」的本質，說「京城」也包含著它的核心「紫禁城」。〔註 132〕本論文將越南使節出使北京視為「作客紫禁城」之生活，「紫禁城」一詞，不僅指涉皇帝所居之宮城，更涵括清代的國都「北京城」，亦即包含皇城與宮城在內的北京城內城，以及北京城外城。

又張法在討論「京城」的意義時，乃就整體角度切入思考，主張京城不僅指由外城牆所環圍起來的空間，也包括城外的地壇、日壇、月壇此三壇，以及與天子周期性活動相關的京郊的頤和園、圓明園、承德的避暑山莊和木蘭圍場，甚至是北京城之外屬於京畿的城鎮。張氏舉清乾隆年間所編的《日下舊聞考》為例，說明該書在城市、官署、苑囿、郊坰之外，另有「京畿」一類，羅列了通州、保定、涿州、良鄉、昌平、懷柔、遵化、玉田等二十四個京師外圍地區，故其主張古代的京城乃位於一個京城體系之中，而以城牆圍起來的京城為核心。〔註 133〕無獨有偶，早前王南《北京審美文化史・明代卷》一書進行研究時，對「北京」地域範圍之界定，亦採「北京城區和從屬於北京的遠近郊區」此一由整體角度切入的京城體系概念。王氏以明代劉侗、于奕正所著的《帝京景物略》為例，言其書卷八〈畿輔名跡〉將昌平州、房山縣、涿州、固安縣、通州、薊州、遵化縣、平谷縣、豐潤縣、玉田縣、懷柔鄉都劃入「帝京」（北京）所屬區域，此中即反映了明代人的「北京」地域概念。〔註 134〕綜上所述，明人、清人的「北京」地域概念，並非單指北京城區，而是廣義涵括北京附近州縣的京郊之地。

如此則越南使節的「北京」地域概念又為何呢？來到北京的越南使節，對名聞遐邇的「燕京八景」和「圓明園」大多印象深刻，忍不住歌詠一番，而八景之中諸如「金臺夕照」、「盧溝曉月」、「西山積雪」、「玉泉垂虹」等名景，以及皇家園林「圓明園」，皆在京郊地區，顯見越南文人所認定的「燕京」，與明人、清人相同，是廣義的「北京」，非單指紫禁城皇宮或北京城而

〔註 132〕張法：《北京的深邃——京城模式與象徵體系》（合肥：安徽教育出版社，2015 年 1 月第 1 版），頁 31～32。

〔註 133〕張法：《北京的深邃——京城模式與象徵體系》（合肥：安徽教育出版社，2015 年 1 月第 1 版），頁 32。

〔註 134〕王南：《北京審美文化史・明代卷》（北京：北京大學出版社，2013 年 6 月第 1 版），頁 1。

已。再舉一例說明，阮攸《星軺隨筆》中所記〈燕京襍詠〉，其詩有句云：「黍谷律吹堪辟冷，燕山鼓息不驚塵。金臺猶說招賢禮，釣處追懷避濁人。」〔註 135〕作者於詩後自注其詩中所提之黍谷山在密雲縣，燕山在玉田縣，黃金臺在大興縣，釣臺在大城縣，四縣皆屬北京近郊的畿輔之地，而阮氏仍詩歌吟詠，視之為燕京風景名勝。再看阮文超所著之《如燕驛程奏章》，此書為其向阮翼宗進呈的如燕奏章，銜命而記、奏呈御覽，書中之述必然較為嚴謹。阮文超於〈太行形勢〉與〈西湖名勝〉二文中，皆曾加注燕京八景，並以「燕京獨此為佳境耳」讚美北京近郊之玉泉山、昆明湖，〔註 136〕顯然其「北京」之概念亦屬廣義。越南使節對中國的山川形勢、地理方位和歷史沿革或有所知，然實地考察時往往輔之以中國歷代史書、方志，因此其人之「北京」地域觀念與明、清之人相同，實可預料。職是之故，本論文採取涵蓋「北京城」與「京畿之地」的廣義概念，作為「北京書寫」的研究區域範圍。

（二）研究文本

本論文之研究文本以《越南漢文燕行文獻集成》所收錄清代越南使節著作之漢文燕行文獻為主，包括使節個人燕行詩文集、燕行記、日記，以及可作為出使路線研究的使程圖。《越南漢文燕行文獻集成》共二十五冊，第一冊自陶公正等所著之《北使詩集》始，為清代燕行文獻，〔註 137〕即本文之研究範疇；又越南使節之出使，並非每一次都行腳至北京，亦有至福建、廣東、澳門或天津公幹者，如第十二冊《閩行襍詠》，第十三冊《粵行吟草》、《粵行雜草編輯》、《三之粵集草》、《仙城侶話》，第十四冊之《鏡海續吟草》，第十八冊《東南盡美錄》，以及第二十三冊《建福元年如清日程》，這些未出使至北京的文本自然不在研究之列。此外，第二十二冊《雉舟酬唱集》為越

〔註 135〕〔越南〕阮攸：《星軺隨筆》，收入中國復旦大學文史研究院、越南漢喃研究院合編：《越南漢文燕行文獻集成》第十六冊（上海：復旦大學出版社，2010 年 5 月第一版），頁 143～144。本論文將大量引用《越南漢文燕行文獻集成》作為研究文本，為免繁冗，下引不再標註出版資訊，只標明作者、書名、冊數與頁數。

〔註 136〕〔越南〕阮文超：《如燕驛程奏章》，《越南漢文燕行文獻集成》第十七冊，頁 49～61。

〔註 137〕《越南漢文燕行文獻集成》第一冊所收錄之馮克寬《旅行吟集》，經陳益源教授考察，為一各家選本之作，非馮克寬一人出使明朝所著，其中尚有清乾隆九年（1744）阮宗室出使中國所賦之詩。而細考此選本內容，並未收錄越南使節書寫北京之燕行作品，故未列入本論文之研究範圍。

南使節裴文禩與湖北護貢官楊恩壽的詩歌酬唱集，非作客北京之作，故亦不列入研究文本。

其他未見收錄於《越南漢文燕行文獻集成》，但同屬清代越南使節之重要燕行紀錄者，筆者目前掌握到的有范熙亮《范魚堂北槎日記》（A.848）。此本日記內容包括燕行路程、途中雜事、以及禮儀、交際、參觀等，可與《越南漢文燕行文獻集成》第 21 冊范熙亮的燕行詩集《北溟雛羽偶錄》對照參看。〔註 138〕至於《越南漢文燕行文獻集成》中，所收文本之版本有未盡完善者，將輔以其他所見版本校讀研究，如第 21 冊裴文禩《萬里行吟》，全書共四卷，該書收錄內容僅二卷，並非足本，筆者將以越南漢喃研究院所藏編號 VHv.849 / 2 之《萬里行吟》下冊卷三、卷四本加以補足研究。〔註 139〕又如阮述《每懷吟草》，《越南漢文燕行文獻集成》所刊行者摻雜其他非阮述該次出使所著之詩，筆者將以更接近《每懷吟草》原始樣貌之版本〔註 140〕，即漢喃研究院所藏編號 VHv.852 / 1 本加以對照校正，以提供使用《越南漢文燕行文獻集成》的研究者作為參考。

二、研究方法

（一）文本細讀分析與多方參照

越南使節的燕行文獻晚近才見影印出版，大多數文本仍未被學界仔細校點、釐清疑義，故本論文在文獻處理與運用上，將採細讀及縱向歷時（跨越整個有清一代）、橫向斷代（考察清代某一時期）之分析對照方式，研究命題範圍所列之文本，對越南漢文燕行文獻進行基礎且重要的閱讀，以求充分掌握原典文獻。此外，與越南同為中國藩屬的朝鮮，其使節燕行錄亦數量龐大、內容豐富，必要時將相互參照對看，以便能更全面而立體地掌握清代中國及東亞地區的變動情形。

〔註 138〕有關范熙亮《范魚堂北槎日記》（A.848）之解題介紹，可參考陳益源：〈與北京紫禁城有關的二本稀見越南漢文燕行文獻〉一文，收入「燕行使進紫禁城——14 至 19 世紀的宮廷文化與東亞秩序學術研討會」論文集，頁 395～414。

〔註 139〕有關裴文禩《萬里行吟》之版本說明，可參考陳益源：〈與北京紫禁城有關的二本稀見越南漢文燕行文獻〉一文，頁 395～414。

〔註 140〕戴榮冠：〈阮述《每懷吟草》詩作考〉，《靜宜中文學報》第三期（2013 年 6 月），頁 187～226。

（二）理論輔助之多元視角詮說

越南使節的北京書寫，記錄了國與國之間的交往，此中呈現的不僅是自我與他者的對照，也是文化的展演，更有天朝政權的神態、藩屬之國的國族與文化思辨，其多元複調式的特質，有待更寬廣多向的詮說。前文分析越南燕行文獻作為多元意義文本及越南燕行使節的北京書寫時，即指出越南使節之行旅與作客北京，內涵豐富、意義多元、區域特色明顯，有鑑於研究文本其性質之開放，本論文將適度援引各項理論，作為分析之切入觀點，以多元視角的方式進行詮說，深入探究、開發越南燕行使節北京書寫的意義。

（三）跨領域之整合與比較研究

越南使節為完成皇命遠入異地，其於北京之短暫留居、遊覽、觀察和反思，整體意義涵括歷史、地理、文學、美學、思想、文化、社會、政治、經濟等諸多領域。因此，本論文將以全面統合的方式，看待、研究越南燕行使節的北京書寫，以求打破學術領域間之藩籬，適時跨界整合與比較，掌握此一命題的完整樣貌。

第二章　中越外交關係與清代越南使節之燕行活動考察

越南舊稱「安南」，〔註1〕其北部古稱「交趾」，歷史上曾是中國之郡縣。從地理上來看，越南和中國廣西、雲南的山脈、水系相連，甚至考古證據也指向北越和中國兩廣地區，在古代實屬同一文化圈。〔註2〕再看越南重要編年體史書《大越史記全書》的外紀卷一〈鴻厖紀〉，言越南首位國君為涇陽王，其名祿續，是神農氏三世孫帝明所生，乃炎帝神農氏之後；涇陽王傳子貉龍君，生百男，是為百粵之祖。〔註3〕後黎朝史學家黎嵩的《越鑑通考總論》亦載：「粵自鴻厖氏涇陽王繼神農之後，娶洞庭君女，明夫婦之道，正風化之原。……，其炎帝太古之風歟？貉龍君繼鴻厖之世，娶甌貉氏女，而生有百男之祥。百粵之祖，實始於此。」〔註4〕顯然，越南人自認是中國炎帝之後，與中國華夏民族蓋出同源，連民俗生活與文化都和中國相仿。事實上，越南上古史之記未必可盡信，但交趾地區自漢至唐為中國郡縣，與中國內地無異，且安南民族與融於華南漢族中的百越民族同出一源，秦漢以來南

〔註1〕「安南」在清嘉慶八年時改名「越南」，本文行文時一般統稱「越南」，除在強調歷史脈絡時，方用「安南」之名敘述嘉慶以前之史事。

〔註2〕朱雲影：〈越南與中國的歷史關係〉，收入郭廷以等：《中越文化論集（一）》（臺北：中華文化出版事業委員會，1956年4月初版），頁64～67。

〔註3〕陳荊和編校：《校合本大越史記全書》（東京都：東京大學東洋文化研究所附屬東洋學文獻センター刊行委員會，昭和59年3月），頁97。下引《大越史記全書》之文皆據此書，不再加註出版資訊。

〔註4〕陳荊和編校：《校合本大越史記全書》，頁84。

徙漢人與當地土著之結合，亦是構成今日安南民族之重要成分，兩國實如兄弟之邦。〔註5〕中越從歷史、地理、民族、文化上來說皆聯繫密切，宋初建立自主封建國家後，越南與中國更是維繫長達近千年的宗藩關係，時有朝貢之行與邦交互動之往來，因此在對清代越南使節的燕行紀錄進行解讀、詮釋，探究其北京書寫之前，宜先就中越兩國的外交關係、越南派遣使節出使中國，以及越南燕行使節之朝貢禮儀進行考察。本章將爬梳資料，分期探討中越外交往來之歷史，整理清代越南派遣使者至中國的次數、目的、人員、路線，並進一步了解越南使節燕行入北京朝貢的相關禮儀。

第一節　中越外交往來之歷史梳理

一、清代以前之中越關係

（一）秦漢隋唐：郡縣時期

「交趾」為今日越南北部，據下列先秦及漢代典籍記載，顯然神農氏及唐堯傳說時代，中國中原地區便與南方有所關聯，周成王時越南還曾來入朝：

> 申命羲叔，宅南交。（《尚書・堯典》）〔註6〕
>
> 堯南撫交趾。（《尚書大傳・堯典》）交趾之南，有越裳國，……，越裳以三象重譯而獻白雉曰：「道路悠遠，山川阻深，音使不通，故重譯而朝。」成王以歸周公，……。周成時，越裳氏來獻白雉曰：「吾聞國之黃耇曰：『天無烈風淫雨，江海不波溢，於茲久矣。意中國有聖人，盍往朝之。』故重三譯而至。」（《尚書大傳・嘉禾》）〔註7〕
>
> 古者堯治天下，南撫交趾，北降幽都，東西至日所出入，莫不賓服。（《墨子・節用》）〔註8〕

〔註5〕鄭永常：《漢文文學在安南的興替》（臺北：臺灣商務印書館，1987年4月初版），頁3～13。

〔註6〕〔漢〕孔安國傳，〔唐〕孔穎達疏，〔唐〕陸德明音義，〔清〕阮元校勘：《重栞宋本尚書注疏附校勘記》（臺北：藝文印書館，1965年，《重刊宋本十三經注疏附校勘記》據清嘉慶二十年（1815）南昌府學刊本影印），頁21。

〔註7〕〔清〕皮錫瑞：《尚書大傳疏證》，光緒丙申師伏堂栞本，卷一、卷五，葉18b、葉7b～8a。

〔註8〕〔清〕孫詒讓著，孫以楷點校：《墨子閒詁》（臺北：華正書局，1987年），頁150。

臣聞昔者堯有天下，……，其地南至交趾，北至幽都，東西至日月之所出入者，……莫不賓服。(《韓非子．十過》)〔註 9〕

昔者神農之治天下也，……，是故威厲而不殺，刑錯而不用，法省而不煩，故其化如神。其地南至交阯，北至幽都，東至暘谷，西至三危，莫不聽從。(《淮南子．主術訓》)〔註 10〕

堯立孝慈仁愛，使民如子弟。西教沃民，東至黑齒，北撫幽都，南道交趾。(《淮南子．脩務訓》)〔註 11〕

秦代建立後，中越關係正式展開。秦始皇野心勃勃，不斷向南擴張勢力，為得百越犀角、象齒、翡翠、珠璣等物產，發動五十萬大軍進攻，〔註 12〕並成功於始皇三十三年（214B.C.）正式設置南海、桂林、象郡三郡，〔註 13〕其中「象郡」即包括今越南北圻及中圻廣南一帶，南界約在中圻之隘雲關。〔註 14〕秦平百越設置三郡後，「以謫徙民，與越雜處十三歲」〔註 15〕，將罪徙之民南遷至越，而據《大越史紀全書》所記，秦始皇二十六年（221B.C.）就曾有交趾慈廉人李翁仲入仕於秦，官至司隸校尉，始皇得天下後將兵守臨洮，威震匈奴，及老歸田而卒。始皇認其不凡，為鑄銅像置於咸陽司馬門，腹中可容數十人，潛搖動之，使匈奴以為是生校尉，不敢來犯。〔註 16〕秦末天下大亂，河北真定人趙佗時任南海龍川令，受病重之南海郡尉任囂之託代行其職，並於任囂死後斷絕北通中國之道，擁兵自重，誅除秦所設之官吏；秦亡後，更

〔註 9〕陳奇猷校注，中華書局上海編輯所編輯：《韓非子》(北京：中華書局，1958 年)，頁 186～187。

〔註 10〕劉文典：《淮南鴻烈集解》(北京：中華書局，1989 年)，頁 271。

〔註 11〕劉文典：《淮南鴻烈集解》，頁 630。

〔註 12〕《淮南子．人間訓》:「(秦始皇) 又利越之犀角、象齒、翡翠、珠璣，乃使尉屠睢發卒五十萬，為五軍，……。三年不解甲馳弩，使監祿無以轉餉，又以卒鑿渠而通糧道，以與越人戰……。而越人皆入叢薄中，與禽獸處，莫肯為秦虜。相置桀駿以為將，而夜攻秦人，大破之，殺尉屠睢，伏屍流血數十萬。乃發適戍以備之」。見劉文典：《淮南鴻烈集解》，頁 617。

〔註 13〕《史記．秦始皇本紀》:「三十三年，發諸嘗逋亡人、贅婿、賈人略取陸梁地，為桂林、象郡、南海，以適遣戍。」見〔日〕瀧川龜太郎：《史記會注考證》(臺北：萬卷樓圖書有限公司，1993 年 8 月初版)，頁 123。下引《史記》之文皆據此書，不再加註出版資訊。

〔註 14〕呂士朋：《北屬時期的越南》(臺北：華世出版社，1977 年再版)，頁 22～26。

〔註 15〕《史記．南越列傳》(卷一百十三)，頁 1223。

〔註 16〕陳荊和編校：《校合本大越史記全書．外紀》卷一，頁 101～102。

是進擊桂林、象郡，自立為南越武王。〔註 17〕

漢代秦而立後，高祖十一年（196 B.C.）派遣陸賈前往南越立趙佗為南越王，與其互通使者，望其和集百越，毋為漢朝南邊禍害。〔註 18〕陸賈見趙佗時，二人有一段精采對話，陸以佗本為中國人卻倨傲見使而失禮諷之，佗承認失禮義，但問陸自己比之漢高祖孰賢，而有「吾恨不起於彼，何遽不若漢」之自負豪語。〔註 19〕有學者認為陸賈出使南越一事，乃中越有使節往來具外交性之肇端。〔註 20〕呂后執政時，因禁止南越邊境市場的鐵器買賣，貿易受阻，以致國交惡化，趙佗趁機進號為「南越武帝」，發兵攻打長沙，破數縣而去。呂后派兵往擊，無成果而罷兵，趙佗因此以軍力威迫中國邊境，用財物賄賂閩越、西甌和駱越，使其皆歸屬南越，並乘黃屋左纛之車，以皇帝身分發號施令，稱制與漢朝同，如一獨立小國。漢文帝時復派陸賈出使南越，趙佗為書謝罪且去其帝制，表明願長為漢朝藩臣，遵守向天子納貢之職責，然趙氏雖至景帝時仍向漢稱臣朝貢，在其國內卻竊帝號如故。〔註 21〕

漢武帝元鼎四年（113 B.C.），南越哀王趙興請求內屬，如漢之諸侯，武帝許之，但此事遭南越丞相呂嘉反對，武帝遣韓千秋率兵前往鎮撫，呂嘉遂造反，攻殺哀王及太后，盡殺漢朝使者，擁新王趙建德繼位。元鼎五年（112B.C.）秋，漢朝伏波將軍路博德率兵討伐南越，次年平定亂事，武帝分其地為九郡，並設刺史統領，其中交趾、九真、日南三郡即秦時之象郡，〔註 22〕在今越南北圻、中圻，自此越南真正歸屬中國，成為中國的郡縣。

〔註 17〕《史記・南越列傳》（卷一百十三），頁 1223～1224。另據《大越史記全書・外紀》卷一所載，秦始皇三十七年（西元前 210 年）崩於沙丘，任囂、趙佗率軍侵越，囂染病以軍付佗，後雙方議和，分平江而治，趙佗治江北，安陽王治江南，佗遣子仲始求婚於王之女，得許之。秦二世胡亥二年（西元前 208 年），趙佗代囂自立，絕道聚兵，殺秦長吏，並發兵攻安陽王，後王敗走，入海，不知所蹤。《校合本大越史記全書・外紀》卷一，頁 102～103。

〔註 18〕《史記・南越列傳》（卷一百十三），頁 1224。

〔註 19〕陳荊和編校：《校合本大越史記全書・外紀》卷二，頁 108。

〔註 20〕陶鎔：〈中越外交關係史略〉，收入郭廷以等：《中越文化論集（二）》（臺北：中華文化出版事業委員會，1956 年 4 月初版），頁 194～195。

〔註 21〕《史記・南越列傳》（卷一百十三），頁 1224。《校合本大越史記全書・外紀》卷二，頁 109～111。其中《大越史記全書》詳列漢文帝和趙佗之外交往來書信。

〔註 22〕《史記・南越列傳》（卷一百十三），頁 1225；《校合本大越史記全書・外紀》卷二，頁 117～121。

王莽簒漢後，「頗徙中國罪人，使雜居其閒」，交趾一地才日漸習禮漢化，〔註 23〕然王莽之季，中國大亂，交趾乃閉境自守。〔註 24〕

東漢光武帝中興，建武五年（29）交州刺史鄧讓及交趾太守錫光等人，遣使貢獻於漢，悉獲封侯。交趾太守錫光與九真太守任延治績卓著，「教其耕稼，制為冠履，初設媒娉，始知姻娶，建立學校，導之禮義」，故有謂嶺南文風始二守焉。建武十五年（39）交趾太守蘇定為政貪暴，殺害雒將之女徵側的丈夫，十六年（40）側及其妹徵貳起兵造反，攻陷州治，九真、日南、合浦之蠻皆響應，寇略六十五城，徵側並自立為王。十七年（41）光武帝拜馬援為伏波將軍，率兵平亂，十九年（43）斬徵側、徵貳，平靖九真，立銅柱於漢極界，以紀漢德之盛。馬援所過之處，「治城郭，穿渠灌溉，以利其民」，並與越人約法而治，頗受當地人愛戴，故而有「馬將軍故事」流傳。〔註 25〕

事實上，東漢統治期間，交趾地區動亂不斷，主要原因與交趾官吏作威作福、欺壓百姓有關，《後漢書．賈琮傳》及《大越史記全書》皆提及交阯因多產明璣、翠羽、犀、象、瑇瑁、異香、美木之屬，珍產誘人，因此前後刺史多無清行，上承權貴，下積私賂，賦斂深刻，使百姓莫不困乏，無奈京師遙遠，無所告訴，致使民不聊生，故而相聚以拒漢，變亂時有所聞。〔註 26〕不過，東漢末年黃巾之亂，中原地區局勢混亂、動盪不安，交趾卻在太守士燮的領導下，「處大亂之中，保全一郡，二十餘年疆場無事，民不失業」。士燮字威彥，蒼梧廣信人，其先祖本魯國汶陽人，至王莽之亂，避地交州，燮父士賜於桓帝時曾擔任日南太守。燮年少游學京師，事穎川劉子奇，治《左氏春秋》，先後察孝廉，補尚書郎，舉茂才，除巫令，遷交阯太守。其人「體器寬厚，謙虛下士，中國士人往依避難者以百數。」〔註 27〕三國時，士燮轉而事吳，總

〔註 23〕〔劉宋〕范曄撰，〔唐〕李賢等注，〔晉〕司馬彪補志，楊家駱主編：《後漢書》（臺北：鼎文書局，1981 年，宋紹興本），卷八十六〈南蠻西南夷列傳〉，頁 2836。下引《後漢書》之文皆據此書，不再加註出版資訊。

〔註 24〕陳荊和編校：《校合本大越史記全書．外紀》卷三，頁 125。

〔註 25〕以上所述及文句引用見《後漢書．南蠻西南夷列傳》，頁 2836～2837；《後漢書．馬援列傳》；《校合本大越史記全書．外紀》卷三，頁 125～127。

〔註 26〕見《後漢書．賈琮傳》卷三十一，頁 1111～1112；《校合本大越史記全書．外紀》卷三，頁 129。

〔註 27〕以上士燮之述見〔晉〕陳壽撰，〔南朝宋〕裴松之注，楊家駱主編：《三國志》（臺北：鼎文書局，1980 年，宋紹興本），卷四十九〈劉繇太史慈士燮傳〉，頁 1911～1912。

計治交趾四十餘年，皆得保境安民，《大越史記全書》讚其：「我國通詩書、習禮樂，為文獻之邦，自士王始。其功德豈特施於當時，而有以遠及於後代，豈不盛矣哉！……立廟事之，號士王僊」〔註 28〕，可見其受越人之景仰。

士燮之後，吳之陶璜，西晉之吳彥、顧祕，東晉之杜瑗、杜慧度皆治理交州有成。〔註 29〕進入南北朝後，越人時有叛亂，交州一帶常常割據自立，如宋明帝泰始四年（468），交州人李長仁殺州牧，據州反，自稱刺史；齊武帝永明二年（484）李叔獻拒不入貢；梁武帝天監四年（505）交州刺史李元凱據州反；梁武帝大同七年（541）李賁起事，於大同十年（544）自稱南越帝，建國號曰「萬春」，後李賁敗死，其將趙光復自立，越史稱「趙越王」；陳宣帝太建三年（571），李佛子敗趙光復而稱帝，越史稱「後李南帝」。隋文帝結束南北分裂局面統一中原後，於仁壽元年（601）派劉方南征，李佛子懼而請降，交趾復歸中國郡縣。〔註 30〕

唐代滅隋，一統天下，國力強盛，唐高宗調露元年（679）改交州都督府為安南都護府，〔註 31〕從此「安南」成為越南之正式稱謂。然而，大唐帝國想掌控遠在南方邊陲的安南並非易事，如：武后當政時期有李嗣先、丁建之亂；玄宗開元十年（722）有黑帝梅叔鸞之亂；德宗貞元七年（791）有布蓋大王馮興之亂；憲宗元和十四年（819）有楊清之亂等。〔註 32〕唐代安南之所以有諸多民變，實與統治官吏素質有關，呂士朋便曾指出：「交州終不能得良吏以治之，州政不舉，貪利侵侮之風如故」。〔註 33〕此外，居於雲南的蠻夷「南詔」亦為患安南，成為唐朝之邊患，甚至在懿宗咸通元年（860）及四年（863），兩度攻陷安南都護府，直至咸通七年（866）才由安南都護經略招

〔註 28〕陳荊和編校：《校合本大越史記全書．外紀》卷三，頁 133。

〔註 29〕《校合本大越史記全書》稱陶璜「有謀策，周窮好施，得人心，故人人樂為之用，所至有功」，吳為晉滅後，陶璜歸晉，仍守交州，計在交州前後三十年，及卒，「舉州號哭，如喪慈親」。吳彥在任二十五年，「恩威宣著，州民寧靜」。顧祕「為人溫良純雅，舉州愛之」。杜慧度「布衣蔬食，禁淫祠，修學校，歲飢以私祿賑給之。為政纖密，一如治家，吏民畏而愛之。城門夜開，道不拾遺。」陳荊和編校：《校合本大越史記全書．外紀》卷四，頁 140～143。

〔註 30〕陳荊和編校：《校合本大越史記全書．外紀》卷四，頁 144～153。

〔註 31〕《新唐書》卷四十三上〈地理志七上〉：「安南中都護府，本交趾郡，武德五年曰交州，治交趾。調露元年曰安南都護府。」《唐會要》卷七十三〈安南都護府〉：「調露元年八月七日，改交州都督府為安南都護府。」

〔註 32〕陳荊和編校：《校合本大越史記全書．外紀》卷五，頁 159～162。

〔註 33〕呂士朋：《北屬時期的越南》（臺北：華世出版社，1977 年再版），頁 118。

討使高駢大破南詔，收復交州郡縣，並留安南任節度使治理其地，不僅修築安南城、造屋四十餘萬間，更開鑿海港以利漕運。〔註 34〕高駢威鎮交州，安南人尊為「高王」，姜公輔則是安南人在唐德宗朝為相的傑出代表，〔註 35〕是自秦漢以來安南人在中央政府所取得的最高政治地位，安南之文教可見一斑。

（二）宋元明三代：藩屬時期

唐朝滅亡後，五代十國紛擾不斷，安南之地方勢力亦乘機崛起，先後有曲顥、曲承美、楊廷藝、矯公羨、吳權、楊三哥、吳昌文等人或自立為王、或自稱節度使，〔註 36〕安南實已漸脫離北屬時期，往獨立階段邁進。至宋太祖開寶元年（968）驩州刺史丁公著之子丁部領，削平吳昌文亡後各據一隅稱雄的十二使君，自立為「大勝明皇帝」，建國號「大瞿越」。〔註 37〕開寶八年（975），宋封丁部領為交趾郡王，其子丁璉為檢校太師充靜海軍節度使、安南都護，兩國使臣往還，貢獻頻仍。〔註 38〕丁部領的「郡王」稱號是中國王朝第一次以「王號」稱安南的領導者，〔註 39〕此象徵安南的自主地位獲得承認，中國已不再擁有安南地區的統治權。〔註 40〕宋太宗太平興國四年（979）丁部領父子被弒，十道將軍黎桓奉丁部領幼子丁璿為帝，掌控政權，於翌年黃袍加身稱帝，亦遣使通好於宋。宋朝雖有意重新取回安南的統治權，但最終失敗，〔註 41〕只得於太宗雍熙三年（968）封黎氏為安南都

〔註 34〕陳荊和編校：《校合本大越史記全書．外紀》卷五，頁 164～168；〔宋〕司馬光編著，〔元〕胡三省音註，標點資治通鑑小組校點：《資治通鑑》（北京：古籍出版社，1956 年），卷二五〇「懿宗咸通元年、四年、七年條」，頁 8092、8102～8103、8115～8117。

〔註 35〕姜公輔其人其事其文可參考史書《新、舊唐書》之傳；元．黎崱《安南志略》卷十五「人物」之記；及今人張秀民〈唐宰相安南人姜公輔考〉，收入氏著：《中越關係史論文集》（臺北：文史哲出版社，1992 年 3 月初版），頁 23～33；鄭永常：《漢文文學在安南的興替》（臺北：臺灣商務印書館，1987 年 4 月初版），頁 45～49。

〔註 36〕陳荊和編校：《校合本大越史記全書．外紀》卷五，頁 169～175。

〔註 37〕陳荊和編校：《校合本大越史記全書．本紀》卷一，頁 179～180。

〔註 38〕〔元〕脫脫等撰，楊家駱主編：《宋史》（臺北：鼎文書局，1981 年，元至正本配補明成化本），卷四百八十八〈外國傳四〉，頁 14058。

〔註 39〕〔清〕張鏡心撰，伍崇曜輯：《馭交記》（粵雅堂叢書清道光三十年至光緒元年刊本），卷二，葉 6b。

〔註 40〕鄭永常：《征戰與棄守——明代中越關係研究》（臺南：國立成功大學出版組，1998 年 5 月），頁 5。

〔註 41〕太平興國五年（西元 980 年）宋知邕州太常博士侯仁寶向太宗進言：「安南郡

護、靜海軍節度使、京兆郡侯，再於太宗淳化四年（993）進封黎桓為交趾郡王。黎桓死後，諸子爭立，帝位終為李公蘊所篡。李氏照例入貢於宋，於真宗景德四年（1007）受封為交趾郡王，領靜海軍節度使。〔註 42〕

宋神宗熙寧八年（1075），安南為李朝仁宗李乾德當政。時宋臣議論開邊，認為安南可取，王安石欲立奇功，知桂州之沈起、劉彝迎合此說，甚至禁止州縣與安南貿易，李乾德憤而發兵攻陷宋之欽州、廉州、邕州，大肆屠殺。其後兩軍交戰，互有損傷，故各自歸還所侵之土地與民、兵，於是安南又恢復遣使入貢受封。〔註 43〕及至南宋偏安，國力積弱，與安南維持穩定邦交，宋孝宗淳熙元年（1174），進封李朝英宗李天祚為安南國王，次年賜其安南國王印。〔註 44〕安南之為國自此始，爾後「天下以高麗、真臘視之，不復知其為中國郡縣矣」〔註 45〕，安南終於獲得中國承認其為獨立國家之地位。

宋理宗寶祐五年（蒙古憲宗七年，1257），此時安南李氏政權已亡，由陳日煚統治，是為陳太宗。蒙古大將兀良合台進攻安南，破其國都，後因天氣鬱熱，及對宋戰爭未了，乃班師回朝。元世祖中統二年（1261），封陳聖宗為安南國王，次年以訥剌丁充達魯花赤（監治地方之長官），佩虎符，往來安南國中，並要求安南三年一貢。世祖至元四年（1267），又詔諭安南六事：一，君長親朝；二，子弟入質；三，編民數；四，出軍役；五，輸納稅賦；六，仍置達魯花赤統治之。〔註 46〕顯然元朝對安南有強烈的直接掌控企圖，其對安南未如宋之寬大，控制極嚴，甚且不時需索儒醫工匠，調民助軍，使越人疲於奔命，不堪其苦，因此安南雖為元所屈，卻仍通貢於宋。〔註 47〕至元十八

王及其子璉皆被弒。其國垂亡，可因此時，以偏師取之，舍今不圖，恐失機會」，太宗即派侯仁寶率軍南征，卻為黎桓所敗，仁寶亦戰死。

〔註 42〕上述宋越史事參見陳荊和編校：《校合本大越史記全書．本紀》卷一，頁 182～200；〔元〕脫脫等撰，楊家駱主編：《宋史》，卷四百八十八〈外國傳四〉，頁 14058～14065。

〔註 43〕陳荊和編校：《校合本大越史記全書．本紀》卷三，頁 248；〔清〕張鏡心撰，伍崇曜輯：《馭交記》卷二，葉 11b～12b。

〔註 44〕〔元〕脫脫等撰，楊家駱主編：《宋史》，卷四百八十八〈外國傳四〉，頁 14071。

〔註 45〕〔清〕張鏡心撰，伍崇曜輯：《馭交記》卷二，葉 13。

〔註 46〕〔明〕宋濂等撰，楊家駱主編：《元史》（臺北：鼎文書局，1981 年，洪武九十九卷本和南監本），卷二〇九〈外夷傳二〉，頁 4633～4635。

〔註 47〕郭廷以：〈中越一體的歷史關係〉，收入郭廷以等：《中越文化論集（一）》（臺北：中華文化出版事業委員會，1956 年 4 月初版），頁 24～25。

年（1281）陳仁宗陳日烜即位，時元已滅南宋，遣使召日烜來朝始封王位，仁宗卻以疾為辭，又雖有「君長親朝」之壓力，但仍只令其叔陳遺愛入覲，故元改立遺愛代為安南國王。陳遺愛回安南後未能掌權，反被治罪，元朝與安南交惡。〔註 48〕事實上，元朝自平定南宋後，便屢有征服安南之計劃，及至元廷遣兵征占城，假道安南而遭拒，元與安南之間的戰爭正式爆發。〔註 49〕至元二十一年（1284）元派鎮南王脫歡與大將唆都分路往討，雖有所獲，但死傷亦重，唆都後戰死，脫歡亦撤兵回國，元征安南宣告失敗。至元二十四年（1287）元軍再由水陸兩道進攻安南，然終因糧船遭毀，軍需供應中斷，而決議北返，撤退途中又遭安南軍所敗，元將烏馬兒被俘，元征安南再度失敗以還。〔註 50〕征伐安南一事元世祖過世後即中止，自元成宗以迄元末，兩國大致上保持和平關係，元未再出兵安南，陳氏亦守藩屬之禮，常向元廷遣使入貢。〔註 51〕

明朝建立，明太祖因北有蒙古勢力需顧忌，所以對南海諸國採安撫政策，安南被列入「不征諸夷」之中，雖然安南對中國態度不甚恭順，其國內篡奪層出，又與占城爭戰不休，甚至與思明府爭地，產生中越邊界糾紛，但明太祖秉持既定國策，與民休養生息，故中越兩國相安無事三十年。〔註 52〕明成祖即位後，安南已由殺陳氏宗族篡位自立的黎季犛父子掌權。黎氏自恃強武，故北侵中國廣西思明之地，成祖諭令歸還，不聽；又南攻占城，成祖詔令修好，黎氏卻陽奉陰違，侵掠如故，且授印章逼占城為屬，奪取天朝賜物。適逢老撾送自稱前安南王孫的陳天平〔註 53〕至明，控訴黎氏父子篡權，永樂四年（1406）成祖命人護送陳天平回安南，未料竟遭黎氏伏兵劫殺，因此明朝決定興師南征。〔註 54〕失去民心支持的季黎父子，〔註 55〕於次年為張輔所

〔註 48〕〔明〕宋濂等撰，楊家駱主編：《元史》，卷二〇九〈外夷傳二〉，頁 4640；陳荊和編校：《校合本大越史記全書．本紀》卷五，頁 354。

〔註 49〕呂士朋：〈元代之中越關係〉，《東海學報》第 1 期（1967 年 1 月），頁 18。

〔註 50〕陳荊和編校：《校合本大越史記全書．本紀》卷五，頁 355～365；〔明〕宋濂等撰，楊家駱主編：《元史》，卷二〇九〈外夷傳二〉，頁 4641～4649。

〔註 51〕呂士朋：〈元代之中越關係〉，頁 40～42。

〔註 52〕鄭永常：《征戰與棄守——明代中越關係研究》（臺南：國立成功大學出版組，1998 年 5 月），頁 9～23。

〔註 53〕據《大越史記全書．本紀》卷八所記，陳天平本名阮康，是安南陳朝仁靖王陳元挺的家臣。

〔註 54〕〔清〕張廷玉等撰，楊家駱主編：《明史》（臺北：鼎文書局，1980 年，清武英殿本），卷三百二十一〈安南傳〉，頁 8312～8314。以下《明史》版本皆同。

〔註 55〕《越鑑通考總論》：「若夫胡季犛倚掖庭之親，稔奸臣之惡，肆虐以暴其民，

率明軍擊潰俘虜，永樂五年（1407）六月初一，成祖詔告天下，改安南為交趾郡，設三司治理，安南再度成為中國之郡縣。〔註 56〕

明成祖郡縣安南，將安南收入版圖後，雖然政策力尚寬厚，但對已獨立建國四百多年的安南人來說，自是難以接受，再加上明廷原有輔立陳氏之言，結果卻將安南劃入領土，未免令其有志之士不服。因此永樂年間，安南各地動亂不斷，〔註 57〕其中規模最大，險些影響明朝在安南統治權的是陳朝後人陳簡定、陳季擴的復國勢力，明軍經六年多苦戰，最終憑藉著張輔率領的精銳部隊，才平定動亂，結束混戰。明朝納安南為版圖後一直採取恩恤懷柔的寬厚政策，即便是經過陳季擴等人之叛亂，其統治方式依然未變，企圖以懷柔姿態籠絡安南人心。不過，明成祖心中認為安南人之所以「剪髮裸跣」，是因為「淪於夷習，及茲有年」的結果，此種夷夏之別與天朝大國的優越心態，在安南回歸為中國之郡縣後，自然朝向恢復天朝制度與風俗習慣一途。明交阯郡的政治體制與內地郡縣並無不同，交阯布政使司黃福在安南大力推行內地化政策，「內地化」即是一種「同化」政策，如欲藉學校教育之普及，使安南「子弟習知中國禮義，以變其夷俗」，故安南府州縣學之設置，及選貢入國子監之數，與內地府州縣相較，毫無遜色。〔註 58〕然而安南人的民族獨立意識，使反明抗爭不斷，再加上明朝貪官為惡，〔註 59〕更加深安南人民對明朝的不滿，也因此迫使明朝逐漸走向棄守之路。

明成祖永樂末年，安南動亂之局在嚴厲鎮壓下稍得平靜，然其後繼位之

欺君而篡其位，罪盈怨積，海內離心，明人入寇，身虜國亡，死作他鄉之鬼，卒為天下所笑。胡漢蒼承篡國之後，行暴民之政。明人南侵而關河失守，社稷為墟，天網恢恢，踈而不漏。」。見陳荊和編校：《校合本大越史記全書》，頁 91。

〔註 56〕中央研究院歷史語言研究所校勘：《明實錄》（臺北：中央研究院歷史語言研究所，1966 年），〈明太宗實錄〉卷六十八，頁 943～955。

〔註 57〕據鄭永常教授研究，永樂年間在安南地區有史料為證的抗明團伙或領袖共有六十四位，足見安南人反明情緒之普遍與強烈。參見鄭永常：《征戰與棄守——明代中越關係研究》（臺南：國立成功大學出版組，1998 年 5 月），頁 84～99。

〔註 58〕有關陳簡定、陳季擴與明朝對抗之詳細經過，以及明成祖對安南之統治可參考呂士朋〈明代前期之中越關係〉一文，及鄭永常《征戰與棄守——明代中越關係研究》一書第四章之考察。

〔註 59〕《明史・安南傳》：「中官馬騏以採辦至，大索境內珍寶，人情騷動」。張鏡心《馭交記》亦指馬騏其人：「益貪暴，失眾心，土官州縣，不勝其毒，反者四起。」明仁宗甚至有語云：「卿等不聞，渠（指馬騏）前在交阯，荼毒軍民乎！交阯自此人歸，一方如解倒懸。」顯見馬騏之惡行，加深安南人反明之心。

明仁宗，對外政策轉趨消極，使自永樂十六年（1418）即起兵抗明，負隅頑抗多年的黎利再度活躍。〔註 60〕仁宗在位不久便駕崩，宣宗繼任，其時安南形勢險峻，黎利已掌控安南多處。宣宗宣德元年（1426）明將王通進擊黎利大敗，心膽皆喪；宣德二年（1427）安遠侯柳升戰歿，王通與黎利約和，黎利上表乞封陳暠為陳氏之後。明宣宗早有放棄安南之意，雖朝內和戰意見分歧，仍決定罷兵交趾，盡撤軍民北還。只是詔令未至，王通竟已棄交阯，凡得還者只八萬六千人，為賊所殺及拘留者不可勝計。〔註 61〕越南境內有所謂「明鄉人」，即此時被拘留而未返者。宣德三年（1428）黎利殺陳暠，正式稱帝，國號大越，乃安南史上後黎朝之太祖。〔註 62〕黎利詭言陳氏子孫絕，後繼無人，乞明冊封，宣宗直至宣德六年（1431）方命利「權署安南國事」，明英宗正統元年（1436）黎利之子黎麟（後黎太宗）始正式受封為安南國王，兩國回復宗藩外交關係。〔註 63〕

明世宗嘉靖六年（1527），安南黎氏政權為權臣莫登庸所篡，嘉靖十一年（1532）黎朝舊臣阮淦、鄭檢迎立黎昭宗之子黎寧為帝，與莫氏展開爭戰。〔註 64〕嘉靖十六年（1537），黎寧遣國人鄭惟僚等赴明京，備陳莫登庸篡弒之罪，莫氏為穩定其於安南國內之統治權，於嘉靖十九年（1540）親入鎮南關進表投降，並上土地軍民籍，請奉正朔，永為藩臣，世宗命削安南國為安南都統使司，授莫登庸為都統使。明朝雖承認莫氏在安南的統治地位，但安南內部實分為兩個政權，南為黎氏，北為莫氏。至明神宗萬曆十九年（1591），安南都統使莫茂洽遭黎氏後人黎維潭攻殺，面對黎、莫二氏的爭戰，明廷採取「不拒黎，亦不棄莫」的政策，於萬曆二十五年（1597）授掌握安南實權的黎維潭為安南都統使，莫氏則保有高平一郡，迄明之世，二姓分據，終未能歸一。〔註 65〕明末清初，安南黎氏王朝為權臣鄭氏家族把持國政，黎朝

〔註60〕〈明太宗實錄〉卷一百九十六，「永樂十六年正月甲寅」條，頁 2054。

〔註61〕《明史・安南傳》，頁 8322～8325。

〔註62〕據《大越史記全書・本紀》卷十所記，陳暠並非陳氏子孫，乃黎利為向明求封所立之傀儡；又言陳暠或飲毒死，或出走遭黎利派人追殺而死。陳暠之立讓明朝得以「陳氏有後」為由撤兵並棄守安南，陳暠之亡則讓明無法冊封其為安南國王，黎利得以詭言陳氏子孫絕，因而成為安南之主。見陳荊和編校：《校合本大越史記全書》，頁 530、551。

〔註63〕《明史・安南傳》，頁 8325～8326。

〔註64〕陳荊和編校：《校合本大越史記全書・本紀》卷十五，頁 834～836、841。

〔註65〕《明史・安南傳》，頁 8331～8337。

故臣阮淦之子阮潢與鄭氏不合，退居順化自稱廣南王，由是黎朝操於鄭、阮兩家成分治之局，而居於高平的前朝莫氏，又為另一股勢力，安南內部實一國多主。

二、清代之中越外交關係

（一）清朝與安南黎朝、西山朝之外交關係（1644～1802）

明代自宣宗宣德年間棄守安南後，安南脫離中國統治，恢復獨立。黎氏對明廷素為忠順，即使清軍入關，仍與南明政權往來。順治三年（黎真宗福泰四年，1646），黎朝遣使阮仁政等入閩，請封於南明隆武帝（唐王），豈料安南使臣未及歸國，清軍已平閩並將之執送北京。順治帝敕諭安南國王「爾國若能順天循理，可將故明所給封誥印敕遣使齎送來京，朕亦照舊封錫」。〔註66〕而永曆帝（桂王）於廣東肇慶建立政權後，亦曾遣使潘琦等齎敕誥由鎮南關至安南，封黎維祺（黎神宗）為安南國王。順治八年（1651）桂王為清兵所逼播遷南寧，敕諭黎朝權臣鄭梉「資其兵餉，以助恢復」，並遣使封其為安南副國王。〔註67〕順治十六年（1659）清軍控制了粵桂滇三省，永曆君臣逃亡緬甸，此一變局讓接受南明政權冊封，未與清朝進行官方往來的黎朝，也不得不在次年向清朝「奉表投誠，附貢方物」，並於康熙五年（1666）繳送明王永曆之敕命與金印，因而得受清廷冊封為安南國王，確立兩國之宗藩關係，從此依三年一貢、六年兩貢並進之例行禮如儀。〔註78〕至於安南莫氏亦向清廷投誠，於順治十八年（1661）受封為「歸化將軍」，其後清廷又沿明舊制，封莫氏為安南都統使。〔註69〕康熙十六年（1677）黎氏趁清廷傾力應付三藩之亂，極言莫氏叛清轉投吳三桂且資其兵糧之罪，出兵併吞高平，莫氏政權遂亡。〔註70〕廣南阮氏於康熙四十一年（1677）始向清廷求封，然

〔註66〕《清實錄》（北京：中華書局，1986年），〈順治實錄〉，卷三十二，頁267。以下各實錄版本皆為中華書局影印版，不再加註出版資訊。

〔註67〕〔越南〕潘清簡：《欽定越史通鑑綱目．正編》（順化：越南國家圖書館藏刻本R.547，1884年），卷三十二，黎真宗福泰五年、黎神宗慶德三年，葉3～4、8。《欽定越史通鑑綱目》建福元年刻本全文可上「漢喃古籍文獻典藏數位計畫」網站（http://lib.nomfoundation.org/collection/1/）檢索（2016年1月24日），點擊掃瞄圖檔即可直接閱讀。

〔註78〕〈順治實錄〉，卷一百四十，頁1079；〈康熙實錄〉，卷十九、二十六，頁271、361。

〔註69〕〈康熙實錄〉卷五，頁91、94～95。

〔註70〕〔越南〕潘清簡：《欽定越史通鑑綱目．正編》（順化：越南國家圖書館藏刻

清以「安南猶有黎在，未可別封」之由，將冊封之事否定。〔註 71〕

清朝統治者對藩屬國安南的內亂多無意干預，清世宗雍正在位期間，甚至連中越邊界土地問題，亦抱持不與小邦爭利的態度，慷慨將雲南開化府馬伯汎以南之地賜予安南。〔註 72〕然乾隆年間西山阮氏崛起，安南局勢產生劇變，清朝政府最終也不得不介入處理。乾隆三十六年（1771），阮文岳、阮文惠、阮文侶兄弟於西山起兵，反抗受權臣把持朝政而專恣暴虐的廣南阮氏，聲勢浩大；乾隆四十二年（1777），阮文岳得北方鄭氏授為「廣南鎮守」，〔註 73〕而廣南王阮福淳逃奔龍川卒，廣南阮氏遂亡。乾隆五十一年（1786）阮文惠滅鄭氏，扶植黎維祁（愍宗，昭統帝）於昇龍（今河內）即位；次年，阮文惠再次揮軍昇龍，昭統帝倉皇出奔；乾隆五十三年（1788）黎太后、黎朝王室與官員阮輝宿等，逃至中國廣西避難並向清廷求援，乾隆皇帝以黎氏守藩奉貢一百多年，宜出師問罪以「興滅繼絕」，置之不理非宗主國「字小存亡之道」〔註 74〕，故先安置黎維祁家眷於南寧，再命兩廣總督孫士毅率兵出關直搗昇龍。清兵起初大勝，收復昇龍，並封黎維祁為安南國王，但乾隆五十四年（1789）阮文惠出兵昇龍，大敗孫士毅，黎維祁再度北逃中國，清朝的「安南之役」宣告結束。阮文惠為穩定政局，向清廷叩關謝罪乞降，並改名阮光平，遣其兄子光顯齎表入貢，懇賜封號；乾隆皇帝認為黎維祁再棄其國，是「天厭黎氏，不能自存」，故封阮光平為安南國王，將黎朝舊君臣歸入漢軍旗下，自此清朝與後黎朝的宗藩關係正式結束，轉而與西山阮氏政權建立新的外交關係。〔註 75〕

本 R.550，1884 年），卷三十四，葉 3～5。

〔註 71〕許文堂、謝奇懿編：《大南實錄清越關係史料彙編》（臺北：中央研究院東南亞區域研究計畫，2000 年 11 月初版），前編卷七，頁 5。以下所引《大南實錄》之文皆出此史料彙編，不再加註出版資訊。

〔註 72〕此事可參閱呂士朋：〈清代康雍乾三朝之中越關係（上）〉，《東海學報》第 14 期（1973 年 7 月），頁 9～12。

〔註 73〕〔越南〕潘清簡：《欽定越史通鑑綱目．正編》（順化：越南國家圖書館藏刻本 R.524，1884 年），卷四十五，葉 2。

〔註 74〕《左傳．哀公七年》：「禹合諸侯於塗山，執玉帛者萬國。今其存者，無數十焉，唯大不字小、小不事大也。」字，愛也。「字小存亡之道」即愛護小國使得生存之理。見楊伯峻編著：《春秋左傳注（修訂本）》（北京：中華書局，1990 年 5 月第 2 版），頁 1642～1643。

〔註 75〕趙爾巽等撰，楊家駱校：《清史稿》（臺北：鼎文書局，1981 年，關外二次本），卷五百二十七〈越南傳〉，頁 14634～14640。〈乾隆實錄〉，卷一千三百七、一

西山朝得到清廷承認後，與清朝展開較後黎時期更為密切、頻繁的往來。乾隆五十五年（1790）阮光平遣替身冒名前去中國，以安南國王身分親向乾隆皇祝賀八旬萬壽；乾隆五十七年（1792），雙方議定貢期，改舊例三年一貢為兩年一貢，六年遣使來朝則改為四年一朝。阮光平去世後，其子阮光纘繼位，亦得清廷冊封為安南國王，然因縱容海盜為亂而與清廷交惡。時原廣南阮氏之後人阮福映力圖復國（號舊阮），與阮光平父子所建之新阮（亦稱西阮）政權相對抗，在歷經數年努力下，於嘉慶七年（1802）滅西山阮氏，清廷與西山朝的宗藩關係也因此宣告終結。〔註 76〕

（二）清朝與越南阮朝之外交關係（1802～1885）

阮福映消滅西山阮氏政權後，平定全越建立阮朝，年號嘉隆。嘉隆帝亦希望得到清廷承認以鞏固政權，故於嘉慶七年（1802）派遣兵部尚書黎光定、吏部僉事黎正路、東閣學士阮嘉吉等齎國書品物前往清廷請封，並請改國號為「南越」。〔註 77〕但是清廷認為「南越」之名所包甚廣，今兩廣之地皆在其內，阮福映全有安南，亦不過交趾故地，同時清廷也擔心阮福映「恃功要請」、「心存叵測」，因此不同意其以「南越」名國。幾經周折，嘉慶八年（1803）清廷決定改「安南國」為「越南國」，「越南」二字「以越字冠於上，仍其先世疆域；以南字列於下，表其新錫藩封，且在百越之南，與古所稱南越，不致混淆」。〔註 78〕嘉慶九年（嘉隆三年，1804）清朝冊封使齊布森抵達越南，宣封阮福映為「越南國王」，〔註 79〕清朝與越南阮朝的宗藩關係正式確立，此後越南成為兩年一貢、四年兩貢並進的藩屬國，然而越南獨立自主的心理卻日益增強，「朝貢」和「貢使」之詞一變而為「邦交」與「如清使」，其意在提升國家地位，與中國形成平等的國與國外交關係。〔註 80〕

阮福映在位十七年而逝，其子阮福晈繼位，是為明命帝。道光元年

千三百二十一、一千三百二十七、一千三百二十八、一千三百三十三，頁 592～594、860～862、966～967、978～981、1047～1050。

〔註 76〕趙爾巽等撰，楊家駱校：《清史稿》，卷五百二十七〈越南傳〉，頁 14640～14643。

〔註 77〕《大南實錄清越關係史料彙編》，《大南實錄．正編》，第一紀，卷十九，頁 36。

〔註 78〕〈嘉慶實錄〉，卷一百六、一百一十一，頁 428、480～481。

〔註 79〕《大南實錄清越關係史料彙編》，《大南實錄．正編》，第一紀，卷二十三，頁 37～38。

〔註 80〕許文堂：〈十九世紀清越外交關係之演變〉，收入許文堂主編《越南、中國與臺灣關係的演變》（臺北：中央研究院東南亞區域研究計畫，2001 年 12 月初版），頁 91。

（1821），清廷派遣廣西按察使潘恭辰齎敕印往封阮福晈為越南國王；道光九年（1829）越南使臣提出改貢道由廣東水路進京以及海道通關貿易之請，清廷以定制不可輕改和外夷諸國恐攙混而滋生事端之由，皆加以駁回，未能考慮越南改由水路可省勞費和貿易通市需求之實。〔註 81〕事實上，阮朝嘉隆帝時期，越南除與清朝維持行禮如儀的宗藩關係外，嘉隆帝更是經常派遣使者前往廣東進行採買貿易，顯示陸路邊關貿易已不敷越南其國所需，是以阮朝一直不斷尋求突破。〔註 82〕道光十九年（1839）清廷改越南貢期為四年遣使來貢一次，貢物照兩貢並進之數減半。〔註 83〕就在清廷仍以宗主國天朝姿態宣布藩屬國朝貢之事的同時，西方列強的勢力已逐步進逼，讓清廷與阮朝都不得不正視。

越南明命帝對清朝與英人之間的鴉片問題，曾感嘆以一旅取天下，「兵力何其雄也」的大清，如今「何其委靡也」；「以堂堂大國天下之所瞻仰，始則失信以招兵，終則老師而長寇，成何事體」；「清人懦弱，我知之矣」。清人多吃鴉片以致下場狼狽，對越南看似事不關己，但因「紅毛為梗」以致海路不通，民間所需之藥材、茶葉難以取得，也間接導致與中國交界的越南貿易流通不便，病商又病民。〔註 84〕不過雖然明命帝對清朝有所鄙視，但依舊在意越南使節覲見清朝皇帝時所列班次之序，認為越南使臣排列於南掌、暹邏、琉球等國之後，安排失當，若復如此，寧出班受罰。〔註 85〕道光二十一年（1841）明命帝崩，清廷命廣西按察使寶清往祭，並封其子阮福暶為越南國王。紹治帝在位七年崩，道光二十八年（1848）由阮福時嗣位，是為嗣德帝。阮福時為鞏固政權及其他諸多考量，向清朝提出至其國都冊封之要求，清廷同意而指派廣西按察使勞崇光至阮朝國都順化宣封，此為清廷首度改河內而至阮朝京

〔註 81〕〈道光實錄〉卷十八，頁 334；卷一百五十九，頁 457；卷一百五十六，頁 408～409。

〔註 82〕許文堂：〈十九世紀清越外交關係之演變〉，收入許文堂主編《越南、中國與臺灣關係的演變》（臺北：中央研究院東南亞區域研究計畫，2001 年 12 月初版），頁 93。

〔註 83〕趙爾巽等撰，楊家駱校：《清史稿》（臺北：鼎文書局，1981 年，關外二次本），卷五百二十七〈越南傳〉，頁 14644。

〔註 84〕《大南實錄清越關係史料彙編》，《大南實錄．正編第二紀》卷二〇八、卷二〇九、卷二一二，頁 210～212、214。

〔註 85〕《大南實錄清越關係史料彙編》，《大南實錄．正編第二紀》卷二二〇，頁 220。

城冊封。〔註 86〕

道光朝之後，清朝由咸豐皇帝繼位，太平天國亂事在咸豐年間愈演愈烈，已使貢道受阻。咸豐六年（1856）「現在用兵諸省分尚未肅清，越南國此次例貢，著緩至下屆兩貢並進」；咸豐十年（1860）「現在廣西軍務未竣，道路不寧，其丁巳、辛酉兩屆例貢，暫行展緩」；咸豐十一年（1861）咸豐帝駕崩，同治帝繼位，清廷亦令越南不必遣使進香、表賀登極；同治三年（1864），越南乙丑例貢及上二屆兩貢依舊暫緩展延。〔註 87〕直至同治七年（1868）太平天國亂事大致底定後，越南才得以再度遣使如清，兩國恢復正常之宗藩關係與往來。〔註 88〕事實上，中斷朝貢往來的這段期間，不止中國內憂外患，越南亦飽受法國侵略威脅，故而此次重新遣使入貢，對中越兩國維持傳統外交關係有一定程度之意義。然而同治元年（嗣德十五年，1862）已與法國簽訂「壬戌和約」（第一次西貢條約）以致喪土失權的越南，於同治十三年（嗣德二十七年，1874）又被迫與法國簽訂「甲戌和約」（第二次西貢條約），從而影響中越關係甚鉅。條約內容視越南有自主之權，非中國藩屬；倘有外國侵擾，法國政府願無條件幫助越南，越南似成法國之「保護國」，而其南圻六省則成為法國統治之領土。〔註 89〕

清廷對於「甲戌和約」的結果似乎未有足夠且深刻的認識，在與法國、英國等國之照會中，只表明清政府於中越關係問題上所抱持之一貫態度，即中越宗藩關係存在已久，越南為中國屬國，卻未公開譴責法國對越南之侵略，此種軟弱無力的反應，使法國得已在往後交涉中「不認中國上邦之權」，因為「從前法越定約以後，中國並未駁詰，不過言中越向有交涉之事而已」。〔註 90〕至於越南阮朝則希望清廷繼續助其剿平自太平天國亂事後，流竄於其地北圻的股匪之亂，甚至是助其抵禦外侮，協防法軍有進一步的行動，因

〔註 86〕許文堂：〈十九世紀清越外交關係之演變〉，收入許文堂主編《越南、中國與臺灣關係的演變》（臺北：中央研究院東南亞區域研究計畫，2001 年 12 月初版），頁 101～102。

〔註 87〕趙爾巽等撰，楊家駱校：《清史稿》（臺北：鼎文書局，1981 年，關外二次本），卷五百二十七〈越南傳〉，頁 14645～14646。

〔註 88〕《大南實錄清越關係史料彙編》，《大南實錄・正編第四紀》，卷三十八，頁 322。

〔註 89〕《大南實錄清越關係史料彙編》，《大南實錄・正編第四紀》，卷五十，頁 394～400。

〔註 90〕孫宏年：《清代中越關係研究（1644～1885）》（哈爾濱：黑龍江教育出版社，2014 年 2 月第 1 版），頁 43～44。

此照舊遣使入貢。光緒八年（1882）法、越再生衝突，法軍攻佔河內，阮朝以藩屬國之姿向清廷求援，並於 1883 年初（光緒八年、嗣德三十五年十二月）派遣使臣范慎遹和阮述前往清廷交涉，可惜最終並無結果，阮述因此「不勝憤恨」，感嘆地說：「我國當此變故交集，其勢不得不從，而中朝不能保護藩封，不知何辭以自解於天下也？世局至此，尚何言哉！」〔註 91〕是年六月，嗣德帝薨，其弟協和帝繼位，八月法軍攻下順化，越南被迫簽訂「第一次順化條約」（又稱癸未和約），淪為法國之保護國。而有意接受保護政策，依附法軍以穩定王位的協和帝，則在稱帝四個多月後被廢，改由嗣德帝第三位養子養善繼位，年號建福。〔註 92〕

在順化失陷之前，清廷為穩定局勢，曾派軍隊赴越駐防，但消極性的防御政策使其最終在越南的軍事部署宣告失敗。為免「出師護越，越不知感，法又為仇，兵連禍結」，清廷命李鴻章與法國代表談判，而於光緒十年（1884 年 5 月）簽訂「中法簡明條約」，然此條約實已放棄中越宗藩關係，因而輿論譁然。法國方面對此條約亦不滿意，不僅於是年六月逼迫越南簽訂「第二次順化條約」（又稱甲申和約），使越南徹底成為其保護國，又將中國冊封越南國王的金印熔毀，使中越宗藩關係完全斷絕，中國不再是越南的宗主國；〔註 93〕另一方面，向駐守於諒山觀音橋的清軍發動攻擊，並以之為藉口將戰事擴大到中國東南沿海地區，導致中法戰爭全面爆發。〔註 94〕光緒十一年（1885）李鴻章在天津與法方簽訂「中法越南條約」，中國正式承認越南由法國保護，大清朝與越南阮朝最重要的外交關係——藩貢體制，從此終結，儘管接替建福帝繼任的咸宜帝有意遣使入華請封，恢復中越宗藩關係，清廷也

〔註 91〕《大南實錄清越關係史料彙編》、《大南實錄．正編第四紀》，卷六十八，頁 459；陳荊和編註：《阮述「往津日記」》（香港：中文大學出版社，1980 年初版），頁 49。

〔註 92〕〔越南〕陳重金著，戴可來譯：《越南通史》（北京：商務印書館，1992 年 12 月），頁 394～397。

〔註 93〕《大南實錄．正編第五紀．卷四》：「法全權大臣巴德哪、監督黎那來訂新約，……至是巴德哪、黎那帶隨派隨兵等抵使館，以該國欽給敕書奏達，準慎遹、𤅶以敕書相見對較，傳旨慰答，商定和約以月之十三日丁亥成，凡十九款。是日即會同將原清國封印銷鑄……」。見許文堂、謝奇懿編：《大南實錄清越關係史料彙編》（臺北：中央研究院東南亞區域研究計畫，2000 年 11 月初版），頁 472～474。

〔註 94〕孫宏年：《清代中越關係研究（1644～1885）》（哈爾濱：黑龍江教育出版社，2014 年 2 月第 1 版），頁 53～54。

只能說「越南從前與法私自立約，並未奏聞。此次和議定後，又來求庇，是其首鼠兩端，已可概見」，從而以「中國無從過問」來面對越南的抗法鬥爭。〔註 95〕

第二節　清代越南使節之燕行概況

越南從丁部領遣使入宋起，至近代淪為法國殖民地前，作為中國的封藩屬國，歷朝越南君主都曾遣使燕行，而其燕行目的或為求封、或為朝貢、或為謝恩、或為告哀……，各有其由。以下便就清代越南遣使如燕之概況進行考察，尤其著重於其至北京公幹者。

一、清代越南遣使如燕之次數、任務、人員

許文堂〈十九世紀清越外交關係之演變〉一文所附「越南遣使大清一覽」表，是目前整理越南遣使如燕情形較為完整詳盡者。據許氏統計，越南派遣使節至清朝的次數，自順治三年（1646）遣使阮仁政等往福建賀南明唐王即位卻為清軍執入北京，至光緒九年（1883）范慎遹和阮述因法、越衝突而前往清廷以備諮問止〔註 96〕，共計八十三筆資料，然此中包含非自願遣使如清、計畫派遣使節卻未能成行者，且並未羅列出燕行使節記行所著作品，而部分資料亦有待重考商榷、再行釐清。為更清楚了解越南派遣燕行使至北京及其燕行書寫之情形，筆者參考相關史料及研究後，重製「清代越南遣使北京一覽表」附錄於論文之後（詳見附錄一），將越南歷朝派遣使者赴大清紫禁城，及其所留燕行紀錄作一整理。

據筆者「清代越南遣使北京一覽表」之考察，有清一朝，越南遣使如燕，以北京為目的地者，共計有六十次之多。而安南（越南）使節北京之行的主要任務，多是建立在雙方宗藩關係基礎上，藩屬國會有的告哀、請封、謝恩、歲貢等，若遇清朝皇帝誕辰之慶，亦有賀壽使前往。當然，隨著清、越兩國國

〔註 95〕〈光緒實錄〉，卷二百一十六，頁 1042。

〔註 96〕《大南實錄・正編第四紀・卷六十八》：「命刑部尚書范慎遹充欽差大臣，侍郎加參知銜阮述副之，往清國天津公幹，……。自河城有事，我經移書東督裕名寬、曾名國荃，祈為妥料。……經派述充欽差偕清官往呈東督，祈為轉達，尋接李伯相電音，邀我國大臣二三人往天津詢問，竝商議法國之事，乃命慎遹等奉國書以行。」。見許文堂、謝奇懿編：《大南實錄清越關係史料彙編》（臺北：中央研究院東南亞區域研究計畫，2000 年 11 月初版），頁 459。

勢陵夷，內憂外患接踵發生，越南請求清廷助平邊境亂事，並藉此宗藩關係穩固政局，則是後來產生的新任務。

至於出使人員的部分，人數方面在康熙五十七年（1718）抵華的阮公沆使團歸國後，確立正使一名、副使兩名、行人二十的規定；而出使的使節，因其擔負「重國體，固邦交」的國家使命，身分重要。從後黎朝和阮朝的貢使保舉名單中不難看出，得以被派遣擔任燕行使節者，多為科舉中格之進士、舉人，其漢文能力與文化素養較高，是知識淵博、品德高尚的賢明儒者，或是富有文學素養的才子，如此方能不辱君命、不辱國體，成功完成任務。〔註 97〕如乾隆朝出使的黎貴惇，是後黎朝著名的經學家、史學家、文學家；嘉慶朝出使的鄭懷德、吳仁靜（1761～1813）、黎光定（1759～1813）為「嘉定三家」，阮攸（1768～1820）是「安南四大奇書」之一《金雲翹傳》的作者。〔註 98〕

而關於越南使節燕行所留下的漢文文獻紀錄，大多數為文字紀錄，亦有如《燕軺日程》、《如清圖》、《燕臺嬰語》、《燕軺萬里集》等一類的使程圖；有繳交給皇帝、朝廷的使程報告像《如燕驛程奏章》、《如清日記》、《建福元年如清日程》，也有專門記錄越南使節與中土文人來往酬作的作品如《中州酬應集》、《雉舟酬唱集》。文體方面，越南漢文燕行文獻主要為使節個人詩（文）集，文體以詩歌為主，〔註 99〕古詩（五言、七言、雜言）與近體（絕句、律詩、排律）皆可見，〔註 100〕甚至出現較為特別的六八體句式。如阮

〔註 97〕參見陳文：〈安南後黎朝北使使臣的人員構成與社會地位〉，《中國邊疆史地研究》第 2 期（2012 年 6 月），頁 114～126。江振剛：《清代安南使團在華禮遇活動研究》（廣州：暨南大學碩士論文，2015 年），頁 12～15。

〔註 98〕鄭永常：《漢文文學在安南的興替》（臺北：臺灣商務印書館，1987 年 4 月初版），頁 154～156、190～193、199～201。

〔註 99〕越南使節的漢文燕行作品，韻文類以「詩」為主要表現形式，但亦有「詞」和「賦」等作品。詞作如潘輝益《星槎紀行》中有祝賀乾隆八旬萬壽的〈欽祝大萬壽詞曲十調〉十首詞作，潘輝注《華軺吟錄》則有歌詠瀟湘八景的〈瀟湘八景詠〉詞作八首。賦作如段浚《海翁詩集》有〈五險灘賦〉、〈岳陽樓賦〉，吳時任《皇華圖譜》之〈登黃鶴樓賦〉，潘輝注《華軺吟錄》之〈起敬灘賦〉、〈泛瀟湘賦并序〉、〈泛湖賦〉、〈許城送秋賦并序〉。上述作品依序分別見《越南漢文燕行文獻集成》第六冊、第十冊、第七冊、第十冊，頁 275～281、317～325、61～62、96～97、188～193、201～203、233～240、241～244、299～302。

〔註 100〕據阮黃燕研究，「近體詩」在越南燕行錄中的運用最為可觀，其中尤以「七言律詩」數量為多，居於第一，主要原因乃七言律詩易於表達且富變化，不論寫景、寫物或描述作者心理感受等，皆能發揮。而筆者整理本文引用之越南使節北京書寫詩歌作品，在約 280 首的詩歌中，以「七言律詩」為體裁的

輝僐《奉使燕京總歌並日記》一書，開篇有長四百七十句的六八體長歌，此上六下八的六八體漢文詩，應是受到越南特有的六八體喃詩體裁〔註 101〕影響而產生，也是越南北使文學中，除漢文、喃文等作品外，〔註 102〕另一種融合中國與越南文學特色的詩歌體裁。

至於散文體式的作品，有如黎貴惇《北使通錄》、范世忠《使清文錄》、阮思僩《燕軺筆錄》等作，不僅收錄燕行相關的奏章、公文、文書、信函等，也留下描述沿途見聞與談話應對往來之文章。還有如阮輝僐《北輿輯覽》、李文馥《使程括要編》此類作品，記述中國地名與山川名勝，或使程行次省府州縣的歷史沿革、地域分野與名勝古跡等內容之地理類書籍。另外，亦有黎峻、阮思僩、黃竝《如清日記》和范熙亮《范魚堂北槎日記》等，依使行日程按日而記的日記體散文作品，如實記述出使任務與每日見聞觀察所得；更有如阮公基《使程日錄》，描述使程奇遇故事；或是潘輝注《輶軒叢筆》，如筆記體一般，隨筆記錄沿途山川景物、風土人情，乃至於道光帝秘聞，因內容敘事性較強，當以散文記述較能清楚說明來龍去脈。

而值得一提的還有阮輝僐《奉使燕京總歌並日記》，此書合六八體長歌、七言律詩與日記體散文為一；以及裴樻《燕行曲》，以七言長詩記述使行過程，詩句下卻有詳細的地名、歷史事件與人物相關注解，可見越南使節的漢文燕行文獻在文體分界上，並非絕對分明，反而有融匯詩、文各體之長的傾向。本文藉越南使節的漢文燕行文獻考察其北京書寫內容，在文體類型方面承前述介紹，仍是以詩歌為主要載體，間有散文文類之作，此種有別於朝鮮

詩篇達七成左右的比例，足見越南使節喜用七律作為創作之表現形式；阮黃燕：《1849～1877 年間越南燕行錄之研究》（臺南：國立成功大學中國文學系博士論文，2015 年 6 月），頁 45～47。

〔註 101〕「喃」又名「喃哪」，「喃字」乃出於平民需要而創作，是漢字與越南俗語、鄉語相結合的產物，六八體詩歌則是越南最具代表性的本土韻文體裁。至於「喃傳」則是指越南喃字小說，過去未定名前亦稱為「國音傳」或「演歌傳」，是韻文體裁，通常多用六八句式：第一句六言，第二句八言，有腳韻和腰韻，六言句最後一字起韻，八言句的第六字叶韻，八言句的第八字又重新起韻，詩句長短不限。

〔註 102〕據劉玉珺研究，現存六八體及喃文的越南北使作品有：武棉《黎朝越蓮溪公北使自述記》（六八體喃詩）、阮宗室《使程新傳》（六八體喃歌）、佚名《旅行吟集》（喃文題詠詩）、李文馥《使程便覽曲》（喃歌）、阮登選《燕臺嬰語》（喃文長詩）。見劉玉珺：《越南漢喃古籍的文獻學研究》（北京：中華書局，2007 年 7 月第 1 版），頁 364。

使節文獻以燕行錄為主、將唱和詩文附錄其中的書寫方式，大陸學者劉玉珺曾言：以「詩文」為主要著述文體的越南北使詩文，其燕行意義重在文化交流，同時也反映出越南對漢文化的認同，及對詩賦外交的重視。〔註 103〕

二、清代越南使節之燕行進京路線

清代對於藩屬國的朝貢路線皆有明確的規定，嚴令「外夷各國進貢，或由水路，或由陸路，定制遵行，未可輕言改易。」〔註 104〕考察歷代《大清會典》〔註 105〕中有關安南（越南）的進貢路線之記，整理如下表所示：

	年　代	貢　道
1	康熙四年（1665）	安南由廣西太平府……，皆陸行，款關入境，各至省城。
2	雍正二年（1724）	安南國貢使進京，廣西巡撫給予勘合。由廣西、湖南、湖北、江西、江南、山東、直隸水路行。回日由部照原勘合換給，仍由水路歸國。
3	乾隆五十七年（1792）	此後該國遇有購買物件年分，應先期呈明督撫具奏，准其改由江寧水路行走，如無購買之事，照舊由湖廣、河南一帶進京。
4	乾隆六十年（1795）	此次安南貢使，改由廣西水路，經廣東之肇慶等府，至江西沙井起旱，取道入京。
5	嘉慶七年（1802）	越南貢道，由陸路至廣西憑祥州，入鎮南關，由水路達京師。
6	咸豐三年（1853）	越南貢道，現因武、漢兩府兵燹未靖，改由長沙、常德徑赴荊州，取道襄陽進京。

由上表可知，康熙四年先是規定安南陸行至廣西太平府入境，經廣西省城桂林至京師，搭配《太平府志》所記，可知康熙二十六年（1687）的使節路線是「由廣西過楚，乃抵京師」〔註 106〕。雍正二年明確規定使節的進京路線，是

〔註 103〕據劉玉珺考察，越南現存的北使集中，有 8 種燕行記、82 種北使詩文集，北使詩文可謂越南使臣最主要的著述文體。參見劉玉珺：《越南漢喃古籍的文獻學研究》（北京：中華書局，2007 年 7 月第 1 版），頁 337～338。

〔註 104〕〈道光實錄〉，卷 158，「道光九年七月丁巳」，頁 443。

〔註 105〕〔清〕允祹等奉敕撰：《欽定大清會典》（臺北：臺灣商務印書館，1983 年，據國立故宮博物院藏本影印）《景印文淵閣四庫全書》第 619 冊，卷 56，頁 499；〔清〕崑岡等奉敕著：《欽定大清會典事例（光緒朝）》卷五〇二、五一〇（北京：中華書局，1991 年，據光緒二十五年石印本影印），第六冊，頁 817-1~818-2、912-2。

〔註 106〕故宮博物院編：《（康熙）上林縣志．（雍正）太平府志》（海口：海南出版社，

由廣西、湖南、湖北、江西、江南、山東、直隸至京師，往返皆走水路，而之所以有此一路線規範，乃因安南國王之上奏：

> ……竊照臣國累次陪臣入貢，並由廣西、湖廣、江南、山東等處乘船抵京，迨回期或值冰未泮，舟楫不通，始由陸行。每貢使回貢，臣父曾備詢陸行艱辛之狀，臣父切憫行役之勞苦，欲具陳奏，請于貢期以初春開關賜進，庶貢使往回獲由水路，不幸捐世，未果。康熙伍拾柒年，臣因告哀禮，曾已具疏，祈開恩典，准由水路。康熙伍拾捌年，陪臣阮公沆回，自京師帶齎部咨，內開臣國貢使進京，往回從未由水路行走之例，臣所疏請，著無庸議，臣敢不凜遵。康熙陸拾壹年，貢部陪臣胡丕績等自京師還，具言旱路往回辛苦備至，臣誠不能自已者。……〔註 107〕

由引文可知，康熙年間安南貢使由水路進京，路線為廣西、湖南、湖北、安徽、江蘇、山東、直隸，至於回程若水路結凍以致舟船無法通行，則由陸路而回，然陸行艱辛，因此有意向清廷請求往返皆由水路而行。不過歷經幾番努力，「旱路往回辛苦備至」的情形仍然持續至康熙六十一年的胡丕績使團，因此安南把握雍正登基後首次入貢機會，請求清廷改為水路往返，而終於獲准。再參考上表第三條資料，乾隆五十七年為避免安南以購織袍服等物為由，請求專門派人至清朝境內辦織，並借製辦為名，到處逗留，而致別生事端，令其藉朝貢之行，順道將所需袍服等物買回，故同意其有購買之需時，可改由江寧水路行走，否則照舊由湖廣、河南一帶進京。〔註 108〕顯然，安南貢使進京存在兩條路線，一條由廣西、湖南、湖北、江西而後取道江南水路，行經安徽、江蘇，再接山東、直隸，即雍正二年所議定之水路，亦是康熙年間使臣進京的水路路線；一條則取道河南陸路，走廣西、湖南、湖北、河南、直隸此路線，且陸路為乾隆後期開始採行的主要路線。

為了解安南使節進京路線的真正情形是否如上所述，現再對照燕行紀錄以明究竟。康熙五十五年抵達北京的丁儒完，其《默翁使集》的路線為「廣西

2001 年 6 月第 1 版），故宮珍本叢刊第 195 冊，卷五十〈安南〉，頁 361。

〔註 107〕臺灣中央研究院歷史語言研究所編輯：《明清史料庚編（一）》（北京：中華書局，1987 年 10 月第 1 版），〈安南國王為貢使請由水路殘奏本〉，頁 92。

〔註 108〕〔清〕崑岡等奉敕著：《欽定大清會典事例（光緒朝）》卷五一〇（北京：中華書局，1991 年，據光緒二十五年石印本影印），第六冊〈禮部・朝貢・市易〉，頁 912-2。

（明江→太平府→南寧府→永淳縣→橫州→貴縣→潯州府→桂平縣→藤縣→梧州府→平樂府→桂林府→興安→全州）——**湖南**（祈陽→永州府→湘潭→長沙府→衡州府→湘陰縣→岳州府）——**湖北**（武昌府→漢陽→黃州府）——**江西**（九江府）——**安徽**（蕪湖縣）——**江蘇**（南京→揚州府→江都縣）——**山東**（兗州→武成縣）——**過黃河**」。〔註 109〕雖然使臣沿途所記到黃河便停止，但此路線基本上便是上述取道江南的水路。至於乾隆年間的燕行文獻如乾隆八年抵京的阮翹、阮宗窐其《乾隆甲子使華叢詠》，二十六年抵京的黎貴惇其《桂堂詩彙選》、《北使通錄》，三十二年抵京的阮輝瑩其《奉使燕京總歌並日記》，三十八年抵京的武輝珽其《華程詩》，四十三年的胡士棟《花程遺興》等，皆以上述取道江南的水路入京。〔註 110〕具體路徑或有些微差異，但大方向來說都相同，今以阮輝瑩《奉使燕京總歌並日記》為例，對照其使程圖《燕軺日程》，將其路線抄錄如下：「**廣西**（鎮南關昭德臺→憑祥州→受降城→寧明州→太平府城→新寧州→南寧府城→永淳縣→橫州→潯州府貴縣→桂平縣→平南縣→梧州府藤縣→梧州府城、蒼梧縣→平樂府昭平縣→平樂府城、平樂縣→桂林府陽朔縣→臨桂縣→靈川縣→興安縣→全州）——**湖南**（永州府零陵縣→祁陽→衡州府城→衡山縣→長沙府湘潭縣→長沙府城→湘陰縣→岳州府巴陵縣→臨湘縣）——**湖北**（武昌府嘉魚縣→江夏縣→黃州府黃岡縣→武昌府武昌縣→蘄州）——江西（九江府城、德化縣→湖口縣→彭澤縣）——安徽（池州府東流縣→安慶府懷寧縣→池州府貴池縣→銅陵縣→太平府蕪湖縣）——江蘇（江寧府南京→揚州府儀徵縣→江都縣→高郵州→寶應縣→淮安府山陽縣→清河縣→徐州府宿遷縣）——山東（沂州府郯城縣→蘭山縣→徐州府沛縣夏鎮→魚台縣→沂州府蒙陰縣→濟寧州→泰安府→兗州府汶上縣→泰安府東平州→濟南府齊河縣→泰安府東阿縣→東昌府茌平縣→高唐州→恩縣→濟南府德州）——直隸（河間府景州→阜城縣→交河縣→獻縣→河間府城、河間縣→任邱縣→保定府雄縣→新城縣→順天府涿州→良鄉縣→盧溝橋→北京城）」。〔註 111〕

從康熙到乾隆中期，安南使節的進京路線基本上都是取道江南的水路，

〔註 109〕〔越南〕丁儒完：《默翁使集》，《越南漢文燕行文獻集成》第一冊。

〔註 110〕鄭幸：〈清代越南燕行使臣入京路線述略〉，收入「燕行使進紫禁城——14 至 19 世紀的宮廷文化與東亞秩序學術研討會」論文集，頁 447。

〔註 111〕〔越南〕阮輝瑩《奉使燕京總歌並日記》，《越南漢文燕行文獻集成》第五冊；〔越南〕阮輝瑩等編繪：《燕軺日程》，《越南漢文燕行文獻集成》第二十四冊。

既然安南好不容易爭取水路往返獲得同意，可免去旱路之艱辛，為何後來又有所變更？前面提到乾隆五十七年安南購織袍服之事，透露出些許訊息，即安南在大清境內欲水路而行的原因還包括採買精美的江寧絲綢，藉以從中得利。乾隆三十七年便有後黎朝使臣在江寧訂購綢緞花費達數萬兩，而使臣將訂單交由江寧各織坊織造，往往因此逗留延期，造成地方供應之開支增加。〔註 112〕考察後黎朝使臣阮輝僅之《奉使燕京總歌並日記》，其於乾隆三十年（1765）九月十三日到達南京，十月二十一日才離開，逗留超過一個月；回程時，三月二十七日抵南京，「以公貨未完，留駐二十二日」，又逗留將近一月，理由雖是購置「公貨」，然其實挾帶不少「私裝」，而這些皆與北京進貢之事無關，因此才將貨物寄放在南京「三山街光霽書店」中，而為了採辦貨物，「祭江禮」成為緩兵之計，目的是為了拖延行程。〔註 113〕無怪乎乾隆三十八年（1773）有此命令：「安南國貢使路過江甯購買紬緞，向無禁例，但聽其私相交易。鋪戶不無藉貨居奇，貢使亦難保其必無爭較。自應官為經理，以杜弊端。嗣後令將需買貨物，開單呈交地方官傳集鋪戶，分領織辦，官為查催。」〔註 114〕清廷官方禁止安南使臣私辦貨物，改由地方官統一辦理，以避免紛爭。而眼見安南使臣走江寧水路進京，為朝廷帶來困擾，終於在乾隆五十四年（1789）西山阮文惠取得政權，向清廷派出謝罪與求封使節時，進京之途便改經河南而行，此後取道河南進直隸的陸路成為主要路線。〔註 115〕

再回到表格討論，第五筆資料顯示嘉慶七年又一次重定路線，改回水路行走，但考察越南（嘉慶八年改安南為越南）使節的燕行紀錄，事實上並非

〔註 112〕周亮：《清代越南燕行文獻研究》（廣州：暨南大學歷史學碩士論文，2012 年），頁 39。

〔註 113〕〔越南〕阮輝僅：《奉使燕京總歌並日記》，頁 105、108、150～151。

〔註 114〕〔清〕崑岡等奉敕著：《欽定大清會典事例（光緒朝）》卷五一〇（北京：中華書局，1991 年，據光緒二十五年石印本影印），第六冊〈禮部・朝貢・市易〉，頁 912-2。

〔註 115〕考察該次使節武輝瑨的燕行之作《華原隨步集》，可得路線如下：「廣西（鎮南關→幕府→寧明州→太平府→南寧府→全州）——湖南（祈陽→洞庭湖）——湖北（武昌）——渡黃河——河南（衛輝府）——長城——熱河避暑山莊」。又書前有序言及：「某月二十五日，重臨關上，奉來旨賜使臣從陸進到熱河行營，要見聖節朝賀大禮，蓋創典也。次日進關，由廣西、湖廣、河南、直隸一條而來。……尋奉復許回國，復由陸遹歸到桂林省城，登舟順流下梧州府，時仲冬望日也」。

如此。嘉慶七年越南新建阮朝向清廷派出求封與請改國號之兩使團，鄭懷德使團先出發，由海路繞過雷州半島，在廣州虎門登陸，滯留廣州一段時日後，才和黎光定使團於廣西會合一同北上，其路線仍為乾隆後期以來的廣西、湖南、湖北、河南、直隸之陸路，而嘉慶年間武希蘇、吳時位、阮攸等人之出使，其路線亦復如此。〔註 116〕顯然，越南使節在嘉慶一朝並未如中國史料所記一般，行水路進京，而是延續乾隆所改定之取道河南、直隸旱路至北京一線。甚至此後道、咸、同、光等帝時期，越南朝貢亦大多經此路線不變，筆者整理裴樻的《燕行曲》並與其使程圖《如清圖》對照，將其進京路線羅列於下，以作為道光朝以後的燕行路線參考。

燕行文獻	路　　線
裴樻 《燕行曲》 《如清圖》 （道光二十八年抵京）	廣西（鎮南關昭德臺→受降城→寧明州→太平府→南寧府新寧州→南寧府城→永淳縣→橫州→潯州府貴縣→桂平縣→平南縣→梧州府藤縣→蒼梧縣→平樂府昭平縣→平樂縣→桂林府陽朔縣→臨桂縣→靈川縣→興安縣→全州）——湖南（永州府零陵縣→祁陽縣→衡州府衡陽縣、清泉縣→衡山縣→長沙府湘潭縣→長沙縣、善化縣→湘陰縣→洞庭湖→岳陽樓→岳州府巴陵縣→臨湘縣）——湖北（武昌府嘉魚縣→江夏縣、黃鶴樓→漢陽府漢陽縣→黃陂縣→孝感縣→應山縣）——河南（汝寧府信陽州→確山縣→遂平縣→西平縣→郾城縣→臨穎縣→許州→新鄭縣→鄭州→新鄉縣→衛輝府汲縣→淇縣→湯陰縣→彰德府→磁州）——直隸（廣平府邯鄲縣→順德府→內邱縣→栢鄉縣→東昌府高唐州→趙州→欒城縣→獲鹿縣→正定府→新樂縣→定州→保定府望都縣→清苑縣→安肅縣→定興縣→順天府涿州→良鄉縣→盧溝橋→北京城）

至於進貢路線表中編號四、六此兩筆資料，則指出安南（越南）使節曾因特殊原因，而有幾次改道前行的案例。編號四為乾隆六十年（1795）阮偍（1761～1805）一行在廣西平樂府境內突接乾隆諭旨，命其改由廣東肇慶、南韶等府，經江西沙井起旱，避開湖南一帶之苗亂，以免湖南官員軍務在身，無法兼顧伴送貢使之責。〔註 117〕編號六則是咸豐三年（1853）中國內部因爆發太平天國之亂，以致潘輝泳使團之經行路線頻繁改變，如抵達洞庭湖後

〔註 116〕周亮：《清代越南燕行文獻研究》（廣州：暨南大學歷史學碩士論文，2012 年），頁 34～35。

〔註 117〕見〈乾隆實錄〉，卷 1847，「乾隆 60 年 9 月下」，頁 895～896；〔越南〕阮偍：《華程消遣集》，《越南漢文燕行文獻集成》第八冊，〈聞命喜賦〉題注，頁 200。

未繼續北行走岳州一線，而是西折往沅江水路而行，至荊州起旱，取道襄陽入京，不過進入河南許州後，又第二次改道，就連回程也多次受阻，在中國滯留長達三年。〔註 118〕另外，嘉慶二十四年（1819），因黃河決堤，丁翔甫使團一行改由偃師、孟津渡黃河，繞道山西而北上入京；道光二十五年（1845），黃河再次水漲，范芝香使團被迫改道孟津渡河，經懷慶府取道入京。〔註 119〕事實上，除天災、戰亂等原因不得不改道調整外，清廷對越南使節的燕行路線有其不可改定的規範，因此道光九年（1829），越南阮朝以其國遷都富春（順化），與鎮南關相距太遠，為省勞費，欲改由其國都越海抵廣東，沿水路進貢，不再陸行至鎮南關入境，結果是遭清廷拒絕。道光帝諭令：「越南國遣使來京進貢，自康熙年間議定由陸路行走。今該國陪臣於進表後，在禮部呈遞、稟啟，欲改由廣東水路，該部以事涉更張，實不可行，議駮甚是，所有該陪臣稟請改由水路以省勞費之處，著毋庸議。」〔註 120〕對清廷來說，越南的貢道早在康熙四年便規定由鎮南關入境，經廣西太平府進京；雍正二年議准由廣西水路進京，仍是由昇龍（河內）陸行至兩國邊界，再從鎮南關入境，此路線之確立，代表了宗藩體制中的「貢道」規範，除確保貢使之沿途接待供應、國防安全考量，更有天朝繁華形象展現，及建立四夷賓服、萬國來朝的朝貢格局之意義。〔註 121〕燕行路線不僅是地理空間之路，也是寓有清朝天下一家、華夷一體思想的政治、外交之路。

第三節　清代越南使節之朝貢禮儀

西方史學家布羅代爾（Fernand Braudel）曾云：「如果不談奴隸，不談附庸性經濟，歐洲是不可理解的。同樣，如果不談其國內的未開化民族和國外

〔註 118〕鄭幸：〈清代越南燕行使臣入京路線述略〉，收入「燕行使進紫禁城——14 至 19 世紀的宮廷文化與東亞秩序學術研討會」論文集，頁 451。

〔註 119〕周亮：《清代越南燕行文獻研究》（廣州：暨南大學歷史學碩士論文，2012 年），頁 36～37、39。

〔註 120〕〔清〕崑岡等奉敕著：《欽定大清會典事例（光緒朝）》卷五〇二（北京：中華書局，1991 年，據光緒二十五年石印本影印），第六冊〈禮部・朝貢・貢道〉，頁 817-2。按：此段引文最末「著毋庸議」和註 107 之「著無庸議」二處語義雖同然用字不同，皆本原典加以引用。

〔註 121〕何新華：《最後的天朝：清代朝貢制度研究》（北京：人民出版社，2012 年 12 月第 1 版），頁 82～85。

的藩屬，中國也是不可理解的。」此論點指出：若想從根本上了解中國歷代王朝的對外關係，特別是與其藩屬國之間的關係，就必須了解朝貢制度，及其賴以存在的觀念與理論基礎。〔註 122〕安南（越南）自康熙五年（1666）接受清廷冊封，清越兩國的宗藩關係正式確立，宗主國與藩屬國之間的「求封與冊封」、「奉正朔與頒正朔」、「朝貢與回賜」、「告哀與諭祭」等宗藩雙向互動，即成為常例，亦是使節往來的重要基礎，尤其是定期的朝覲與歲貢（例貢）。〔註 123〕因此了解朝貢的相關禮儀規範，更能清楚明白越南燕行使的身分、地位及其在北京可能體現的生活面貌，以下便依路程劃分，就清代越南使節北京朝貢之行中重要的禮儀規範進行探討。

一、入關以及前往北京之過程

（一）行前準備與入關

自康熙初年之「六年兩貢並進」，乾隆晚期之「兩年一貢、四年一朝」，至道光時期的「四年遣使朝貢」，貢期或有長短變化，然每屆朝貢之際，安南（越南）必得精心置辦貢物和挑選正副使成員，同時派發公文至諒山處督鎮官：「係茲期歲貢，例有咨文投報天朝上司各衙門，應傳守隘詳查內地總督、巡撫、布政、按察、左江道及各府縣州官，有預歲貢事者官銜、姓氏，……，限十五日內，迅即遞納」〔註 124〕如此調查清朝負責歲貢官員之背景〔註 125〕，目的在公文往返之需，及交付貢使供使行途中參考，避免出使應對敘談時有貽笑大方之情事。〔註 126〕而有清一代，安南（越南）貢使或是

〔註 122〕李雲泉：《萬邦來朝：朝貢制度史論》（北京：新華出版社，2014 年 5 月第 1 版），頁 1。

〔註 123〕孫宏年：《清代中越關係研究（1644～1885）》（哈爾濱：黑龍江教育出版社，2014 年 2 月第 1 版），頁 63～76。

〔註 124〕〔越南〕黎貴惇：《北使通錄》，《越南漢文燕行文獻集成》第四冊，頁 29～30。

〔註 125〕陳國保指出，越方所調查之中國官員為參與歲貢事務的廣西省府，及沿途經過廣西境內府州縣等地方軍政官員，通常包括兩廣總督、廣西巡撫、廣西提督、廣西左江總鎮都督、廣西布政使、廣西按察使、廣西鹽道、廣西左江兵備道、廣西新太協鎮、廣西龍憑營都閫府、廣西馗纛營都閫府，以及太平府、崇善縣、寧明州、南寧府、宣化縣、憑祥州、新寧州、潯州府、梧州府、平樂府、桂林府正堂等。見陳國保：〈越南使臣與清代中越宗藩秩序〉，《清史研究》第 2 期（2012 年 5 月），頁 74 之註 15。

〔註 126〕周亮：《清代越南燕行文獻研究》（廣州：暨南大學歷史學碩士論文，2012 年），頁 27。

其他入覲者，不論其使命或身分為何，皆須遵循一套入關程序，即「咨報——具題——復准——呈報——批准並定期」。阮輝僅《奉使燕京總歌並日記》便記載：

> 景興二十五年甲申十三日，聞命使北。二十六年三月旬，修文投遞左江道，內言歲貢儀物並進，候本年仲秋起程。……，五月旬左江道咨報已為轉送題達，……八月旬，兩廣總督有照會公文投遞準部咨，奉旨依許起程入貢……十二月初一日兩廣總督投報以來年正月二十九日啟關……〔註 127〕

由上文可知，越南使節在入華前須先向廣西左江道官員咨報預定入關之日期，再由左江道轉報兩廣總督題本上奏，是謂「具題」；俟禮部復准後，兩廣總督便移咨安南國王，請其呈繳貢表本稿及儀物數目、使從員役姓名，經總督核明後發回安南繕正，並將開啟鎮南關、接使者入關的日期確定下來。此一程序看似繁複，然其寓有「聖天子睿斷」之涵意，而文書傳遞的一往一復也展現了天朝的恩威與藩屬國對宗主國的恭順。〔註 128〕

至於越南貢使之進關，亦有一定之程序和禮儀。且看下文敘述便知：

> 二十八日侵（清）晨進來仰德，照循舊規，次朝列位上司，鳴鑼放砲一時齊來，南關鎖籥洞開。詣昭德臺賚進表章，發銀須自東廂，行隨取次查詳姓名……〔註 129〕

> 南風啟鑰拂行程

> 十八日詣仰德臺，接清國武功將軍明祿、知太平府王式和、……具帖問好，陪臣亦通名報帖。巳刻啟關，陪臣並候命官、諒山按察官各具大朝品服，恭遞國書請封一道。詣昭德臺，行三跪九叩禮，復回仰德臺少憩，改服烏袍角帶，再就昭德臺後堂，參謁內地文武官員。再回仰德臺整裝，未刻進行。〔註 130〕

> 初十日，同候命官、諒按官進至關上仰德臺之左右廊少歇。先是

〔註 127〕〔越南〕阮輝僅：《奉使燕京總歌並日記》，《越南漢文燕行文獻集成》第五冊，頁 7～8。

〔註 128〕孫宏年：《清代中越關係研究（1644～1885）》（哈爾濱：黑龍江教育出版社，2014 年 2 月第 1 版），頁 93～94。

〔註 129〕〔越南〕阮輝僅：《奉使燕京總歌並日記》，《越南漢文燕行文獻集成》第五冊，頁 8～9。

〔註 130〕〔越南〕裴櫃：《燕行總載》，《越南漢文燕行文獻集成》第十五冊，頁 310～311。

諒省官循例，將使部人數、箱數咨知內地太平府員，內地亦將護接員數開由交諒省知會，至是，內地官員于關上昭德臺會齊，各委出通事，兩相通帖問好，訂以午時啟籥。晝時內地官設祭關門之神，放砲開關，使部並候命官、諒按官各具大朝品服，奉迎國書，扈隨龍亭，至昭德臺庭前，龍亭止。正候命官跪捧國書加額，太平府官接捧，安于臺之正中龍亭，內地官員分班侍立，儀衛整肅，使部與候命官、諒省官趨庭行三跪九叩禮。禮成，退回仰德臺，各換烏袍角帶禮服，候命官、諒省官具贄見送好禮（牛、羊、豬、米酒、銀絹扇、桂象尾、蠟瓶），再同使部過關，參見內地官員。內地官延坐款茶，慇懃慰答，只領蠟瓶、象尾等項，餘皆璧謝。頃之告退，復回仰德臺，更換常服，各具由繕疏並咨部公文，轉交諒省發遞，遂與候命官、諒省官作揖為別。率行隨人員飭扒箱臺過關，內地換扒輞夫、擡夫進行，放砲過關。初抵關時，兩國官兵各於開傍山上，張旗執械兩相對，凡三、四百夫，關既閉，各虛放鳥鎗為別，例也。時南北民人，觀者如堵，其從來未見象形者，尤聚觀焉。〔註 131〕

十三日五更，與候命員帶領護送之北諒二省員弁兵象，護遞國書公私箱擡進關，飭將兵仗排關之左右，委通事具帖通問。適接護員之太平府知府徐延旭、武弁將軍陳得貴……，各具名帖通問。卯牌啟籥，各發喜砲，具朝服恭遞國書龍亭詣昭德臺，遵例行三跪九叩。禮訖，返回仰德臺，更普服過昭德臺後堂，行贄見禮，該清官答揖訖，起問我皇上安好，及年穀豐登，通答訖，邀坐款茶，頃間辭回仰德臺少憩。贄禮登桂枝、象尾、香蠟盞，餘銀紈、絹布、牛、羊盡璧。隨即將行隨通事將箱函象□過關交結清楚，恭將過關事宜奏摺咨文，交候命員認回發遞。聞放砲聲，乃過關進行。〔註 132〕

越南燕行使之記述或詳或略，然可歸納出幾項要點。首先，進關前，越南貢

〔註 131〕〔越南〕李文馥：《使程誌略艸》，《越南漢文燕行文獻集成》第十五冊，頁 11～13。

〔註 132〕〔越南〕范熙亮：《范魚堂北槎日記》，據越南漢喃研究院所藏抄本 A.848 影印，葉 5b～6a。

使先停駐於鎮南關南方，關外文淵州的「仰德臺」，中國官員則在與仰德臺相對，鎮南關內的「昭德臺」會齊，兩相通帖問好，決定開關時辰。第二，開關之時中國官員須先祭關門之神，而後放砲開關，請越南使節過關，過關之時亦喜砲齊發，其盛況可想而知。若再加上李文馥所形容，鎮南關當時有兩國官兵張旗執械相對排列之陣仗，則使臣過關是莊嚴隆重又熱鬧非凡的場面，無怪乎南北人民圍觀，而觀者如堵。潘輝益〈出關〉一詩形容「塞北天高六輿均，滿山旗蓋護征塵」，段浚〈過關〉詩云「數聲鑼炮響重山，紫蓋紅旗擁出關」，李文馥〈閏三月初十日過南關〉「北出南關無故人，砲聲早已促征塵」〔註 133〕這些詩句也皆可作為例證。第三，交接國書，越南官員具朝服恭遞該國王書就之進貢表文，將之交給中國官員安放於昭德臺正中之龍亭，並向中國官員行三跪九叩禮。第四，參謁中國官員，相與敘談，並贈送贄見禮。在入關行禮之儀都結束，越南燕行使一行經點勘貢物、人員無誤後，便踏上征途，往天子所在的紫禁城前進。

（二）護送及各省督撫之接見

越南使節通過鎮南關，在一路往北前往帝京的途中，清政府除提供食衣住行等生活所需，並特別派員伴送與保護，順治八年即明定：「凡外國貢使及定額從人來京，沿塗口糧、驛遞夫馬、舟車，該督撫照例給發，差官伴送及兵丁護送來京。」〔註 134〕食衣住行基本之招待，整體來說尚稱豐富周到，考察越南使節所記便可知道，〔註 135〕更令人關注的是陪伴越南使節前往赴命的清朝「伴送官」，因為伴送制度之建立，不僅是朝貢禮儀嚴謹、友好的具體展現，更因此產生文學上的交流，而有異國官員卻同文書寫、詩歌相贈此等以文會友之美事，閃爍著政治使命之外的文章風雅光芒。如光緒初年使清的裴文禩，其燕行詩作《萬里行吟》詩集有唱和詩三十四首，其中便有十九首是與往返沿途迎送的伴送官相唱和，尤其是去程的湖北伴送官楊恩

〔註 133〕上引三詩分別見〔越南〕潘輝益：《星槎紀行》，《越南漢文燕行文獻集成》第六冊，頁 205；〔越南〕段浚：《海翁詩集》，《越南漢文燕行文獻集成》第七冊，頁 58；〔越南〕李文馥；《周原襍詠草》，《越南漢文燕行文獻集成》第十四冊，頁 159。

〔註 134〕《欽定大清會典則例》（臺北：臺灣商務印書館，1983 年，據國立故宮博物院藏本影印），《景印文淵閣四庫全書》第 622 冊，卷 94，頁 929。

〔註 135〕此部分可參考周亮：《清代越南燕行文獻研究》（廣州：暨南大學歷史學碩士論文，2012 年），頁 41～44。

壽。裴、楊二人一路酬唱，同題競作，離別之際還互為對方之著作序，交誼深切，今有兩人唱和的詩歌《雉舟酬唱集》傳世。〔註 136〕

所謂「伴送官」即外國使節入境中國後，負責接待陪同的官員。清朝伴送官在職責上有文武之分，文官為知府、通判，武官為副將、參將；在時間上也有長短之別，可分「短送」與「長送」，「短送」一般為期一個月左右，「長送」則基本上全程往返陪同。至於伴送人員之選，「短送」官員由各省挑選，送燕行使至鄰府，不出其轄境；「長送」官員則由廣西省挑選，一路相伴。〔註 137〕事實上，伴送制度是不斷發展而日臻完善。乾隆三十五年之前，由入境省份之地方官員伴送至京，回程則除原護送來京之伴送官外，禮部亦差員一人伴送至廣西，至於伴送官的品級和人數，並未有明確規範；乾隆三十五年因琉球貢使的誤期事件，清廷取消由出發省份選派專人全程伴送的制度，改由沿途各省分別派出伴送官員，按省更替，而為提高伴送官員權威，明定伴送官之級別應與同知、通判品級相同；乾隆三十六年再次重新修訂制度，以符合懷柔遠人之道，明定貢使來京，由入境省廣西遴委一員長行伴送至京，以便沿途照料及掌控，經過各省再添派人員護送趲行，按省更替，回國時仍令原派員長送，經過各省亦仍遴委妥當人員護送。〔註 138〕這樣的變革可達到「既有長伴熟習之人照看經理，複有沿途添派之員護送趲行，自不至稽延貽誤，而於柔遠之道，益昭周密矣。」〔註 139〕

另外，越南燕行使每經過一省省會，該省督、撫大員都會安排接見之，且照例有筵宴、演戲之事，以示歡迎，表達對鄰國使節的友好之意，越南使

〔註 136〕有關裴文禩與楊恩壽的交游可參考劉玉珺：《越南漢喃古籍的文獻學研究》（北京：中華書局，2007 年 7 月第 1 版），頁 352～353；張宇：〈越南貢使與中國伴送官的文學交游——以裴文禩與楊恩壽交游為中心〉，《學術探索》第 4 期（2010 年 8 月），頁 140～144。

〔註 137〕有關伴送制度的討論可參考何新華：《最後的天朝：清代朝貢制度研究》（北京：人民出版社，2012 年 12 月第 1 版），頁 258～267；周亮：《清代越南燕行文獻研究》（廣州：暨南大學歷史學碩士論文，2012 年），頁 39～42。江振剛：《清代安南使團在華禮遇活動研究》（廣州：暨南大學碩士論文，2015 年），頁 21～33。

〔註 138〕何新華：《最後的天朝：清代朝貢制度研究》（北京：人民出版社，2012 年 12 月第 1 版），頁 250～258；江振剛：《清代安南使團在華禮遇活動研究》（廣州：暨南大學碩士論文，2015 年），頁 44～46。

〔註 139〕〔清〕梁廷枬：《海國四說》，收入《清代史料筆記叢刊》（北京：中華書局，1993 年），頁 167。

節阮思僩《燕軺筆錄》中便記載其行經廣西、湖南、湖北等省城時，謁見當地撫臺之情形，今引錄湖南省之例以為證：

午刻率隨行人等，各具普服，恭遞土儀詣撫臺行謁見禮。至東轅門下轎，入號房小歇。少頃，放炮三聲，樂作，文武巡捕員經引臣等，由東角門入。庭前及大門外，陳設儀仗，文武左右站班，撫院補服正中座北上，布按東坐西向，二道臺西坐東向，稍南，均補服。參謁（一跪三叩），撫院答揖，恭問我皇上安好、年穀豐登，並慰勞臣等一路艱勞。酬答訖，邀坐款茶款宴，每人一桌，酒三行，演戲三齣。臣等起謝宴辭回，其贄見禮並璧。既回船，撫院委遞綢緞綾袍料、筆、墨、茶、紙，酒席就船款給。〔註 140〕

又倘若該次燕行使之任務為告哀，為體恤私情，則暫停筵宴、演戲，只照常備飯，以示款待，藉此展現「示慰勞而昭體制」以及「懷柔遠人」之意。〔註 141〕

二、抵京後之日常生活與儀節

元、明、清在北京均設有對外接待機構，元朝時期因對外交流日益頻繁，前來大都的各國使節絡繹不絕，元世祖忽必烈即位之初便設立侍儀司「掌外國朝覲之禮」，後又設立負責接待各國進貢使節的「會同館」，隸屬禮部。〔註 142〕明代由禮部掌管朝貢事務，在北京亦設立「會同館」。「凡郵傳，在京師曰會同館，在外曰驛，曰遞運所」，故而會同館實為設於京師的大規模驛館，其分南北二館，南館即負責安頓朝鮮、日本、安南等國之進貢使臣與隨行人員。館內設備齊全，有館夫常年服役，並常備馬、驢等交通工具供使臣為用，更有專職醫生提供醫療服務。而為另外解決外交上的語言障礙問題，明代亦成立「四夷館」作為專職的翻譯機構。〔註 143〕

清朝承襲明代制度，由禮部所屬的主客清吏司和會同四譯館負責朝貢

〔註 140〕〔越南〕阮思僩：《燕軺筆錄》，《越南漢文燕行文獻集成》第十九冊，頁 122～124。

〔註 141〕孫宏年：《清代中越關係研究（1644～1885）》（哈爾濱：黑龍江教育出版社，2014 年 2 月第 1 版），頁 96。

〔註 142〕左芙蓉：《北京對外文化交流史》（成都：巴蜀書社，2008 年 2 月第 1 版），頁 117～118。

〔註 143〕李雲泉：《萬邦來朝：朝貢制度史論》（北京：新華出版社，2014 年 5 月第 1 版），頁 89～101。

事務。〔註 144〕會同四譯館所負責的事務包括：安排貢使一行入居館舍；管理館舍及貢使日常生活物品之供應；轉呈朝貢表文、查驗貢物及引領貢使履行朝貢禮儀；監督在會同館內進行的朝貢貿易活動；承擔朝貢事務的翻譯工作並培養翻譯人才。〔註 145〕事實上，藉由了解會同四譯館之職責，可以連帶反映出越南燕行使至北京後的日常生活與重要活動。首先，燕行使抵達北京後，即下榻會同四譯館所屬專供外國貢使居住之館舍。乾隆時期，清廷設有常設館舍三處，一在玉河橋、一在宣武門內、一在正陽門外，即東江米巷之玉河朝鮮館（又稱高麗館）、宣武門內京畿道館舍（又稱宣武門內瞻雲坊館），和正陽門外橫街館舍，後兩者是琉球和安南兩國貢使常住的館舍。〔註 146〕

其次，在京期間之生活所需用品，由會同四譯館官員負責交付各單位如光祿寺、戶部、工部等備給供應，包含館舍之修理添設、館內各種設施用品、每日所需之木柴、木炭和草料，以及最重要的「餼廩」。順治十八年即已規定安南貢使每日供給之食，雍正五年時又有所增加，「定安南國入貢陪臣，或一人、或二人、或三人，各日給鵞一、雞一、魚一，菽乳二斤，菜三斤，酒六缾，麪二斤，香油一兩，椒一錢，醬瓜四兩，清醬、醬各六兩，醋十兩，鹽一兩，茶一兩，鐙油二兩，共羊一、豬肉三斤，牛乳一鏇，每五日蘋果、梨各五十枚，花紅七十五枚，葡萄、棗各五斤。行人照大通官之例，各日給雞一、豬肉二斤，菽乳一斤，菜一斤，酒一缾，麪一斤，香油四錢，椒五分，清醬二兩、醬四兩，鹽一兩，茶五錢，鐙油二兩。通事照暹羅國通事之例，各日給豬肉二斤八兩，菽乳一斤，菜一斤，酒一缾，麪一斤，香油四錢，椒五分，清醬、醬各四兩，茶五錢，鐙油二兩。應賞從人各日給豬肉一斤八兩，菜二兩，麪八兩，鹽一兩，共酒六缾，鐙油十二兩。……劄行光祿寺給發。其陪臣白

〔註 144〕乾隆五十五年（西元 1790 年）之後，除朝鮮外，其他國家貢使一行之接待、供應等事宜改隸內務府，主客司只需委派兩名官員協助管理，主客司的大部分職權轉歸內務府，此種管理格局一直延續至清末。會同四譯館則是乾隆十三年（西元 1748 年）將順治元年設立的會同館和四譯館（為明代四夷館之改稱）合併而成。

〔註 145〕本節有關清代會同四譯館職責之述，皆參考李雲泉：《萬邦來朝：朝貢制度史論》（北京：新華出版社，2014 年 5 月第 1 版），頁 146～150。

〔註 146〕何新華：《最後的天朝：清代朝貢制度研究》（北京：人民出版社，2012 年 12 月第 1 版），頁 300～308；江振剛：《清代安南使團在華禮遇活動研究》（廣州：暨南大學碩士論文，2015 年），頁 44～46。

米，其餘人員給與好米，移咨戶部給發」〔註147〕，使臣一行，按身分高低供給食物，而此一規定正好羅列出越南燕行使的基本飲食清單。

除了依身分等級之禮所呈現的柴米油鹽醬醋茶之生活樣貌，越南燕行使在北京最重要的例行性活動，即是展現宗藩關係運作下的官方儀節，尤其是有關朝貢之禮儀。由上節之考察可知，越南使節多因歲貢、告哀或謝恩等事項燕行如清，抵達北京後，須將朝貢表文、奉貢奏本或謝恩表文等此行任務之重要文書，上呈清朝皇帝御覽。以朝貢為例，燕行使入住館舍一切就緒後，次日便著其本國朝服，在會同四譯館官員的帶領下，赴禮部進呈朝貢表文，即所謂的「進表」。禮部會預先在大堂正中設立一案，再進行「進表儀式」：燕行使由左角門入，立於階下等候，禮部侍郎一人，出立於案左，另有儀制司官二人、鴻臚寺鳴贊二人，立於左右楹柱之南，所有官員皆著朝服。會同四譯館官員首先登上臺階，站立於階前，在高聲唱喊「進表」時，司賓、序班二人便引領越南正使奉表登上臺階，副使從官隨後亦升階。而後鳴贊者高唱「跪」，正使以下皆跪；再唱「接表」，禮部侍郎從貢使手中接過表文，並將之陳於桌案正中，然後復原位而立。鳴贊者再唱「跪叩興」，正使以下皆行三跪九叩禮，禮畢由序班引領燕行使退下，儀制司官在進表儀式結束後，將表文送至內閣。〔註148〕安南表章因本用漢文，故無須再行翻譯。

朝貢使節重要的任務還有「朝覲天子」一事，其禮更為繁複隆重。查閱《大清會典事例》即清楚記載：

> 恭遇萬壽聖節、元旦、冬至朝賀，及皇帝升殿之日，主客司官暨館卿大使等，率貢使至午門前朝房祗候。引入貞度門，皇帝御太和殿，百官行禮畢，序班引貢使、暨從官詣丹墀西班末，聽贊行三跪九叩禮。若不遇朝期，由部奏請，或奉旨召見。至期，禮部堂官一員，蟒袍補服，率貢使服其國朝服，通事補服，詣宮門外祗候。皇帝常服御便殿，御前大臣、領侍衛內大臣、內大臣、侍衛、左右侍立如常儀。禮部堂官引貢使入，通事隨入，至丹墀西，

〔註147〕《欽定大清會典則例》（臺北：臺灣商務印書館，1983年，據國立故宮博物院藏本影印），《景印文淵閣四庫全書》第622冊，卷97，頁976～977。

〔註148〕〔清〕允祹等奉敕撰：《欽定大清會典》（臺北：臺灣商務印書館，1983年，據國立故宮博物院藏本影印）《景印文淵閣四庫全書》第619冊，卷56，頁500。

行三跪九叩禮畢，引由西階升，通事一員從升。至殿門外跪，皇帝降旨慰問，禮部堂官承旨傳知通事，轉諭貢使，貢使奏對，通事譯言，禮部堂官代奏，禮畢，引出。如待以優禮，是日入班會集之滿漢大臣，咸蟒袍補服，按翼侍立。禮部堂官引貢使至丹墀行禮畢，引由西階升，入殿右門，立右翼大臣之末，通事隨入，少後立。皇帝降旨賜坐，領侍衛內大臣、內大臣、入班會集之滿漢大臣，及禮部堂官，一叩頭，序坐，貢使隨跪一叩頭，坐。賜茶，尚茶進皇帝茶，眾跪叩，侍衛徧授大臣及貢使茶，咸跪受一叩頭，飲畢，跪如初。皇帝降旨慰問，禮部堂官承旨俱如前儀。禮畢，禮部堂官引貢使出，至朝房，承旨賜貢使尚方飲食訖，館卿率以退。翼日黎明，午門外謝恩，鴻臚寺傳贊序班，引貢使就丹墀西北面，行三跪九叩禮如儀。〔註 149〕

燕行使在京若遇天子誕辰的萬壽聖節、元旦與冬至朝賀，或是皇帝升殿日等重要節日與例行朝會，必須在禮部主客司和會同四譯館卿的率領下，至太和殿向皇帝行三跪九叩的朝覲禮，此為隨班覲見。即使未能遇到上述節日或朝期，仍須由禮部專門奏請，又或是奉旨前往晉見。朝覲之時，著本國朝服，由禮部堂官率領，至便殿向皇帝行三跪九叩禮，並跪於殿門外等候皇帝降旨慰問，透過禮部堂官和通事之譯言和代奏，與天子應對問答。如若得到清廷優禮之待，則行三跪九叩禮後與滿漢大臣同殿而立，並得天子賜坐、賜茶，叩頭行禮依序而坐及飲茶，飲畢再跪，皇帝則降旨慰問如前述相應答。朝覲儀式結束，承旨至朝房享用御賜飲食，食畢再由會同四譯館卿率領退出。而為感謝皇帝之恩賜，次日黎明需至午門外行三跪九叩禮謝恩。朝覲之禮有其制式規範，引導、叩拜看似煩瑣，實則有其效用，即讓前來朝貢的外國使臣感受大清天子君臨天下，乃「天下共主」的威嚴；而「降旨慰問」、「賜坐」、「賜茶」的象徵性關懷和所謂的「優禮」，則展現天朝君主的恩典，以及對藩屬之國的懷柔和體恤。〔註 150〕

再回到會同四譯館的職責來看，除上述進表、朝覲、皇帝召見時，由會

〔註 149〕〔清〕崑岡等奉敕著：《欽定大清會典事例（光緒朝）》（北京：中華書局，1991 年，據光緒二十五年石印本影印），第六冊，卷 505，頁 851-2～852-1。

〔註 150〕孫宏年：《清代中越關係研究（1644～1885）》（哈爾濱：黑龍江教育出版社，2014 年 2 月第 1 版），頁 101。

同四譯館官員率使臣行禮，「賜宴」、「頒賞」等盛典，亦「皆由館卿率使臣以行禮」。換句話說，越南燕行使行禮如儀的北京生活中，還有領宴、領賞之朝貢儀節必須遵守。皇帝賜宴對越南使節來說是莫大的尊榮，但並非定制，倒是由禮部堂官代表皇帝在禮部所設的「禮部宴」則成為常例，且同樣有一定的儀式規範。〔註151〕另外，秉承「厚往薄來」之道，藩屬國奉表、納貢，宗主國則要冊封、賞賜，故而燕行使離京之前，照例要領取清朝皇帝所賞賜的物品，因此又有頒賞儀式：

> 頒賞之日，豫設案於午門外道左，陳賜物於案。館卿朝服，率貢使暨從官各服本國朝服，由東長安門、天安門、端門，至西朝房前東面序立。禮部堂官一員，立案北，西面；主客司官及各執事員役，俱立案南，西面。監禮御史、及鴻臚寺鳴贊官四員，分立御道左右，東西面；序班二員立貢使之北，東面，均朝服。鳴贊贊齊班，序班引貢使至西丹墀內序立，北面東上，贊進，贊跪叩興，行三跪九叩禮。主客司官奉頒給國王賜物，率通事授貢使跪受，轉授從人，乃以次頒貢使、從人賜物。各跪受訖，贊叩興，復行三跪九叩禮，興，引退。館卿率貢使及從官、從人皆出。〔註152〕

由以上引文可知，頒賞儀式在午門外舉行，賜物陳列於事先準備好的桌案上，越南使臣在會同四譯館卿的率領下，著本國朝服前往領賞。在禮部堂官、主客清吏司官員、執事員役、監禮御史、鴻臚寺鳴贊官和序班人員皆站定後，越南使節接受引導至定位行三跪九叩禮，並跪受清帝賞賜給國王與貢使之禮物。在依次頒賞完國王、貢使、從人之賜禮後，復行三跪九叩禮畢退出。整個頒賞儀式簡單而隆重，卻鞏固與加強了在進貢與回賜一往一回下所建構的宗藩關係，為越南使節之燕行任務畫上完美句點。

中國統治者向來重視朝貢的政治意義，而朝貢制度所確立的外交臣屬關係，則藉由一系列的朝貢禮儀加以展現，〔註153〕因此越南燕行使在北京的生活，可謂處處皆禮、步步皆儀，進表、朝覲，以及領宴、領賞此類重要儀節活

〔註151〕有關禮部宴的儀式規範可參考孫宏年：《清代中越關係研究（1644～1885）》，頁102～103。

〔註152〕〔清〕崑岡等奉敕著：《欽定大清會典事例（光緒朝）》（北京：中華書局，1991年，據光緒二十五年石印本影印），第六冊，卷505，頁852。

〔註153〕李雲泉：《萬邦來朝：朝貢制度史論》（北京：新華出版社，2014年5月第1版），頁180。

動，便是其北京書寫的重要內容之一，考察燕行文獻可見紀錄，然此處暫不引錄，留待第四章再行探討。

第三章　越南燕行使作客北京所記之地景

當我們「出遊」時，我們會懷著興致與好奇心來看週遭的事物。這些事物以我們可以理解的方式和我們對話，也就是說我們「凝視著」（gaze at）我們所能碰上的一切。而「觀光凝視」此一特定的行為事實上與「偏離常軌」（departure）有關，通常被導向日常生活所無法經驗到，充滿與眾不同特色的自然風光或城市景觀中。〔註 1〕越南燕行使作客北京，是為公務而來，也成就私人觀光之行。而此趟燕京之旅，是橫跨廣大地理空間，跋山涉水行走移動，出國門、入異域的專對外交旅程，眼前的異國景觀有許多新奇有趣、值得凝視觀賞之處，因此他們以自己可以理解的方式，記下其所觀賞、見聞的北京城。本章將探討清代越南燕行使北京書寫中，有關北京地景空間方面的描述，藉此一睹南方異域使節眼中的京華煙雲。

「地景」直觀的解釋，是地面上的景觀，而地上之景包含自然風景與人文景觀。再深入探討，文化地理學對「地景」的定義：「地景可以解讀為文本（text），闡述著人群的信念。地景的塑造被視為表達了社會的意識形態，然後意識形態又因地景的支持而不朽」〔註 2〕，可見地景不僅僅只是眼見可觀的

〔註 1〕 John Urry 著、葉浩譯：《觀光客的凝視》（臺北：書林出版有限公司，2007 年 12 月一版），頁 19～23。

〔註 2〕 Mike Crang 著，王志弘、余佳玲、方淑惠譯：《文化地理學》（臺北：巨流圖書股份有限公司，2003 年初版），頁 35。按：「文化地理學」即以文化的地點及空間差異為研究中心，探討文化如何散佈於空間、如何讓空間有意義。Mike Crang 分析了大量不同的事件及研究取向，透過各種尺度，思考國家、帝國

自然、人文實體之景，還是文化與社會意識形態之體現。越南燕行使北京書寫中的地景之記，除了北京城與其西郊圓明園等皇家園林外，還包含入京會經過的京畿之地——涿州和良鄉縣，以及天子周期性活動的熱河承德避暑山莊之區，自然、人文、實體景觀、抽象意識皆在其中，以下便分類進行討論。

第一節　盧溝橋與燕京八景

正如後黎朝使節武輝珽《華程詩》所言：「曉月迺使軺到京時經由之所」、「八景見言名勝甚」，〔註 3〕盧溝橋是進入北京城的必經之處，越南使節的北京書寫往往要記上一筆，而「盧溝曉月」又是名聞遐邇的燕京八景名勝之一，因此「燕京八景」便似乎成為一種地標意象，宣告使節已抵達天子所在的北京。潘輝泳〈燕京即景〉詩云：「駟騏迢遞賦周原，萬里觀光入國門。大地山河天府壯，重霄宮殿帝居尊。金凝簷影沿街聳，石激車聲盡日喧。八景可能窮勝覽，不妨吟橐帶芳樽。」〔註 4〕北使萬里抵達燕京，一入國門的印象除了形勢開闊壯麗、皇城宮殿無比尊榮，以及都城街景繁華熱鬧外，頗負盛名的八景亦是值得一提、可供觀賞流連的勝地，是燕京印象中不可缺少的地景。阮攸的〈抵燕京〉亦然，「前後山崗形勝地，金湯城塹帝王居」，讚形勢、歌皇城，「九霄湛渥瞻依近，八景奇觀眺詠餘」〔註 5〕再將燕京八景與朝覲天子並提；李文馥〈抵燕京〉詩言：「博望還勞向女牛，星槎今已達神州。九天宮闕重霄邃，八景山河一色秋」〔註 6〕，同樣將皇宮、八景與抵達北京作連結，詩前還加註八景名稱，可見「八景」實乃越南使節初抵燕京的重要城市意象之一。

與國族、公司與法人、商店與財貨、書籍與影片等，在創造認同時扮演的角色。其《文化地理學》一書探討了生活中的多樣性與多重性，世界、空間和地方如何為人所詮釋與利用，以及這些地方如何因此而有益於當地文化的延續。本論文分析地景空間時，除歸納越南使節所記錄之北京地景，亦欲深究地景背後涉及文化、帝國權力、國族認同的風景隱喻，故將適度援引其書理論以輔助分析。

〔註 3〕〔越南〕武輝珽：《華程詩》，《越南漢文燕行文獻集成》第五冊，頁 330～331。

〔註 4〕〔越南〕潘輝泳：《駰程隨筆》，《越南漢文燕行文獻集成》第十七冊，頁 302～303。

〔註 5〕〔越南〕阮攸：《星軺隨筆》，《越南漢文燕行文獻集成》第十六冊，頁 141～142。

〔註 6〕〔越南〕李文馥：《使程遺錄》，《越南漢文燕行文獻集成》第十四冊，頁 320。

「燕京八景」又稱「燕山八景」、「燕臺八景」、「北京八景」、「神京八景」，其起源可追溯至金代章宗完顏璟明昌年間，或元世祖忽必烈中統以後，有「金《明昌遺事》」和「元中統以後」二說，未有定論，〔註 7〕不過應當是受北宋末年興起的「瀟湘八景」影響，所形成的地方八景。〔註 8〕燕京八景按《明昌遺事》的說法，分別是「居庸疊翠」、「玉泉垂虹」、「太液秋風」、「瓊島春陰」、「薊門飛雨」、「西山積雪」、「盧溝曉月」、「金臺夕照」，明永樂年間館閣諸公相集倡和，改「薊門飛雨」為「薊門煙樹」。清朝乾隆皇帝好吟詠作詩，歌賦風雅之情，因此曾先後兩次作八景詩，第一次之作將「西山積雪」改為「西山晴雪」，乾隆十六年（1751 年）又疊韻舊作，刻石立碑，欽定八景之名，再改「玉泉垂虹」為「玉泉趵突」，以彰玉泉噴躍而出、雪湧濤翻，毫不遜於濟南趵突泉，而可擔「天下第一泉」之美譽。〔註 9〕

不過，考察乾隆十六年以後抵華的越南使節之記，其燕京八景之名並非全然如乾隆皇帝重新審定欽賜之名，筆者將完整羅列出「燕京八景」之名的越南使節燕行文獻整理如下：

抵京時間	燕行使節	燕行文獻	八　景　之　名
乾隆五十八年（1793）	吳時任	《皇華圖譜》	太液清波、瑤臺春雲、西山霽雪、金臺夕照、玉泉垂虹、居庸疊翠、蘆溝曉月，薊門煙樹。
道光五年（1825）	潘輝注	《輶軒叢筆》	太液清波、瓊島春雲、西山霽景、金臺夕照、玉泉垂虹、蘆溝曉月、薊門煙樹、居庸疊翠。
道光二十一年（1841）	李文馥	《使程遺錄》	太液澄波、瓊島春雲、西山霽雪、金臺夕照、玉蝀垂虹、居庸疊翠、蘆溝曉月，薊門煙樹。
道光二十八年（1848）	裴樻	《燕行曲》	太液澄波、瓊島春雲、西山霽雪、金臺夕照、玉蝀垂虹、居庸疊翠、蘆溝曉月，薊門煙樹。
同治八年（1869）	阮思僩	《燕軺筆錄》	太液澄波、瓊島春雲、西山霽雪、金臺夕照、玉蝀垂虹、居庸疊翠、蘆溝曉月、薊門煙樹。

〔註 7〕李鴻斌：〈燕山八景起始考〉，《北京聯合大學學報》第 1 期（2002 年 3 月），頁 97～100；高巍、孫建華：《燕京八景》（北京：學苑出版社，2008 年 8 月第 1 版），頁 7～11。

〔註 8〕衣若芬：〈「江山如畫」與「畫裡江山」——宋元題「瀟湘」山水畫詩之比較〉，《雲影天光：瀟湘山水之畫意與詩情》（臺北：里仁書局，2013 年 8 月初版），頁 320～330。

〔註 9〕〔清〕于敏中等編纂：《日下舊聞考》（北京：北京古籍出版社，1983 年 5 月第 1 版），卷八〈形勝〉，頁 116～120。

分析上表，首先，這五位越南使節皆於乾隆十六年審定八景名稱後來訪，其八景記名「居庸疊翠」、「薊門煙樹」、「盧溝曉月」〔註 10〕、「金臺夕照」四景相同，其餘四景則與御定之名有文字出入。其次，吳時任、潘輝注可視為一組，兩人之記大致相同，唯「瑤臺春雲」、「西山霽雪」有「瓊島春雲」、「西山霽景」文字之異。李文馥、裴樻、阮思僩則為另一組，三人所記八景之名和排列次序完全相同，與吳、潘二人相較，「太液清波」改為「太液澄波」、「玉泉垂虹」改為「玉蝀垂虹」，此乃兩組最顯著的差別。

李文馥三人之記名稱、順序完全一致，是否代表道光二十一年之後，越南使節對燕京八景的認識與命名，形成流行的共識說法，是越南知識分子記憶中的燕京地景文化知識？答案是有其可能但並非絕對。可能的原因在於李文馥和裴樻同朝為官，相互交遊往來，裴氏《燕行總載》中便收錄李文馥所作送行詩歌，其詩有云：「平日江山新客眼，隔天雲物認中州。逢人話及年前事，曰舊來人白盡頭。」〔註 11〕李文馥要裴氏向所遇中土之人話其燕行舊事與時光荏苒之感，則裴氏必已先聞李氏如燕之談，可見北使之臣向同僚分享其燕行經歷，乃必然之事。《燕行總載》中還有曾經北使如燕的范世忠、潘輝泳、范芝香作予裴氏的臨別贈言，范世忠在文中特別指出其昔年北使經歷，並要裴氏「歸來告吾同志」，分享親炙中土之經驗，以與其從前燕行所述相互印證，從而有所增益。〔註 12〕李、范二人與裴氏之間的出使贈言，證明後使者乃前使者如燕經歷的讀者或聽眾，亦即裴樻可能是李文馥燕行紀錄的讀者或聽眾，當裴氏自己奉命北使時，先前閱讀或耳聞的中國地理名勝、風土人情，已成為「先在知識」、「先在理解」(pre-understanding)，並形成一種期待視野（horizon of expectations），在自己下筆有所記時，也就自然而然的召喚已存在之記憶，襲寫沿用前使者的紀錄或說法。〔註 13〕

〔註 10〕越南使節多作「蘆」溝曉月。「盧溝橋」因建於「盧溝河」之上而得名，「盧」之義為「黑」，金朝時便稱盧溝河為「黑水河」，盧溝河乃因河水呈黑色而得名，乾隆皇帝御筆題寫石碑時，亦書「盧溝曉月」。至於「蘆溝橋」之寫，則是因為早年盧溝河到夏季會季節性氾濫，過了夏天則兩岸變成荒灘，周圍長滿了蘆葦，過往行人見遍地蘆葦，於是望景生意，以為「盧溝橋」的「盧」字，即蘆葦的「蘆」，久而久之也就積非成是了。見高巍、孫建華著：《燕京八景》（北京：學苑出版社，2008 年 8 月第 1 版），頁 114～115。

〔註 11〕〔越南〕裴樻：《燕行總載》，《越南漢文燕行文獻集成》第十五冊，頁 293。

〔註 12〕〔越南〕裴樻：《燕行總載》，頁 232～236。

〔註 13〕德國學者姚斯（Jauss）認為任何讀者在閱讀一具體文學作品前，都已處在一

不過，同樣與裴樻在朝為官，相互來往，在裴氏《燕行總載》中亦留下餞行之言的阮文超，於道光二十九年抵達北京，其上呈給阮翼宗的燕行紀錄《如燕驛程奏草》中也有八景相關之記：「盧溝曉月、西山積雪八景之二，當石橋兩邊各有御製詩亭，自金以來，相傳為燕臺景勝」、「山出泉志云：兩山間為螭頭石，泉從中噴如龍豬為小池，石橋架其上，玉泉垂虹，八景之一，名玉泉山，康熙澄心園在焉」，〔註 14〕阮文超所記之「西山積雪」、「玉泉垂虹」，名稱顯然與李文馥三人不同，可見越南使節對燕京八景的認識，還有別的來源，即民間口耳相傳的集體記憶，與中國地理方志之書的名勝記載。

再剖析越南使節所記的八景名稱之異，阮文超的「西山積雪」「玉泉垂虹」皆取金明昌遺事說，而上表出現的「太液清波」、「太液澄波」、「瓊島春雲」、「西山霽景」、「西山霽雪」等名稱，乃承《大元一統志》與明初《寰宇通志》而來，再加上流傳記錄時的音義衍異情形。《大元一統志》改明昌遺事的「太液秋風」為「太液秋波」、「西山積雪」為「西山霽雪」，而《寰宇通志》則有「太液晴波」、「瓊島春雲」、「西山霽雪」之記。〔註 15〕至於吳時任將「瓊島春雲」記為「瑤臺春雲」，應和「瓊島春雲」一景具道教神仙氣息有關。「瓊島」是「瓊華島」，位於皇城內苑北海之上，傳說金代時曾將一具王氣之山鑿掘輦運至幽州城北，並營構宮殿以為游幸之所，其後元滅金，瓊華島適於元所建宮城之中。〔註 16〕移山傳說當然未必可信，不過從金代建太寧宮為離宮而有瓊華島，島上主體建築為充滿嫦娥奔月神話色彩的「廣寒殿」，此一皇家宮殿園林，實乃仿造古代神話浪漫境界而建造，體現了封建皇帝追求得道成仙的思想傾向，〔註 17〕可謂神仙氣息濃厚。另外，明人描寫瓊島疊石為山，「喬松古檜，深翳森蔚，隱然神仙洞府也」，又言「山之

種先在理解或先在知識的狀態，亦即讀者過去的閱讀經驗會形成一種先在理解，而此先在理解即文學的期待視野（horizon of expectations）。參見〔德〕H．R．姚斯著，周寧、金元浦譯：《走向接受美學》，收入《接受美學與接受理論》（瀋陽：遼寧人民出版社，1987 年 9 月），頁 28～31。

〔註 14〕〔越南〕阮文超：《如燕驛程奏草》，《越南漢文燕行文獻集成》第十七冊，頁 56、59～60。

〔註 15〕李鴻斌：〈燕山八景起始考〉，《北京聯合大學學報》第 1 期（2002 年 3 月），頁 97～98。

〔註 16〕〔明〕陶宗儀：《南村輟耕錄》（北京：中華書局，1959 年），第一卷「萬歲山」，頁 15～16。

〔註 17〕高巍、孫建華著：《燕京八景》（北京：學苑出版社，2008 年 8 月第 1 版），頁 41～42。

上常有雲氣浮空，氤氳五采，郁郁紛紛，變化翕忽，莫測其妙」〔註 18〕，可見瓊華島雲霧之氣氤氳繚繞，縹緲如神仙所住的瑤臺，明代王洪詠北京八景的〈瓊島春雲〉詩便有句云：「瓊圃瑤臺接太清，鳳紋龍彩照春晴」〔註 19〕，這或許就是吳時任誤記為「瑤臺春雲」的原因。

至於「玉泉垂虹」在李文馥三人筆下成了「玉蝀垂虹」，則恐怕是一場美麗的錯誤。「玉泉垂虹」之景，乃京師近郊西山支脈的玉泉山，其泉水「逶迤曲折，蜿蜿然其流若虹」，故名「玉泉垂虹」。〔註 20〕然李文馥三人似乎將垂虹之美誤為是橫跨皇城西苑太液池上的「金鼇玉蝀」橋，因而將此八景之一誤記為「玉蝀垂虹」。事實上古人建橋，因橋下多半要行舟，故以弧度較高的拱形橋居多，而橋呈彩虹狀，因此橋的命名也多帶虹字，既悅耳動聽又帶有美麗的彩虹意象。明人董穀〈玉蝀橋〉詩便云：「正愛湖光澄素練，卻看人影度長虹」，〔註 21〕將玉蝀橋美稱之為「長虹」；康熙年間的學者陳夢雷也曾有「虹垂玉蝀三千尺」之句。〔註 22〕「虹」字不僅有彩虹之意，也可作為拱橋的代稱，即所謂「虹梁」，既然每一道橋樑都可謂之一虹，則不熟悉整個中國地理形勢，又是首次作客北京帝都，踏入皇宮內苑的越南使節，將「玉泉山」的垂虹誤認為是「玉蝀橋」的垂虹，此一誤會亦可理解。不過，越南使節的「玉蝀垂虹」之誤卻也點出了一個重要關鍵，即地景歌詠乃立基建構於風景的實體空間美感上，不可忽略其與土地實景連結的重要性，然而誠如道光五年抵京的越南使節潘輝注所言，「今使行者獲見唯太液、瓊島、蘆溝三景耳」，燕京八景中只有三景潘氏能夠在該次使行中親炙，其餘五景「非經過之處」，就算神往，也只能採取「姑誌其略以備考」的方式神遊了。〔註 23〕

接下來再分析越南使節所作的燕京八景詩文，有綜合將八景納為一體描

〔註 18〕〔清〕于敏中等編纂：《日下舊聞考》（北京：北京古籍出版社，1983 年 5 月第 1 版），卷八〈形勝〉，頁 120～121。

〔註 19〕〔明〕王洪：《毅齋集》（遼寧：瀋陽出版社，1998 年），收入《四庫全書珍本初集》第 103 冊，卷四，頁 15943。

〔註 20〕〔清〕于敏中等編纂：《日下舊聞考》（北京：北京古籍出版社，1983 年 5 月第 1 版），卷八〈形勝〉，頁 122。

〔註 21〕〔清〕于敏中等編纂：《日下舊聞考》，卷四十一〈皇城〉，頁 644。

〔註 22〕〔清〕陳夢雷：《松鶴山房詩集》（上海：上海古籍出版社，2002 年，據北京圖書館藏清康熙銅活字印本影印），《續修四庫全書》第 1415 冊，卷四，〈秋興〉其六，頁 607。

〔註 23〕〔越南〕潘輝注：《輶軒叢筆》，《越南漢文燕行文獻集成》第十一冊，頁 157。

述者，也有針對單一景色發揮者。綜合歌詠八景之詩如下：

……客思轇紛，因有燕京八景作
燕京文物又繁華，萬里觀光與轉賖。
瓊島春雲西嶺雪，金臺夕照液池波。
庯關疊翠泉流玉，薊樹籠煙月映河。
多少風情歸一軸，共隨遠界到南訛。〔註 24〕

日照金臺耀帝都，泉垂虹影湧西湖。
島雲山雪時明暗，滿月池波夜有無。
古薊樹容青似抹，居庯巒色翠如圖。
化工留意文明地，收拾風光萃一壺。〔註 25〕

上引二詩皆巧妙將八景之名或八景特色融入詩句中，其中第一首詩將八景與燕京繁華意象相聯結，並表達八景風情之美應畫入捲軸中，與作者一同回到遠方的南交祖國，如《尚書．堯典》所記「平秩南訛」一般，藉八景的美好風情來施行南方化育之事。第二首詩則讚美清代北京都城文明繁盛，因此自然造化者才會加以留意，而將八景之美好風光全部聚集一處，北京帝都實乃得造物主之鍾情眷顧。

燕京八景雖然名聲響亮，然越南使節至北京乃因公務之行，無法隨心所欲，八景親臨，因此整體來說綜合歌詠八景的詩作較少，倒是進北京城必經的「盧溝曉月」此景，是八景當中被記錄最多的一景，再加上使節們出入京城時「過盧溝橋」的感懷，「盧溝橋」與「盧溝曉月」彷彿成了燕京風景地標，盡顯外國使節們的萬里觀光與作客清朝帝都之感。以下便引文例加以說明：

阮偍〈盧階曉月〉（盧橋曉月是燕八景之一，恭和乾隆御制元韻）
簷頭咿喔德禽鳴，水鏡□□傍斗橫。
影水半弓虹淡抹，印波萬丈兔微明。
坐庵雲衲禪機定，歇館塵衫客夢驚。
勝賞重樓留御翰，風光添得十分清。〔註 26〕

〔註 24〕〔越南〕阮輝僅：《奉使燕京總歌並日記》，《越南漢文燕行文獻集成》第五冊，頁 143。
〔註 25〕〔越南〕阮偍：《華程消遣集》，《越南漢文燕行文獻集成》第八冊，〈燕臺八景〉，頁 227。
〔註 26〕〔越南〕阮偍：《華程消遣集》，《越南漢文燕行文獻集成》第八冊，頁 235。

潘輝注〈過蘆溝橋〉

蘆溝河本桑乾河，源出西太行山，其橋金昌明初建，明正統間重修，並砌石，長百餘尋，兩旁欄杆雕刻最工巧。橋北有「蘆溝曉月」四字，石碑並御詩，石碑皆蓋以黃亭，是燕京八景之一。

崚嶒百丈石欄杆，路入京華此要關。
沉漭流縈燕塞地，蔥蒼源擁太行山。
金湯勝碧紅雲外，煙水秋光曉月間。
莫訝故鄉天海遠，壯遊且喜渡桑乾。〔註27〕

阮思僩〈小駐蘆溝橋南喜賦〉

過訪三山又十洲，飄飄風御到蘆溝。
去天尺五纔今日，擊水三千此壯遊。
犀象初來南服外，關河還記古幽州。
軟紅塵裡人如海，拂拭朝簪待曉籌。〔註28〕

裴文禩〈過蘆溝橋〉

緩緩蘆溝策馬過，燕臺八景此山河。
行人笑道昇平日，曉月江天景色多。

「蘆溝曉月」是乾隆御碑燕臺八景之一也。自有軍需以來，檢征稽留頗為商旅之病。〔註29〕

雖然前文論及越南使節所錄燕京八景名稱未完全遵照乾隆皇帝御定之名，不過天子對地景改造與創建從而形塑出著名景觀的影響力，在「盧溝曉月」一景展露無疑。越南使節從南方北上，一路行旅風塵僕僕，至盧溝橋親眼目睹乾隆皇帝御筆題碑的「盧溝曉月」文字與風景，自然要記上一筆，才不枉經此八景名勝，尤有甚者便如阮偍在《華程消遣集》中作詩和韻乾隆御詩，詩歌內容大抵與乾隆相似，江水映月、客子驚夢，不過阮氏畢竟是來自越南的異國之人，因此所抒情懷乃萬里觀光，能得欣賞天子御翰、美景風光之喜悅

〔註27〕〔越南〕潘輝注：《華軺吟錄》，《越南漢文燕行文獻集成》第十冊，頁274～275。

〔註28〕〔越南〕阮思僩：《燕軺詩文集》，《越南漢文燕行文獻集成》第二十冊，頁112～113。

〔註29〕〔越南〕裴文禩：《萬里行吟》，據越南漢喃研究院所藏抄本VHv.849／2影印，葉20b。

清朗。盧溝橋江天曉月的景致往往與行旅、送別相連結，惜別之情、客途蒼茫，總是容易撩撥悠悠情愁，咸豐年間如清受太平天國亂事影響而頻繁改道的越使潘輝泳，其《駰程隨筆・蘆溝暮雪》便言「回憶幾番秋潦阻，衝寒今且試冬裘」，出京再經盧溝橋，滄茫暮景、瑞雪滿天，古栢蔥蔥、遙山白頭，往事艱難不免浮上心頭。〔註30〕不過，對越南使節而言，更多時候書寫盧溝橋是「不知今有乾桑過，覩得皇都曉月時」〔註31〕的機會難得之感，因此多如阮偍一般，抒發入京的欣喜之情，就像上引第二、第三兩例，分別於道光和同治年間使華的潘輝注與阮思僩，皆將出使專對之任務視為一場壯遊之旅，雖遠離家國、長途跋涉，然渡河過橋進抵京城的當下，兩人內心皆充滿喜悅之情。至於曾經二度使華的潘輝注，則是仔細記下其進京與出京通過盧溝橋的賞景心得：「來時斜陽過橋，左望萬山，層疊蒼翠雲間，河流沼港迴繞，東西遼曠，眺極覺爽目。至歸時五更渡橋，夜色蒼茫中，雲山朦朧，又別是一番光景，更不復待曉月矣。」〔註32〕傍晚和清晨時分的盧溝橋，各有值得留連的美景，斜陽映照的山巒疊翠、流水曲折和開闊視野，與進京的期待歡喜之情相呼應；歸國時晨曦未出，雲山一片朦朧，迷茫夜色與離別之情亦相呼應，盧溝橋之美不須「待月」，如袁中郎一般，潘輝注有其個人審美品味，盧溝橋各個時刻皆有可觀之處，能否欣賞「盧溝曉月」以外「別是一番光景」的風景，就要看觀賞者是否別具隻眼，擁有不同流俗的審美情趣了。潘輝注以一個異國使行者兼觀光客的角度，記下了其凝視盧溝橋的獨特個人姿態。

越南使節對盧溝橋的記錄不僅止於御碑、御詩及「盧溝曉月」，橋的歷史地理沿革、橋體的描摹、關卡稽徵、史事軼聞等，與地景相關的人文、自然之事皆有所記。史地沿革類如方志之記，是越南使節書寫中國地景時必然會有的「引言」，上述引文第二例即是，又作者潘輝注於其另一燕行著作《輶軒叢筆》中，亦記錄：盧溝河本桑乾河，俗呼曰渾河，亦曰小黃河。橋建自金昌明初，明正統間重修，並記金代詩人趙秉文之詩：「河分橋路似蔓瓜，路入都門似犬牙。落日蘆溝溝上柳，送人幾度出京華」，為盧溝橋地景介紹增添詩文雅

〔註30〕〔越南〕潘輝泳：《駰程隨筆》，《越南漢文燕行文獻集成》第十七冊，頁306。

〔註31〕〔越南〕張好合：《夢梅亭詩草》，《越南漢文燕行文獻集成》第十二冊，〈過蘆溝橋〉，頁195。

〔註32〕〔越南〕潘輝注：《輶軒叢筆》，《越南漢文燕行文獻集成》第十一冊，頁143～144。

味；〔註 33〕此外，李文馥的《使程括要編》亦有按語加註以介紹盧溝橋，〔註 34〕而阮文超的《方亭萬里集．過盧溝橋》則有：「桑乾一帶水，流作小黃河。西下翻山翠，東流捲地澤。橋臨曉月渡，樓倚伏龍陂」〔註 35〕等詩句，對盧溝河與盧溝橋的山川地理形勢作一描述。至於對盧溝橋橋體的描摹，引文第二例的「崚嶒百丈石欄杆」，又或是阮輝僅的「苔侵甃線綠徘徊，跨岸淩空兩翅開。不是盧生鞭石到，定應玉帝駕虹來」(〈經蘆溝橋走筆〉)、及「紫陌霜深官柳瘦，虹橋雪擁石獅肥」(〈留題壁上一律〉)，〔註 36〕凸顯盧溝橋石造欄杆的壯闊雄偉，石橋橫跨河岸如展翅大鵬，神仙傳說氣息濃厚，石獅雕刻則規製精巧。有關越南使節對盧溝橋建築的描寫，及其所連結的遺聞軼事，以下二例可為代表：

黃碧山〈過蘆溝橋〉(蘆溝河即古桑乾河)

良鄉縣北三十里，上有長石橋可數百步，刻石為欄杆，上雕獸形，橋頭石碑刻「蘆溝曉月」四字。橋兩邊皆有六角亭，上蓋黃色瓦，制甚高昂。旁有□廠，兩頭市肆森列，煙花勝致，乃燕京八景之一。自此至京，大街皆砌以石。

騑騑車馬過桑乾，極目繁華第一見。
□瓦參差亭六角，虹橋繚繞石□欄。
蘆翻隅崖凝秋碧，月射流溝弄曉寒。
笑指蓬萊應不遠，煙花迎客上長安。〔註 37〕

潘輝注《輶軒叢筆》

蘆溝橋兩頭，街庯稠密，貨財輻集，出入停駐，古來闤闠區也。橋北有斗城，規約里許，明崇禎間始築，設巡檢官駐劄以捕盜，局制雖小，百雉屹然，名拱北城。北門題曰順治，南門題曰永昌，

〔註 33〕〔越南〕潘輝注：《輶軒叢筆》，《越南漢文燕行文獻集成》第十一冊，頁 143～144。

〔註 34〕李文馥《使程括要編》「按：蘆溝橋本桑乾河，源出太行山至此。其橋金昌明建，明正統間重修，清朝又累加修整，橋內有御筆蘆溝石碑。北有御題蘆溝曉月並御詩石碑，此乃燕京八景之一。」

〔註 35〕〔越南〕阮文超：《方亭萬里集》，《越南漢文燕行文獻集成》第十六冊，〈過盧溝橋〉，頁 295。

〔註 36〕〔越南〕阮輝僅：《奉使燕京總歌並日記》，《越南漢文燕行文獻集成》第五冊，頁 137。

〔註 37〕〔越南〕黃碧山：《北遊集》，《越南漢文燕行文獻集成》第十一冊，頁 330～331。

一時創額，竟成讖語。不數年後，李闖陷京，僭號永昌，而順治二字，遂為清朝世祖一統新元，事若預先兆勝，噫亦奇矣！今遺城屹在，永昌已經鏟鑿，經過瞻望，返憶勝朝，為之慨然。〔註 38〕

第一例為道光五年（1825）抵京的黃碧山《北游集》所記，盧溝橋的石欄杆、石獸雕刻、御筆石碑、黃瓦六角亭，以及附近熱鬧的商店市集與煙花勝景，和通往京師重地必賞的盧溝曉月八景與繁華氣象皆被記錄下來。第二例則是潘輝注《輶軒叢筆》所記與盧溝橋相關的歷史掌故。盧溝橋地近京師，兩頭商店密集，是錢財與貨物流通的集散地，作為都城之門與象徵的盧溝橋，北面的拱北城在明代有「順治」、「永昌」二題額。雖然清朝已將「拱北城」更名為「拱極城」，改「永昌」為「威嚴」，〔註 39〕但越南使節潘輝注行經盧溝橋地景時，其個人的歷史知識使眼前的盧溝橋化身為歷史現場，即便「永昌」二字已不復見，然瞻望凝視拱極城樓門，回思明末之亂與清兵入關的朝代更迭往事，毀滅大明王朝的清帝「順治」與闖王「永昌」，竟如斯對應明代拱北城的題額，一語成讖確實讓潘氏此異國使節不禁慨然嘆息啊！

另外，值得注意的是，越南使節書寫盧溝橋時，如前述引文裴文禩所記「自有軍需以來，檢征稽留頗為商旅之病」，盧溝橋關卡查驗徵稅為商旅詬病一事，似乎讓越南使節印象深刻。李文馥道光二十一年（1841）使抵北京，其記錄該次燕行的《使程括要編》與《使程誌略艸》云盧溝橋設有巡司，凡行裝過此，照例稽而有徵，雖王公亦然。李文馥使團一行至長新店時，先由長送官委員至禮部領取使裝免勘草憑，而有了禮部預給的免勘單，其過盧溝橋時，只略點箱數而已。〔註 40〕同治八年（1869）至北京的阮思僩，其《燕軺筆錄》亦記過盧溝橋時，例定官商往來貨物，皆有稽徵，惟貢使及護貢官員、通事之行裝，皆由禮部移付故免徵，只照清單略檢貢箱及公私箱函。〔註 41〕事實上，作為通往京師要道兼稅關的盧溝橋，其稽察徵稅之擾

〔註 38〕〔越南〕潘輝注：《輶軒叢筆》，《越南漢文燕行文獻集成》第十一冊，頁 144～145。

〔註 39〕〔清〕于敏中等編纂：《日下舊聞考》（北京：北京古籍出版社，1983 年 5 月第 1 版），卷九十二〈郊坰〉，頁 1559。

〔註 40〕〔越南〕李文馥：《使程括要編》，《越南漢文燕行文獻集成》第十五冊，頁 131～132；〔越南〕李文馥：《使程誌略艸》，《越南漢文燕行文獻集成》第十五冊，頁 72。

〔註 41〕〔越南〕阮思僩：《燕軺筆錄》，《越南漢文燕行文獻集成》第十九冊，頁 172～173。

人，連清朝道光時期的舉人梁紹壬也嘆言：「關之為暴，自古而然。天下之關，以盧溝橋為最。凡入都者，自鉅公大僚，以至商賈百姓，莫不傾筐倒篋，勒索多方。惟鄉會士子，例不稽察，然見行李稍多，亦必索取酒資，至三至再。」〔註 42〕貪財勒索、敲詐強取，盧溝橋有司的惡劣行徑，為盧溝曉月的美景蒙上一層陰影，雖然越南使節因其外國貢使身分而未遭為難，但其記述亦足以反證盧溝橋關卡的盤查勒索與燕京八景一樣，名滿天下。

而除了文字敘述以外，越南使節所繪製的使程圖中，亦勾勒出盧溝橋、六角亭及拱極城可供對照，茲引錄於後。圖一為乾隆三十年（1765）阮輝僅如清使程圖，簡要繪製了盧溝橋橫跨盧溝河（永定河）的情形，並描繪出二層樓高的御詩亭。圖二出於《如清圖》、圖三出於《燕臺嬰語》，兩者皆承道光二十八年（1848）裴樻使華之使程圖而鈔繪，《如清圖》乃范文貯於光緒八年重繪（1882），《燕臺嬰語》因紙墨較新，鈔繪時間似較《如清圖》晚。〔註 43〕圖二、圖三所繪之盧溝橋，較為立體地勾勒出拱橋形體，並附有「盧溝橋長五十餘尺，規製與永濟同」之說明。另外圖二、圖三也清楚註明六角亭乃乾隆御製詩亭，有御筆所題的「盧溝曉月」碑，且標出具「順治」、「永昌」讖緯軼事傳說的拱極城樓。越南使節的使程圖以標示使程路線為主，但由上三圖皆繪出乾隆御製詩亭，圖二、圖三記下「盧溝曉月」，既指御碑也點出八景名勝，則盧溝橋與燕京八景確實是越南使節北京書寫中，值得關注的京華地景。

〔註 42〕〔清〕梁紹壬撰，莊葳點校：《兩般秋雨盦隨筆》（上海：上海古籍出版社，1982 年 8 月第 1 版），頁 136。

〔註 43〕鄭幸：〈《如清圖》〉；王鑫磊：〈《燕臺嬰語》提要〉，《越南漢文燕行文獻集成》第二十五冊，頁 3～4。

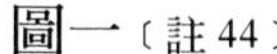
圖一〔註 44〕

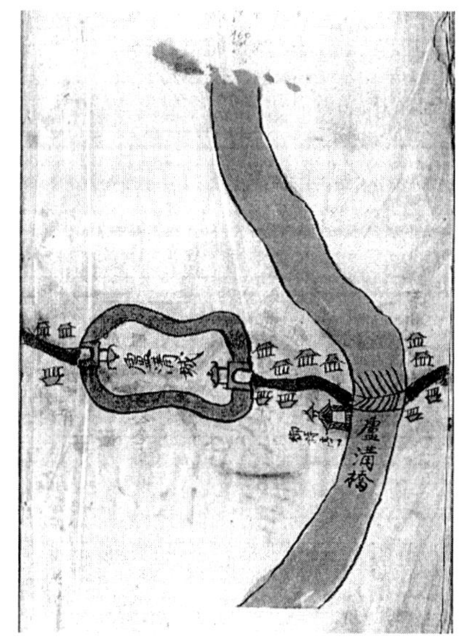

圖二〔註 45〕

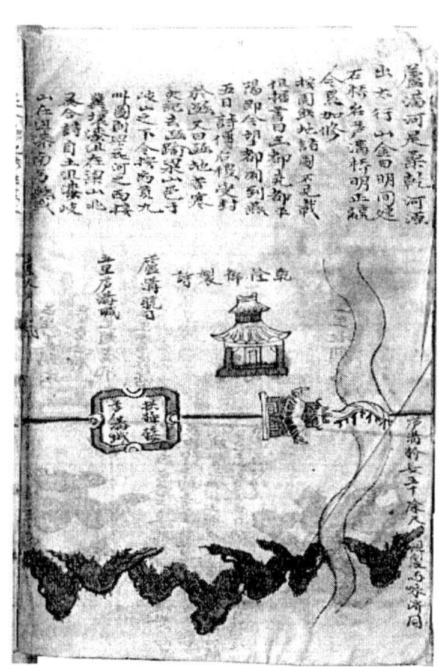

圖三〔註 46〕

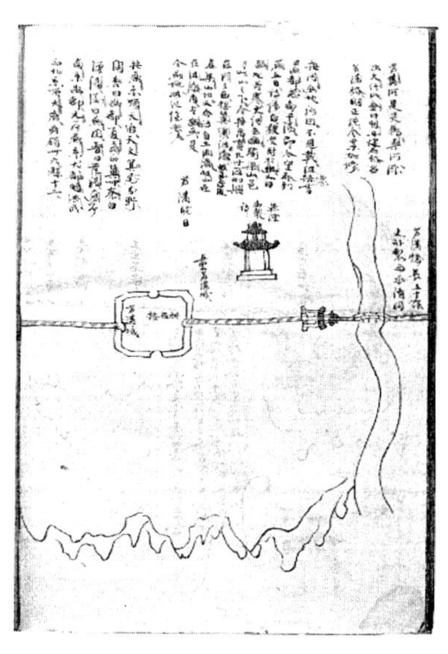

〔註 44〕〔越南〕阮輝瑩等：《燕軺日程》，《越南漢文燕行文獻集成》第二十四冊，頁164。

〔註 45〕〔越南〕裴樻撰，范文貯繪：《如清圖》，《越南漢文燕行文獻集成》第二十四冊，頁 302。

〔註 46〕〔越南〕裴樻撰，佚名繪：《燕臺嬰語》，《越南漢文燕行文獻集成》第二十五冊，頁 134。

第二節　北京城與西郊園林

關於北京城的書寫，越南燕行文獻中，潘輝注《輶軒叢筆》、李文馥《使程括要編》、裴樻《燕行曲》、阮文超《如燕驛程奏章》等著作，對北京城的地理形勢、歷史沿革、宮城規模、內外城門、宮殿布局與用途、御苑園林和街市景象，有篇幅較長或以「燕京」為主題的整體概述與介紹，顯然皇權所在的大清帝都北京城，對於周邊藩屬國來說，是需要被記錄以了解的重要地方。以下將考察越南使節的北京城地景書寫，分「帝京印象」、「紫禁皇城」與「西郊園林」三點，說明越南使節眼中的北京城與西郊園林。

一、帝京印象

「京師最尚繁華，市廛鋪戶妝飾富甲天下。如大柵欄、珠寶市、西河沿、琉璃廠之銀樓緞號，以及茶葉鋪、靴鋪，皆雕梁畫棟，金碧輝煌，令人目迷五色。至肉市、酒樓、飯館，張燈列燭，猜拳行令，夜夜元宵，非他處所可及也」〔註 47〕，這是光緒十二年（1886 年）清人李虹若所著《朝市叢載》一書中，對京城首善之區的紀錄。李虹若乃河南大梁（今開封一帶）人，清朝北京以外的「外省人」對北京城的帝都印象是「繁華」、「富甲天下」、「金碧輝煌」。那麼來自越南的外國使節，對北京城的帝京印象又是如何？道光年間至北京的張好合，有詩句云「道途寶積京中市，街巷金鑲界首樓」，並自註「燕京城中有珠玉市、琉璃廠，多賣寶貝、珠玉、綵緞、玩器」，「直隸城內與燕京□所居樓房門戶，全用黃金鑲飾」，〔註 48〕張好合所聞見的京城，也是商賈市集群聚熱鬧，樓房建築金碧輝煌。

事實上越南使節對北京的第一印象，便是商業貿易熱絡繁盛，人聲鼎沸，以及閃耀著富麗氣息的燦金帝都。試看同治年間至北京的阮思僩，其〈燕臺十二紀〉之四與五記曰：

> 海上雲帆陌上車，荊楊百貨雁京華。
> 昇平猶說乾嘉際，歌舞樓臺億萬家。
> 關外貂珠積若雲，大錢交鈔日紛紛。

〔註 47〕〔清〕李虹若著，楊華整理點校：《朝市叢載》（北京：北京古籍出版社，1995 年 7 月第 1 版），卷四，頁 69。

〔註 48〕〔越南〕張好合：《夢梅亭詩草》，《越南漢文燕行文獻集成》第十二冊，〈直隸保定省城紀見〉，頁 191。

貨居不獨琉璃廠，殷地雷車處處聞。〔註 49〕

京城是海陸貿易的集散地，江南精美的百貨商品滿載而來，歌舞樓臺億萬家之數雖然誇張，但正反映出北京的熱鬧非凡。而除了南鄉運來的貨物之外，就連關外的貂皮、珠玉、人參，也自關東運納進京，物流、錢流、車流充斥著北京。光緒初年抵達北京的裴文禩，其〈燕中雜詠八絕〉其一同樣指出「燕中參茸貂珠諸貨珍奇，皆從關東載來」，關外的珍寶皆運至帝都，「車塵馬跡去如飛，珠寶關東百貨歸」，〔註 50〕北京貨物交易的繁盛可見一斑。再看《范魚堂北槎日記》，「京中惟正陽門內外，最為繁盛，市廛門戶雕刻金碧龍鳳，極侈麗焉」〔註 51〕，道出同治十年左右的北京，最為熱鬧的地方在俗稱「前門」的北京內城正南門之「正陽門」一帶，該處市廛門戶雕龍刻鳳，金碧輝煌，一派富麗氣息。對照清代文獻，則「北京正陽門前搭蓋棚房，居之為肆，其來久矣」，自明代便是，到了清乾隆時，「今正陽門前棚房比櫛，百貨雲集，較前代尤盛。足徵皇都景物殷繁，既庶且富云」；〔註 52〕又有「棋盤街在正陽門內大清門之前，周繞以石闌，四圍列肆長廊，百貨雲集。又名千步廊」〔註 53〕；至於「珠市，當正陽門之衢，前後左右計二三里，皆殷商巨賈列肆開廛，凡金綺珠玉以及食貨如山積；酒榭歌樓，歡呼酣飲，恆日暮不休，京師之最繁華處也。」〔註 54〕足見清代在明代「朝前市」的基礎上發展出以正陽門為中心，北起大清門前棋盤街左右，南達珠市口，東抵長巷二條，西盡煤市街的前門商業區，且是全城實際上的金融中心，〔註 55〕無怪乎范氏這位越南使節有「繁盛侈麗」之感。

〔註 49〕〔越南〕阮思僩：《燕軺詩文集》，《越南漢文燕行文獻集成》第二十冊，頁 122～123。

〔註 50〕〔越南〕裴文禩：《萬里行吟》，據越南漢喃研究院所藏抄本 VHv.849／2 影印，〈燕中雜詠八絕〉，葉 26a。

〔註 51〕〔越南〕范熙亮：《范魚堂北槎日記》，據越南漢喃研究院所藏抄本 A.848 影印，葉 51。

〔註 52〕〔清〕于敏中等編纂：《日下舊聞考》（北京：北京古籍出版社，1983 年 5 月第 1 版），卷五十五〈城市〉，頁 886～887。

〔註 53〕〔清〕吳長元輯：《宸垣識略》（北京：北京古籍出版社，1982 年 4 月），卷五，頁 80。

〔註 54〕〔清〕俞蛟撰，駱寶善校點：《夢廠雜著》（上海：上海古籍出版社，1988 年 7 月第 1 版），卷二，頁 25。

〔註 55〕朱祖希：《營國匠意——古都北京的規劃建設及其文化淵源》（北京：中華書局，2007 年 4 月第 1 版），頁 144～145。

越南使節進北京城，所見文字紀錄多從外城的廣安門入，不過《越南漢文燕行文獻集成》所收錄的使程圖，外城描繪則以中軸線上的永定門為主，如乾隆三十年（1765）阮輝瑩《燕軺日程》，及承道光二十八年（1848）裴樻使華之使程圖而鈔繪的《如清圖》與《燕臺嬰語》，皆清楚繪出外城南垣正中的永定門與兩側的左安門、右安門，《如清圖》與《燕臺嬰語》還另外描繪出天壇、園寢、天橋、火藥局、藥王廟、金魚池、參府衙門等地點，且特別說明「金魚池」即金人所稱之「魚梁池」，「今居民歲畜金魚為巷」，記錄下道光年間京城天壇北側的金魚池，附近居民畜養金魚營生，形成里巷的情況。

圖四〔註 56〕

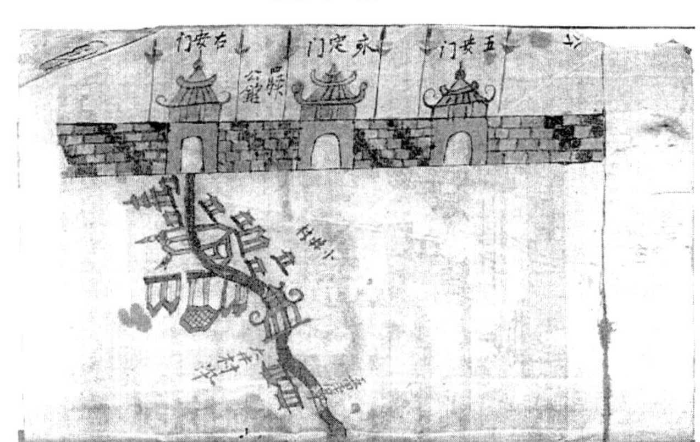

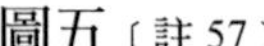
圖五〔註 57〕

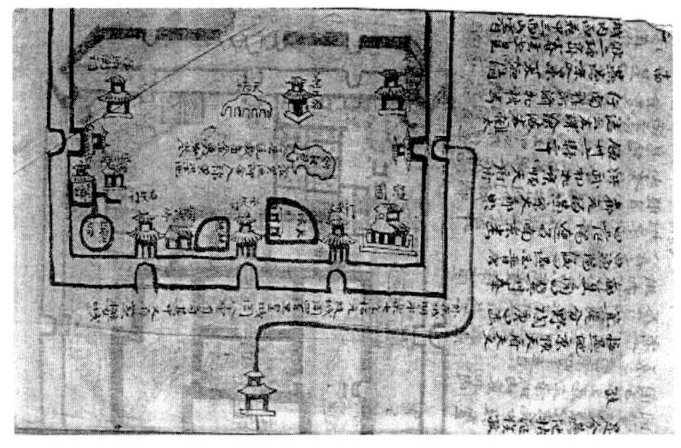

〔註 56〕〔越南〕阮輝瑩等：《燕軺日程》，《越南漢文燕行文獻集成》第二十四冊，頁 165。

〔註 57〕〔越南〕裴樻撰，范文貯繪：《如清圖》，《越南漢文燕行文獻集成》第二十四冊，頁 303。

圖六〔註 58〕

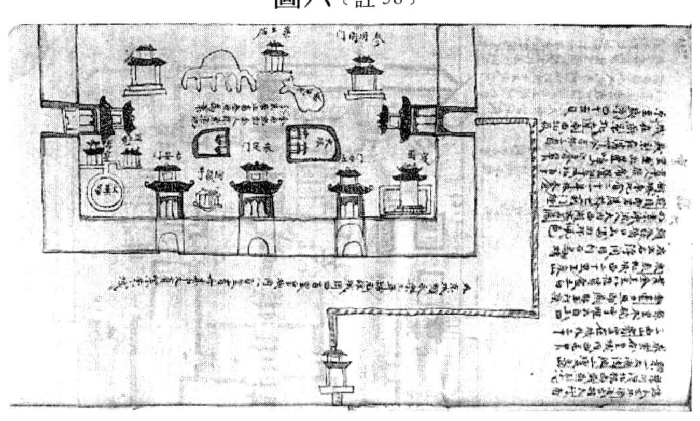

至於廣安門，原稱廣寧門，後為避道光皇帝之諱而改，俗稱彰義（儀）門則是沿續金代舊名而有之別名。〔註 59〕清乾隆時期的顧森在《燕京記》中如此描述廣寧門：「外城七門，西向者廣寧門，即張儀門（按張亦寫作彰），西行三十裏（里）蘆溝橋，過橋西南四十裏（里）即良鄉縣，為各省陸路進京之咽喉」。〔註 60〕越南燕行使節自廣安門入城，其初入北京帝都的印象，乾隆晚年的潘輝益言：「城中行路甃青石，車聲雷動，人跡如沸」，因而思及「綺麗街廛堪豔目，乾清宮闕樂何如？」〔註 61〕道光初年的黃碧山則云：「在京城十里外，重起磚城一層，此乃京都繁華地頭之初入門處也」，其所感受之景象乃「擊轂車聲喧石路，鬪頭人語鬧城門。」〔註 62〕道光晚年的裴樻有詩曰：「彰儀向曉趁燕臺，形勝山河信美哉。門闕重重千萬落，人聲如沸轂如雷」；〔註 63〕而同治年間的阮思僩則記：「三十里至廣安門，入外京城，門額上書滿字，下書漢字。道路純砌以石，列廛廣屋，無不彫刻龍鳳，金碧炫麗。路上車馬，轂擊肩摩，騾駝驢馬搬載，商貨絡繹不絕」〔註 64〕。

〔註 58〕〔越南〕裴樻撰，佚名繪：《燕臺嬰語》，《越南漢文燕行文獻集成》第二十五冊，頁 135。

〔註 59〕〔清〕于敏中等編纂：《日下舊聞考》（北京：北京古籍出版社，1983 年 5 月第 1 版），卷九十一〈郊坰〉，頁 1539。

〔註 60〕〔清〕顧森：《燕京記》，收入張江裁輯：《燕都風土叢書》，民國二十八年燕歸來簃鉛印本，頁 8。

〔註 61〕〔越南〕潘輝益：《星槎紀行》，《越南漢文燕行文獻集成》第六冊，〈過燕京〉，頁 229。

〔註 62〕〔越南〕黃碧山：《北遊集》，《越南漢文燕行文獻集成》第十一冊，〈廣安門口占〉，頁 331。

〔註 63〕〔越南〕裴樻：《燕行曲》，《越南漢文燕行文獻集成》第十六冊，頁 57。

〔註 64〕〔越南〕阮思僩：《燕軺筆錄》，《越南漢文燕行文獻集成》第十九冊，頁 173。

事實上，越南使節從廣安門入京後對京城最初的感官體驗，在視覺和聽覺上可謂描寫一致，北京城就是個人車滿街、商樓炫麗，車行石路聲如雷、人語喧騰如鼎沸，十分繁華熱鬧的城市。清初劉獻廷《廣陽雜記》曾言「天下有四聚，北則京師，南則佛山，東則蘇州，西則漢口」，〔註 65〕北京城是清代財貨人口輻輳地之一；道光十八年（1838 年）〈顏料行會館碑記〉云：「京師稱天下首善地，貨行會館之多，不啻什百倍于天下各外省」，〔註 66〕可見北京商業貿易之繁榮、聚集人口之多；又據侯仁之先生研究，明清時期北京的發展值得關注的面相之一便是「人口增長」，十九世紀中葉曾有美國傳教士兼外交官 S.W.威廉姆斯（S. W. Williams）粗略比較了北京和倫敦的人口後，對當時北京人口有兩百萬之說，並未加以反駁。〔註 67〕顯然清代人口稠密、商業經濟發達的北京，確實以首善繁榮的城市形像呈現在越南使節眼前。

乾隆盛世時的越南使節北京之記乃描寫北京城宣武門外有土地廟，每月定期於初三、十三、二十三此三天商賈湊集；阜城門外妙應寺白塔高入雲表；琉璃廠〔註 68〕為京中都會處，光是販賣人參的店鋪便有二百餘家；造訪阜城門外元福宮的文昌祠，手磨祠前相傳是宣德年間所造之銅驢，覺「色甚光潤」；參觀國子監，恍如親炙至聖先師德澤。〔註 69〕不過，隨著西力東漸，洋人勢力逐步進逼，到了同治八年，阮思僩出使北京，其〈燕臺十二紀〉之十一與十二，已不可避免地提及洋人和天主堂：

天主堂開譯館東，當年曆法召西戎。
近聞和好刪新約，要見王師不戰功。
易水風高九陌塵，荊鄉去後幾經秦。

〔註 65〕〔清〕劉獻廷撰，汪北平、夏志和點校：《廣陽雜記》（北京：中華書局，1957 年 7 月第 1 版），卷四，頁 193。

〔註 66〕李華編：《明清以來北京工商會館碑刻選編》（北京：文物出版社，1980 年 6 月第 1 版），頁 7。

〔註 67〕侯仁之著，鄧輝等譯：《北平歷史地理》（北京：外語教學與研究出版社，2014 年 5 月第 1 版），頁 135～140。

〔註 68〕阮思僩《燕軺詩文集》亦提及「琉璃廠」，言「京中百貨所聚，以琉璃廠為第一」，然卻誤將京城內城「宣武門」前的琉璃廠位址，記為紫禁城皇宮的北門「神武門」前。

〔註 69〕〔越南〕阮輝𠐓：《奉使燕京總歌並日記》，《越南漢文燕行文獻集成》第五冊，頁 138～140。

祇今宣武門前路，燕市誰為擊筑人。

（洋人在燕京者惟宣武門為多）〔註70〕

阮氏記其所住的內務府四譯館館舍之東數十步，有一天主堂，對於天主堂之來歷，詩註「或云自康熙年間，用洋人南懷仁（1623～1688）、湯若望（1592～1666）等參訂曆法，遂敕于京師建天主堂凡數處」。對照越南使節所住館舍多在宣武門內，及其所述教堂來由，則阮氏所見或為宣武門內的北京第一座天主教堂——「南堂」。「南堂」是明神宗萬曆三十三年（1605年）傳教士利瑪竇（1552～1610）所建，順治七年（1650年）與皇帝友好且深受重視，擔任欽天監職務的傳教士湯若望，在順治帝與孝莊皇太后賜地、賜銀的支持下進行擴建，取名「聖母無染原罪堂」，俗稱「南堂」；康熙初年湯若望因「曆獄」案下獄，南堂亦被毀，後由南懷仁神父主持重新修復。〔註71〕至雍正在位初年，北京城內已有東堂、西堂、南堂、北堂等天主教教堂。〔註72〕北京城內的天主堂是標誌著中西文化交流與碰撞的特殊地景，而越南使節阮思僩對西方宗教與文明的態度，從「西戎」一詞可以看出，乃傳統儒者華夷之辨、夷夏之防的「小中華思想」。阮氏本人曾著有〈辨夷說〉，抗議沉浸於詩書六藝之學與衣冠禮樂之化幾二千年的越南，竟遭鄙視為「夷」。〔註73〕自認是「華」非「夷」的阮思僩，不願清人以夷夏區分中越關係，卻仍套用華夷之辨而輕西人為蠻夷戎狄，可惜大小中華處境相同，越南和中國一樣，亦飽受「西戎」之威脅，甚至還得靠強化中越宗藩關係來尋思突破困境之可能。

擔任因太平天國之亂中斷十六年後才重新復貢的越南歲貢使，阮思僩凝視北京的雙眼，當然多了幾分敏感，因此看似詠史感懷北京這個從前的燕趙之地，其實意有所指，燕市擊筑抗秦之義士已不復見，宣武門前望去不乏洋

〔註70〕〔越南〕阮思僩：《燕軺詩文集》，《越南漢文燕行文獻集成》第二十冊，頁125～126。

〔註71〕查時傑：〈湯若望與北京南堂〉，《臺大歷史學報》第17期（1992年），頁287～314。

〔註72〕〔美〕韓書瑞（Susan Naquin）著，朱修春譯：《北京：寺廟與城市生活（1400～1900）》（新北市：稻鄉出版社，2014年1月），頁277。

〔註73〕〔越南〕阮思僩：《燕軺詩文集》，《越南漢文燕行文獻集成》第二十冊，〈辨夷說〉，頁230～234；陳益源：〈越南名儒李文馥研究二章〉，收入王三慶、陳益源主編：《東亞漢文學與民俗文化論叢（二）》（臺北：樂學書局有限公司，2011年12月初版），頁177～190。

人聚居活動，越南朝貢的宗主國能否扮演正義之師協助其對抗法國侵略？還是真的只能懷古嘆今，追憶慷慨悲歌赴義的歷史舊事？清朝與西方列強之間的關係及和約刪改問題，攸關越南未來命運，阮氏自然關心，身處北京有所聽聞，其詩註語云：「咸豐末年和約，近聞中國已向他刪改，諸領事等方寄回西方諸國，國閱定，所約何款，事秘不得知，亦未知將來如何究竟也」。中國與西方諸國秘商何事、有何約定，是否影響清越宗藩關係？種種疑問與擔憂懸掛心頭，對阮思僩來說，未知將來變化的茫茫然之感，讓越南使節的帝京印象在華麗熱鬧之外，又畫上幾筆擺盪在歷史洪流中，令人憂思不安的灰色色調。

人文地理學者認為地景不僅可被理解為實體環境，還是思考地方、描繪地方，以及賦予地方意義的特殊方式的結果；地景也是一種觀看方式，地景觀念是塑造世界及其意義的方式。〔註 74〕準此，越南使節對北京城的印象描寫，是地景之記，也是理解北京、理解中國的方式，他們以異國之眼觀看了帝國之都北京城，也以自身的國族、文化意識及歷史興衰的時局氛圍，塑造眼中所見的世界，因此他們既寫下大清帝京的繁華興盛，也道出帝都衰變的文化衝擊與東亞危機。

二、紫禁皇城

越南使節黃碧山初到北京，乘車從外城廣安門行過內城正陽門，再入歷皇城西安門時，寫下「帝州壯麗蓬萊上，萬國衣冠迎棨伏。偶從公事作公人，金闕王階供玩賞。」〔註 75〕壯麗的「紫禁城」是萬國衣冠朝敬的天子辦公、居住之所，「紫」乃天上紫微垣的簡稱，人間帝王自應與天帝所居之紫微垣相對應。「禁」則是禁止之意，皇宮戒備森嚴，普通百姓禁止進入，美如蓬萊仙境難得一遊的紫禁城，黃碧山這個越南人偶因公事之便，才有機會賞玩金闕王階。而得以進入紫禁城皇宮的越南使節們，對宮殿的書寫，多屬描述環境、標明方位的介紹性質，如潘輝注《輶軒叢筆》：「內皇城一重為紫禁城，是宸居晬穆之所，重樓邃陛，金碧輝煌。曰太和殿，為大朝正地；曰文華、曰武英，二殿為講學經筵；曰乾清宮，為正寢；曰坤寧宮，為中宮；

〔註 74〕Paul Cloke, Philip Crang, Mark Goodwin 編；王志弘等譯：《人文地理概論》（臺北：巨流圖書股份有限公司，2006 年初版），頁 290。

〔註 75〕〔越南〕黃碧山：《北遊集》，《越南漢文燕行文獻集成》第十一冊，〈初到帝州歌〉，頁 331～332。

曰慈寧、曰寧清〔註 76〕，二宮為太后所居；曰惇本、曰毓慶，二殿為太子居。門殿名額，大抵故明營造，清朝因之，其標題有可識者。外皇城前面，分列部寺翰簷都察院各衙門，井井碁布」。〔註 77〕再如《范魚堂北槎日記》：「午門內東為協和門，西為熙和門，正中南面為太和門，重簷崇基。門前列石獅二，杯環以河，跨石梁五。太和門之內，東西兩廡，四面皆回廊。東中為體仁閣，西中為弘義閣，閣之北為左右翼門，正中為太和殿，殿前丹陛環以白石，御道兩旁，百官拜位，范銅為山形，左右各十有八。」〔註 78〕此類記述較無景物特色描摹之語，然因紫禁城建築設計與宮殿布局，乃以帝王為中心，並寓含禮制文化精神，〔註 79〕因此越南使節介紹性質式的字裡行間，亦散發出皇權威嚴宏大、秩序凜然的獨特氣息。

再對照燕行圖對北京內城、皇城和紫禁城的描繪（見圖七～圖十），可以看出由外而內一層一層、井然有秩的城垣與宮殿，及中軸線對稱方式的建築特色，同時正陽門、大清門、天安門、端門、午門、太和門、太和殿乃至神武門、地安門、鼓樓、鐘樓的中軸線筆直一線沿線建築，亦先後在裴櫕與裴文禩兩次使行之使程圖中呈現出來。〔註 80〕雖然越南使節的文字紀錄未見對貫通北京內外城與皇城、紫禁城的中軸線建築設計有任何敘述，然其使程圖已隱然繪製出此建築特色。唯有清一代，即使經過二百多年無數次的朝貢燕行，已經知道正陽門前繁華熱鬧的珠市、琉璃廠，能夠標出吏、戶、禮、兵、刑、工六部和翰林院、欽天監、太史館、國子監等行政機構位址（見圖八、圖九），但時間來到光緒初年，越南使節對紫禁城的認識，三

〔註 76〕紫禁城內廷西部經明清兩代始建、改建、添建，形成以慈寧宮為正宮的供皇太后及太妃嬪們居住之區域，包括慈寧宮、壽安宮、壽康宮、壽東宮、中宮、西宮、壽頭所、二所、三所，此處「寧清」之記或有誤。

〔註 77〕〔越南〕潘輝注：《輶軒叢筆》，《越南漢文燕行文獻集成》第十一冊，頁 146。

〔註 78〕〔越南〕范熙亮：《范魚堂北槎日記》，據越南漢喃研究院所藏抄本 A.848 影印，葉 56。

〔註 79〕周蘇琴：《建築紫禁城》（北京：故宮出版社，2014 年 4 月第 1 版），頁 14～19。

〔註 80〕圖八、圖九顯示道光二十八年（1848）使行的裴櫕，其已認識到由南而北正陽門、大清門、天安門、端門、神武門、地安門、鼓樓、鐘樓的中軸線沿線建築；圖十為光緒二年（1876）裴文禩的使程圖，裴櫕使行圖未繪出的紫禁城正門——午門、外朝宮殿正門——太和門與舉行大典、朝會的太和殿，與正陽門、大清門、天安門同時被繪製在中軸線上，顯然越南使節對紫禁城這座宮城的認識愈來愈深。

大殿仍僅有太和殿，雖然了解太和殿後還有重要建築，故於圖中寫下「欠中和殿、保和殿、乾清門、乾清宮」（圖十），〔註 81〕但顯然代表皇權象徵的紫禁城，多處空間還是未開放、無法自由出入的「禁地」，越南使節對紫禁城、對北京的認識，就如管中窺豹，難見全貌。

圖七〔註 82〕

圖八〔註 83〕

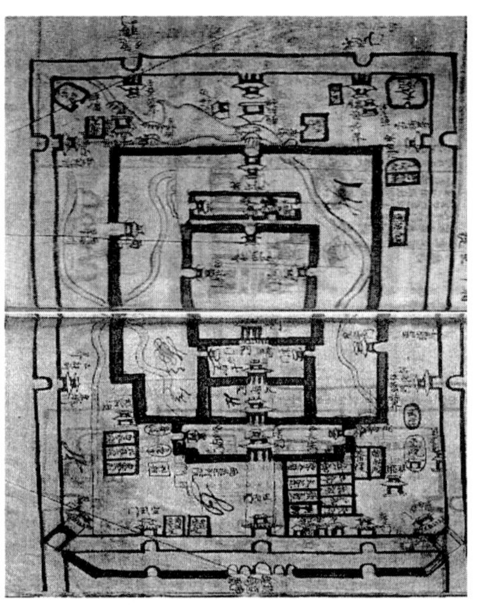

〔註 81〕關於越南使程圖中的紫禁城，陳正宏教授曾於演講中論及，參見陳正宏：〈越南燕行文獻裡的中國〉，收入復旦大學古籍整理研究所、章培恒先生學術基金編：《域外文獻裡的中國》（上海：上海文藝出版社，2014 年 6 月第 1 版），頁 65～71。

〔註 82〕〔越南〕阮輝僅等：《燕軺日程》，《越南漢文燕行文獻集成》第二十四冊，頁 166～167。

〔註 83〕〔越南〕裴樻撰，范文貯繪：《如清圖》，《越南漢文燕行文獻集成》第二十四冊，頁 304～305。

圖九〔註 84〕

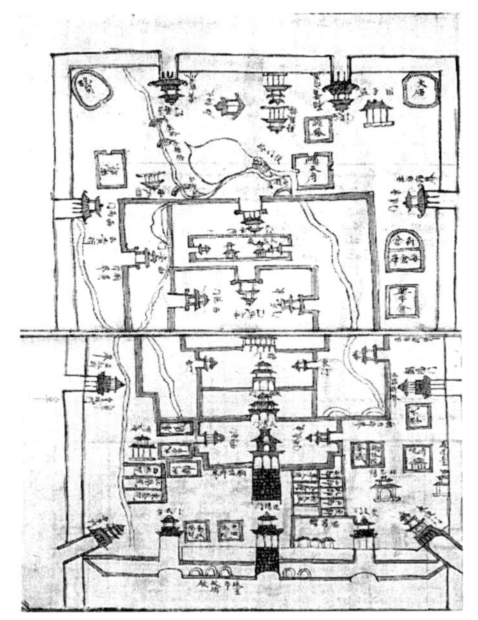

圖十〔註 85〕

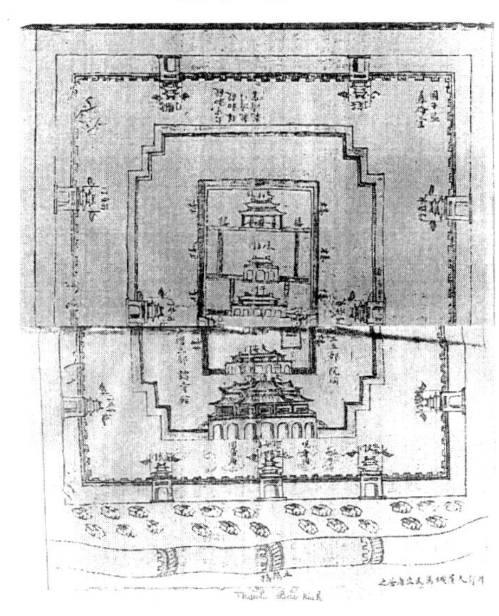

另外，雖然金璧輝煌、秩序凜然是多數越南使節對皇城、紫禁城的看法，然而有趣的是，道光晚年至北京的阮文超，其對皇城宮殿的感受不甚相同：「皇城正南門曰大清，大清之內為三重樓闕，一曰承安〔註 86〕，二曰端門，三曰午門。以內為宮城，規模至敞，而體製則渾樸。簷屋無繪塑，棟梁無雕漆，五百餘年舊物也。」阮氏言宮城建築之屋簷、棟梁無裝飾，非一般想像富麗華美之皇宮，箇中原因，或許是因道光皇帝崇尚儉僕的作風影響，其甫上任即頒布〈御製聲色貨利諭〉〔註 87〕，認為「亭臺苑囿，夙有規模，淳樸之風，盡美盡備，足以供幾餘游憩，其可復待經營乎」，且「每歲應修應理者，即不能及時措置，何暇復有所加增乎」，因此申明不再增建宮殿樓閣。《道光實錄》文末總評曾這樣形容道光帝的施政態度：「營建吉地，規制簡約，示不欲以天下奉一人。宮庭游憩不急之工，廢不修，闕不補，間有興作，大率去雕

〔註 84〕〔越南〕裴樻撰，佚名繪：《燕臺嬰語》，《越南漢文燕行文獻集成》第二十五冊，頁 136～137。

〔註 85〕〔越南〕裴文禩等編繪：《燕軺萬里集》，《越南漢文燕行文獻集成》第二十五冊，頁 245～246。

〔註 86〕皇城正門明代稱「承天門」，清順治八年改為「天安門」，此處或恐筆誤。

〔註 87〕《清實錄．宣宗實錄》（北京：中華書局，1986 年 8 月第 1 版），第 33 冊，卷 26，「道光元年十一月乙卯」條，頁 457～459。

鏤，斥文飾，惟樸素渾雅是尚。」〔註 88〕不修不補、去雕鏤文飾、尚樸素渾雅，果然和阮氏所見的宮殿樣貌極為吻合。事實上，大清朝傳至道光皇帝時，已面臨國庫空虛的財政危機，既無「裡子」，皇帝又力行儉約，便因此疏於宮殿維修，又或是修繕也早已難以為繼，部分宮殿建築自然漸趨毀損，因此而讓阮文超有「舊物」之感。

自北京外城門入城，通過外城、內城、皇城、紫禁城一重又一重的城垣，而終於進入皇家宮殿的越南使節，除紫禁城宮殿外，其所選擇描述的地景以皇城西苑的御苑景色為主。西苑位於紫禁城西華門以西的皇城範圍中，乃元代太液池舊址。明代擴建太液池，奠定北海、中海、南海三海的布局；清初順治、康熙皆有所增改，至乾隆時期做了較大規模的改建，更明確地劃分北、中、南三海為三個相對獨立的苑林區，西苑的規模與格局從此抵定。〔註 89〕清代西苑既是皇室遊賞的休閒園林，也是大清天子宴賞王公卿士、接見朝正外蕃，以及征帥勞旋、武科較技之舉辦處所，〔註 90〕可謂兼具遊樂與政治功能。道光五年至北京的越南使節潘輝注，其《輶軒叢筆》對西苑有如下記錄：

> 皇城內西苑池臺，為歷代遊覽勝處，從西安門入二里許，至太液池，周凡數里。上架石橋，長約數十丈，兩旁石欄彫刻，東西峙華表，門匾東曰「玉蝀」，西曰「金鰲」。橋頭韻城迴繞，山崗亭榭，屋屋聳秀。其北一橋，自承光殿，達瓊華島，南北亦峙華表，南曰「積翠」，北曰「堆雲」。瀛臺在其南，五龍在其北，蕉園、紫光閣東西對峙，朱橋翠殿，照耀重雲，松栢槐柳，上下蓊蒼，為數百年物也。池中蒲藻交青，烟波蕩漾；野禽沙鳥，翔泳水光山色間，景致如畫。往來經此凡四度，從橋上舒望，宛然蓬萊境界也。〔註 91〕

透過潘氏的敘述，可知其遊賞了橫跨太液池上的「金鰲玉蝀」與「堆雲積翠」

〔註 88〕《清實錄．宣宗實錄》（北京：中華書局，1986 年 10 月第 1 版），第 39 冊，卷 476，頁 1001。

〔註 89〕周維權：《中國古典園林史（第二版）》（北京：清華大學出版社，1999 年 10 月第 2 版），頁 266～268、274～276、342～356。

〔註 90〕〔清〕于敏中等編纂：《日下舊聞考》（北京：北京古籍出版社，1983 年 5 月第 1 版），卷二十一〈國朝宮室〉，頁 271。

〔註 91〕〔越南〕潘輝注：《輶軒叢筆》，《越南漢文燕行文獻集成》第十一冊，頁 148～149。

兩座石橋。站在橋上舉目舒望，西苑三海的景色映入眼簾，北海北岸的五龍亭、中海東西岸相對的蕉園與紫光閣、南海的瀛臺，這些亭園造景與宮殿建築，和紅橋綠樹重雲相映照，回思金元時期即作為皇家賞遊勝地的西苑太液池，數百年的歷史悠悠之感，立即引發某種思古幽情。潘輝注眼中的清代西苑太液池三海之景，青藻交錯、水波蕩漾，禽鳥翔泳、水光山色、動靜有致，可謂美景如畫，宛若仙境。

如此賞心悅目之景，潘氏在其另一燕行著作《華軺吟錄》亦有〈過玉蝀橋望西苑景即事〉之詩詠：

西安門裏路迢迢，秋色蒼茫玉蝀橋。
瓊島雲深松縹緲，廣寒殿古塔岧嶢。
元明往昔留遺址，燕薊清遊屬盛朝。
太液池邊舒眺遂，晚蓮香送客衣飄。〔註 92〕

潘氏詩前有小序，說明玉蝀橋「在西安門內太液池上，石欄橫架數十丈，兩頭門匾曰『金鰲』、曰『玉蝀』」，太液池則「通入城內，為中海，前浦烟處，秋色緲然」。其過橋上望見西苑景色「層山疊嶂，聳出城上，朱樓紫閣，依約蒼松翠柳間，景致如畫」，因此有感而發寫下詠景抒懷之作：站立在秋色蒼茫的玉蝀橋上，可以眺見太液池中雲深縹緲、松柏蒼翠的瓊華島；也可以望見瓊華島上廣寒殿高聳的古塔。眼前美景其實乃元明遺跡而大清盛朝加以修整，因此才得有太液池邊遊目舒眺，享受微風吹送蓮香、衣角飄動的爽快之感。潘氏的詩句對瓊華島和廣寒殿特別加註說明，言瓊華島原為金代所築，疊玲瓏石以為之，於苑中高數十丈；廣寒殿則本為遼太后梳妝臺，在太液池中層山上，清順治初，始改建寺立塔。對照《日下舊聞考》之記，瓊華島確實奇石疊纍；廣寒殿則盛傳有遼蕭太后梳妝臺與金章宗時李妃妝臺遺址二說，後於順治八年立塔並建白塔寺。〔註 93〕有趣的是，潘輝注在《輶軒叢筆》中另有關於瓊華島的長篇介紹文字，然筆者考察發現潘氏所記，乃刪節抄錄清康熙年間高士奇所著之《金鰲退食筆記》，再少量穿插其個人感懷。如對於廣寒殿潘氏有「驗諸人記載，知明時此山景致，君臣讌遊賞玩，

〔註 92〕〔越南〕潘輝注：《華軺吟錄》，《越南漢文燕行文獻集成》第十冊，〈過玉蝀橋望西苑景即事〉，頁 278。

〔註 93〕〔清〕于敏中等編纂：《日下舊聞考》（北京：北京古籍出版社，1983 年 5 月第 1 版），卷二十六〈國朝宮室〉、卷二十九〈宮室〉，頁 363、420～421。

何限清光」之語；對於順治改建白塔寺，則有「自此每歲十月廿五日，燃燈滿山，諸僧執經梵貝，吹法螺、執韻鼓，節奏齊舉，以祈福佑。一山烟景，遂成佛界，非復向前宸遊勝賞趣矣」之嘆；對於高士奇本人有關廣寒殿的懷古詞作，則云「味其詞意，蓋亦深重感慨。惟今過橋，唯見山巔松柳蓊蒼，白塔亭亭高聳，所謂廣寒宮址者，只是一簇梵宇耳！想此山景變改、人事推移，又不禁為之一嘆」。〔註 94〕從潘氏的感慨之言可以觀察出其個人審美情趣，前朝何限清光的瓊島廣寒殿園林景致，遠勝於今時佛山梵宇之宗教聖地氛圍，可惜時移景異，朝代亦見更迭，風景與人事之變化竟令人不勝唏噓。緬懷過往的潘輝注選擇抄錄明人所遊西苑之記，而非提筆記述眼前已變的實際地景，或許在潘氏心中，案頭山水更符合其審美觀，更勝真實之景吧！

明人戴司成眼中「天氣清明，日光滉漾，清澈可愛」〔註 95〕的金鰲玉蝀橋，不僅潘輝注有「往來眺望，極覽娛目」之感，越南使節范熙亮在《范魚堂北槎日記》中，曾提到其抵達北京後至甘舉人寓所拜訪，言談之間詢問甘氏京城值得一遊之處，甘氏一口回答的便是禁內有海有山的「金鰲玉蝀」。〔註 96〕又阮思僩記述燕京的〈燕臺十二紀〉此系列詩作，其中第九首即為皇城西苑與金鰲玉蝀之記：

> 黃屋猶求作地仙，廣寒宮闕白雲邊。
> 青詞宰相今何在，玉蝀金鰲尚儼然。
> （西苑在西華門外，自金章尊創始之，明惑於方士之說，專居西苑齋醮修煉，宰相嚴嵩、李春芳等，俱以善青詞得寵。廣寒、瓊花島、金鰲玉蝀諸橋，皆苑中勝景，大清列帝亦嘗臨幸，或召對臣工，或賜宴賦詩。）〔註 97〕

阮思僩將西苑的歷史背景與苑中名勝稍作簡介，以「金鰲玉蝀」橋作為景物

〔註 94〕〔越南〕潘輝注：《輶軒叢筆》，《越南漢文燕行文獻集成》第十一冊，頁 149～156。

〔註 95〕引自〔清〕于敏中等編纂：《日下舊聞考》（北京：北京古籍出版社，1983 年 5 月第 1 版），卷四十一〈皇城〉，頁 643～644。

〔註 96〕〔越南〕范熙亮：《范魚堂北槎日記》，據越南漢喃研究院所藏抄本 A.848 影印，葉五十三。

〔註 97〕〔越南〕阮思僩：《燕軺詩文集》，《越南漢文燕行文獻集成》第二十冊，〈燕臺十二紀〉，頁 124。

依舊、人事已非的歷史見證者，指出明世宗嘉靖皇帝信奉道教、好長生之術，於內殿設齋醮，齋居西苑，大臣逢迎上意，競相撰寫齋醮時獻祭上天的奏章祝文，即所謂的「青詞」以投天子所好，《明史．袁煒傳》便云：「自嘉靖中年，帝專事焚修，詞臣率供奉青詞，工者立超擢，卒至入閣。時謂李春芳、嚴訥、郭樸及煒為『青詞宰相』」，另有夏言、徐階和嚴嵩等人，亦以青詞而得寵。〔註 98〕無獨有偶，裴文禩《萬里行吟．燕中雜詠八絕》其二，其詩云：「朱樓白塔彩雲浮，玉蝀金鰲紀勝遊。除卻神仙當日事，詞臣太半屬凡流」，除了寫金鰲玉蝀橋上遠眺所能見到瓊華島的朱樓、白塔、彩雲之景，也提到神仙、詞臣之事，其詩有註曰：「金鰲玉蝀在西華門外，樓臺草木之勝，宛然一仙境。自金章尊創之，明世尊惑於神仙之說，□居修煉，宰相嚴嵩、李春芳俱以善青詞甚得寵幸」〔註 99〕，美如仙境的金鰲玉蝀橋，在草木勝景之外，因為好神仙之術的帝王與擅青詞得寵的宰相，而增添了歷史興亡教訓之感。由明至清始終屹立的金鰲玉蝀橋，既是皇城西苑美景，也是反映朝代盛衰、歷史記憶的景物遺跡。

西苑從明代至清代，皆是優美的皇宮大內御苑所在。西苑的湖山殿宇，在紫禁城內圍起了一個與眾不同的地景小天地，但在清朝的統治之下，西苑空間變得愈來愈非私有化，開始向外國使節開放，而各國使節與清朝官員一樣，把握機會寫下難忘的遊觀經歷。〔註 100〕誠如裴文禩所記，自金鰲玉蝀橋上眺望西苑風景，順治皇帝在瓊華島上修建的白塔之景最為亮麗奪目，而阮偍《華程消遣集》寫其於中海西北岸的紫光閣參加宴會，宴罷回步見西苑園林之景而有如下之詩：

紫光宴罷步宮前，上苑逢春景象妍。
玉滿禁溝水鏡判，珠聯禁樹雪花懸。
朱樓金殿鋪雲錦，雛燕新鶯奏管絃。
寶內韶陽清望眼，身疑羽化思化仙。〔註 101〕

〔註 98〕楊國楨、陳支平：《明史新編》（臺北縣：雲龍出版社，1995 年），頁 241。

〔註 99〕〔越南〕裴文禩：《萬里行吟》，據越南漢喃研究院所藏抄本 VHv.849／2 影印，葉 26。

〔註 100〕〔美〕韓書瑞（Susan Naquin）著，朱修春譯：《北京：寺廟與城市生活（1400～1900）（下）》（新北市：稻鄉出版社，2014 年 1 月初版），頁 22～25。

〔註 101〕〔越南〕阮偍：《華程消遣集》，《越南漢文燕行文獻集成》第八冊，〈紫光閣宴罷回步西園即景〉，頁 231。

春天的西苑園林景色妍麗，御溝水清如鏡、倒映月影，禁苑之樹露珠相連、高懸繁花，如雲似錦、華麗奪目的朱樓金殿，及悅耳如管絃之樂的動聽鳥語，讓人一飽視聽感官之福。西苑的春光美得直教人以為是凡間仙境，置身其中飄飄然如羽化而登仙一般。

三、西郊園林

此處所指的園林乃香山靜宜園、玉泉山靜明園、萬壽山清漪園及暢春園、圓明園等北京城西郊的「三山五園」苑囿。作為都城的北京，其真正景色迷人之處，在於城外西郊，那裡山水宜人，既有雄偉的山色，也有注入湖泊泉水的豐沛水源。順治元年（1644）清朝統治者從明朝手上接管保存完整的北京城，除增建宮殿和定期修繕外，北京城已無需大規模營造新建，因此清廷將主要財力和物力集中在城外西北郊，興建多座提供遊覽和休憩的皇家園林。〔註 102〕而正如同皇宮西苑作為向使節開放的政治與遊歷空間，北京西郊的皇家園林，也成為越南使節燕行「觀光」的地點之一，圓明園、玉泉山、萬壽山、昆明湖等因此成為其北京書寫的地景風光。

「重岡迴澗，園中殿宇，羅為晨遊駐蹕第一景」〔註 103〕的圓明園，創建於康熙四十八年（1709），其後之雍正、乾隆、嘉慶、道光等帝，不僅在園中長期居住，且設有「朝署值衙」，在圓明園內舉行朝政、宴會等重大活動，使圓明園成為僅次於紫禁城的政治運作中心。〔註 104〕越南使節潘輝注《輶軒叢筆》中，便提到嘉慶帝晚年嘗留居圓明園，現今當朝的道光帝亦頻頻遊幸，每年居京僅五六月，往復來園駐蹕，並於園中處理政務，使眾部臣「各就園次奏聞奉旨」，呈現出「太平優游」的樂景。潘輝注至北京時，恰逢道光帝御蹕園中，故於「萬壽日趨拜園殿，陪侍筵席」，因此有機會「眺覽景致」，而覺「眼曠神怡」。對於「重崗廻繞，萬樹蓊蒼，左右湖渠縈帶，亭榭參差。西邊萬壽山、昆明湖，相去數里；同樂園、暢春園、清漪園，又皆連接前後，景致幽岑」的圓明園，潘氏入園門後，見「崗巒重疊，松柳陰森。行約五十步，至

〔註 102〕侯仁之著，鄧輝等譯：《北平歷史地理》（北京：外語教學與研究出版社，2014 年 5 月第 1 版），頁 131～132。

〔註 103〕〔越南〕李文馥：《周原襍詠草》，《越南漢文燕行文獻集成》第十四冊，頁 215。

〔註 104〕朱祖希：《營國匠意——古都北京的規劃建設及其文化淵源》（北京：中華書局，2007 年 4 月第 1 版），頁 134～135。

御溝津次泛舟。溝兩邊萬樹蓊青，亭臺隱現，洲皐間景色縹緲。」〔註105〕重巒、松柳、萬樹、亭臺，潘氏勾勒的圓明園是被群山與植栽環繞、既深且密的園林天地。與潘氏一同使清的黃碧山，因只是隨行的低階官員，而非正副使節，故當「陪臣」於四更抵京詣園、待漏進謁時，黃氏「外直」而未入園，卻仍記下天尚未明、由園外望向園內所見「風肅槐陰夜未央，滿天星斗白如霧」之景。據黃氏詩註之語，圓明園「滿園皆植槐柳」、「園路頭列石橋而入，下有流溝旋繞，崖皆砌石」。〔註106〕

黃碧山另有〈興玩圓明園江口占〉〔註107〕一詩，詩前記道光五年的圓明園：「園苑聯絡凡七所，皆因山水高低築為形勝。園前有扇子湖及蓮池，四旁山水引勝，中多植槐柳椿橡及諸花卉，其樓臺殿閣，一依都中體制，所謂帝都仙府塵境蓬萊者也。」透過黃碧山的敘述，我們可以知道道光時期的圓明園，依自然山水之形勢而建構布局，園前有扇子湖〔註108〕、蓮花池、及被槐柳椿橡與盛妍繁花點綴環繞的樓臺殿閣，散步於石橋上即可感見「涼飄椿橡氣，水淨澗溝瀾」，讓人產生「仙府連雲上，蓬宮隱樹端」之感，皇家園林和紫禁城宮殿一樣，總使人有彷若置身蓬萊仙境之錯覺。事實上，後人歸納圓明園的設計特色當中，「再現道家傳說中的仙山瓊閣」，及「以植物造景為主要內容」，皆可證於黃碧山之描述。〔註109〕再回頭對照乾隆晚年吳時任所見的圓明園：「山後山前鋪曲屏，澗南澗北走迴瀾。草花簇簇連青嶂，樓閣層層俯碧灣。」一樣都是依山傍水，隨勢而築；花草連緜，樓閣處處，既融合地形、地貌之自然背景為園林整體，又借用周遭遠近之景以造景，同時以樹種、花卉之選擇與安排，來妝點以凸出園林之美。〔註110〕唯一不同的是黃碧山筆

〔註105〕〔越南〕潘輝注：《輶軒叢筆》，《越南漢文燕行文獻集成》第十一冊，頁158～159。

〔註106〕〔越南〕黃碧山：《北遊集》，《越南漢文燕行文獻集成》第十一冊，〈圓明園外直客思〉，頁332。

〔註107〕〔越南〕黃碧山：《北遊集》，頁333。

〔註108〕《養吉齋叢錄》曰：「園之前，大宮門外，輦道左右，地居下隰，水潦所匯。乾隆間，因卑為澤，疏浚成湖。以前湖名之，以別於後湖也。西岸有石刻高宗前湖詩。今俗稱扇子湖。」可資為證。見〔清〕吳振棫撰，童正倫點校：《養吉齋叢錄》（北京：中華書局，2005年12月第1版），卷之十八，頁230。

〔註109〕周維權：《中國古典園林史（第二版）》（北京：清華大學出版社，1999年10月第2版），頁392。

〔註110〕汪榮祖：《追尋失落的圓明園》（南京：江蘇教育出版社，2005年9月第1版），頁20～21。

下的圓明園是帝京體制、塵境蓬萊的神仙之園，而吳時任所記的則是「瓦壺紙帳木欄杆」，一派渾樸簡質的圓明園，〔註 111〕兩人聞見之感與選擇所記內容，或有其個人審美意趣。

圓明園原是明代一座私家園林，後為康熙賜給皇四子胤禛之賜園。雍正登基後開始擴建，乾隆即位亦進行第二次大規模建設，據《日下舊聞考》記載，乾隆時期有圓明園四十景，其中有二十八景為雍正時已形成並題署者。〔註 112〕乾隆晚年如清的越南使臣潘輝益曾記下其獲賜遊賞圓明園四十景之一「方壺勝境」之見聞：

> 八月初六日，侍宴訖，中堂列台奉旨帶領，棹扁舟從御溝，經福海、葦洲，登「方壺勝境」。重樓複閣，並奉佛座，寶器駢羅。蕊珠宮邃所，御座旁，分設西洋銅人鼓琴吹簫，應機而動。庭前排禽獸，雜出水石間，皆自飛自舞，極致工麗，至於亭榭花草之勝，模寫不悉。
>
> 福海秋澄晚照龍，浮槎偶到蕊珠宮。
> 栴檀絢出層樓表，蓬閬移來禁苑中。
> 樹蔭菁華覃聖澤，物機旋轉奪神工。
> 奇觀歸作遊仙話，羽客飛騰上碧空。〔註 113〕

福海位於圓明園東部，是一大型人工湖泊，其東北角略似海灣狀處即稱之為「方壺勝境」的宮殿建築；福海中心由大小三座毗連的島嶼組成，稱之為「蓬島瑤臺」。經常陪伴乾隆皇帝泛舟的法蘭西傳教士王致誠，便認為福海是整個圓明園中最漂亮的景色。〔註 114〕從方壺、蓬島、瑤臺之命名，多是代表仙山、仙境之詞，神仙色彩濃厚，便可知圓明園環福海之景乃有意創造之人間仙境，讓人置身其中有漫遊仙境之感。歷史學者汪榮祖考察還原圓明園之布局與景色時，說明「方壺勝境」的樣貌有主建築「迎薰亭」，其東西則是鋪上金色琉璃瓦且向外伸展如翅的錦綺樓、翡翠樓，二樓閣後則有

〔註 111〕〔越南〕吳時任：《皇華圖譜》，《越南漢文燕行文獻集成》第七冊，〈圓明園〉，頁 280。

〔註 112〕王鐸：《中國古代苑園與文化》（武漢：湖北教育出版社，2003 年 3 月第 1 版），頁 146～148。

〔註 113〕〔越南〕潘輝益：《星槎紀行》，《越南漢文燕行文獻集成》第六冊，〈特賜陪遊西苑禁內恭紀〉，頁 242～243。

〔註 114〕汪榮祖：《追尋失落的圓明園》（南京：江蘇教育出版社，2005 年 9 月第 1 版），頁 49～50。

多座裝飾華麗的閘門所圈出的大庭園空間，裡頭滿布松樹、木蘭花等植栽。其他建築還有庭園前方夾於紫霞樓、碧雲樓之間的華麗殿堂，夾於千祥殿、萬福閣之中的瓊華樓，瓊華樓區塊東邊的蕊珠宮，和蕊珠宮南面的船塢與龍王廟。〔註 115〕汪氏之考述，果然與上文潘輝益敘述的「重樓複閣」、「亭榭花草之勝」相呼應。此外潘氏更仔細記錄了方壺勝境的樓閣中供奉佛座，羅列各項寶器，而以道教經典中的仙宮來命名的「蕊珠宮」，更有精緻靈巧、會鼓琴吹簫、應機而動的西洋銅人，至於庭園前則是出於水石、飛舞生動、極為工麗的獸禽裝飾藝術。不斷飄散出檀香氣味的方壺勝境，讓禁苑一變而為神仙住處的蓬萊、閬苑，令潘氏遊賞稱奇、大開眼界，如同經歷一場身生羽翅飛上碧霄的遊仙之旅。

道光初年在北京的越南使節潘輝注，其寫下「花樹亭榭，縈遶山崗」、「禁園萬樹瑞光浮」、「亭榭參差山歷亂」、「路入琪園草樹香，山容水色曉蒼蒼」、「禁籞秋涼曉霧濃，山光樹色半朦朧」等描景之語，主要是其於園中大戲臺同樂園附近泛舟御溝所見之景，〔註 116〕然而這座處處皆是山水亭榭、充滿草樹花香的美麗園林，在西力東漸而清廷始終積弱難振的情勢下，最終在咸豐十年（1860）第二次鴉片戰爭爆發時，遭到英法聯軍洗劫與焚毀。被譽為「萬園之園」，連英法軍官都曾盛讚壯麗、優美、如詩如畫、建築精美，甚或有為之遭逢火劫而心酸、感嘆的圓明園，〔註 117〕其興衰歷史一如大清帝國之命運，康雍乾盛世時的美麗園景，對照咸豐朝國勢陵夷而付之一炬，令人不勝唏噓！圓明園盛時之美前引越南使節之記可見一斑，而其衰之狀同治八年（1869）在北京的越南使節阮思僩亦有一詩略誌：

> 圓明園抱玉河灣，晻畫樓臺水木間。
>
> 聞說天津兵火後，翠花不復到青山。
>
> （圓明園在京城西四十里，雍正初年建，館中人言此地雖無土木金碧之美，而脩然有山水之勝。列帝歲數臨幸，自辛酉年西人闖入，

〔註 115〕汪榮祖：《追尋失落的圓明園》（南京：江蘇教育出版社，2005 年 9 月第 1 版），頁 51～53。

〔註 116〕〔越南〕潘輝注：《華軺吟錄》，《越南漢文燕行文獻集成》第七冊，〈同樂園御溝泛舟二絕句〉、〈十二日再奉詣同樂園，凌晨泛溝絕句〉，頁 282～284。

〔註 117〕可參閱汪榮祖《追尋失落的圓明園》一書第七章「洗劫與焚毀」所引用之西方材料。

池沼宮殿，壞者不修復，奉歲辰省視而已。）〔註 118〕

本是水木樓臺交相映照、擁抱潺潺玉河流水的圓明園，在第二次鴉片戰爭期間，因清廷與英法聯軍於天津大沽口不斷交火作戰，最終不敵船堅砲利，使得祖宗遺留下來一百五十多年歷史的圓明園慘遭火噬，西郊青山雖在，然而滿是翠花的皇家園林卻已不復見。同樣面臨法人侵略命運的越南，最能體會國家風雨飄搖之感。阮思僩〈燕臺十二紀〉所選擇書寫的燕京題材中，將火燒圓明園一事記下，或許受西人之苦以致擁有山水之勝的園林只剩殘垣斷瓦，一個泱泱大國卻連遭毀壞的池沼宮殿都無法修復，〔註 119〕此種羞辱與悲哀，讓阮氏內心也蕩漾著某種莫名哀愁吧！

北京西郊著名的皇家園林還有以「萬壽山」和「昆明湖」為主要景色的「清漪園」（頤和園前身）。萬壽山和昆明湖在明代時原稱瓮山與西湖，二者與西側的玉泉山相互聯屬，成為北京西郊著名的自然勝景。玉泉山風景秀美清麗，南麓有泉名「玉泉」，乃「玉泉垂虹」之燕京八景名景所在，明人多以之與西湖並稱，即使物換星移，時空背景來到清中葉，道光二十九年至北京的越南使節阮文超亦作有〈玉泉山西湖覽勝〉一詩，〔註 120〕讚美玉泉山與昆明湖山水共構的美景，及北京西郊園林之間的景觀聯繫，並加註說明玉泉山為康熙帝澄心園（康熙十九年修建，三十一年改名為靜明園）所在，鄰近圓明園，其山之玉泉匯入西湖並分為小溪，被引入圓明園中。再回頭談萬壽山與昆明湖。乾隆十五年（1750），皇帝以為慶賀生母孝聖皇太后鈕鈷祿氏六十歲壽辰，及整治西北郊水系為由，下令於瓮山圓靜寺舊址興建「大報恩延壽寺」，並建治園林，開拓、疏浚西湖，加築東堤攔蓄玉泉山東流之水，同時發布上諭改瓮山為萬壽山、西湖為昆明湖，形成一處獨攬山水之勝的皇家園林清漪園。〔註 121〕

乾隆五十五年（1790）越南使節潘輝益獲賜扈隨天子遊歷萬壽山和昆明

〔註 118〕〔越南〕阮思僩：《燕軺詩文集》，《越南漢文燕行文獻集成》第二十冊，〈燕臺十二紀〉其十，頁 124～125。

〔註 119〕直至同治十二年（西元 1873 年）圓明園的修繕工程才展開，然國家財政吃緊，無法負擔修繕工程之巨額開支，反對聲浪四起，皇帝只好宣布停工，暫緩修繕。

〔註 120〕詩云：「秀出平林翠玉巔，中涵萬頃碧漪漣。幽都亦有昆明浸，燕闕通為海子泉。雲裡樓臺光蘸嶺，人間牛女影浮天。百餘年後澄心地，回照圓明覺共圓。」〔越南〕阮文超：《方亭萬里集》，《越南漢文燕行文獻集成》第十六冊，頁 296～297。

〔註 121〕朱祖希：《營國匠意——古都北京的規劃建設及其文化淵源》（北京：中華書局，2007 年 4 月第 1 版），頁 138～139。

湖。潘氏坐船遊湖時，奉旨得登樓船上層，遍觀御座及御製詩文。抵岸後，又步行上山欣賞「體制宏麗」的延壽寺，不過最讓他印象深刻的是萬壽山下的「五百羅漢峒室」，「縈迴轉折，奇特萬狀」，必須「側身攀燭以行」。其有詩〈扈遊萬歲山恭紀〉如下：

雲擁樓船過太湖，巍崖拾給見方壺。
水光瀲灩三秋色，山響依熹萬歲呼。
兜率天高開淨界，伽楞地迴闢迷途。
卷阿伴奐優游處，錦石香葩不盡圖。〔註 122〕

昆明湖上高可接雲的樓船，帶人領略湖水蕩漾的水光秋色之美；高呼萬歲的聲響迴盪在如仙山般的萬壽山巍巍山崖。作為皇太后拈香禮佛之處的清漪園，寺廟建築甚多，共有十六處，最大的即大報恩延壽寺和須彌靈境，分別位於萬壽山的前山和後山中央，至於非寺廟性的建築，多供奉佛像，宗教氣氛甚為濃厚。〔註 123〕潘輝益遊萬壽山深刻感受到佛家淨土、弘法渡化、迷途頓悟的宗教氣息，然而即使沾染佛國色彩，萬壽山仍是讓人閒逸自在、放鬆優遊的美麗山陵，錦石香花處處皆是，賞心悅目，繪之不盡。與潘輝益一同出使的段浚也有〈從幸萬壽山記〉，寫其於乾隆五十五年八月與朝鮮、緬甸、臺灣山番、蒙古、回部諸使節一同陪侍乾隆皇帝遊萬壽山之事。段浚形容其所見之萬壽山「山高三層，石道坦然，旁拖石欄杆，一層有一簇迦藍，金碧煌煌，法像莊嚴，回廟曲戶，珠簾寶檻，非人世所常見。憑欄回望，湖光如鏡，四圍宮闕，萬里井廬，□然重峰疊嶂之外。」〔註 124〕萬壽山、昆明湖的交相輝映，及園內建築、佛像的華麗，都讓段浚印象深刻。道光時期的萬壽山，則可見於越南使節黃碧山的《北遊集》中。黃氏的〈萬壽山歌〉〔註 125〕詩前記述：「山聯西山一帶，前有昆明湖，湖之四邊皆起石堤碌欄。

〔註 122〕詩名「扈遊萬歲山恭紀」之「萬歲山」應為「萬壽山」之誤，「萬歲山」為紫禁城神武門以北的「景山」之別名，明朝時期因於山坡遍植松柏花樹，並飼養成群之鶴、鹿，以寓長壽之意，故取名「萬歲山」，而此長壽之意涵或乃越南使節誤記之因。下文所引潘輝注《華程續吟》中〈遊昆明湖望萬歲山景偶成并序〉一詩，亦將萬壽山誤記為萬歲山。〔越南〕潘輝益：《星槎紀行》，《越南漢文燕行文獻集成》第六冊，頁 243～244。

〔註 123〕周維權：《中國古典園林史（第二版）》（北京：清華大學出版社，1999 年 10 月第 2 版），頁 413。

〔註 124〕〔越南〕段浚：《海翁詩集》，《越南漢文燕行文獻集成》第七冊，頁 91～92。

〔註 125〕〈萬壽山歌〉詩云：「此山名獨稱山壽，壽山聯絡西山偶。皇王壽考占山名，

崖左有銅牛，曰金牛；右有銅人，曰織女。山前排列花艚三艘，並石橋水閣沿湖，與湖中樓臺隨處璀燦，別為蓬壺一世界。」萬壽山與拱衛北京城的西山聯為一系，山山相連可互借成景，再加上前有昆明湖，山水交映，樓臺璀燦，景色宜人自可想像。至於山崖的銅像，展演牛郎織女的神仙故事，搭配「萬壽」之山名及皇家御用園林之實，與平凡人間確有區隔，非常人可遊可居，倒像是別有洞天的蓬萊仙境。

沒有山水便無景觀，傳統中國人心中的自然之美，山水是不可或缺的重要元素。而中國園林的藝術特點和繪畫一樣，強調「水隨山轉，山因水活」，以山為園林的骨架，以水為園林的血脈，以丈山尺水之形，傳千里河山之神，塑造園林之美。〔註 126〕北京西郊的萬壽山和昆明湖，一山一水，交互相襯，湖光山色輝映成景，甚是迷人。嘉慶九年（1804）有幸遊覽昆明湖的越南使節武希蘇，形容昆明湖「煙霞萬狀」，是「閬蓬到處總幽清」的仙境。對於能夠奉旨觀光並得冠帶陪遊，武氏認為誠屬曠罕，沒想到原以為只是大清皇帝妥遠之情所安排的「樓臺倒影波中見，舸艦沿流鏡裡行」之遊湖行程，卻讓他產生「勝景也非人世有，輞川妙筆畫難成」之感，凝視昆明湖的武氏，深覺此景只應天上有，即使「詩中有畫、畫中有詩」詩畫兼擅的王維，面對美麗的昆明湖，恐怕也只能擲筆興嘆，畫不出箇中精髓了。〔註 127〕武氏妙筆難成之讚，凸顯出昆明湖具難以言盡之美，道光十一年（1831）二度出使至北京的潘輝注，對昆明湖與萬壽山之景，則在景色記述外，更增添時光荏苒的歷史感在其中。潘氏在《華程續吟》中有〈遊昆明湖望萬歲山景偶成并序〉〔註 128〕之作，詩前序言提到圓明園西五里「湖上峰巒迴繞，樓閣參差」的昆明湖，乃大清歷代皇室遊賞之處，可惜他道光五年（1825）初次抵北京時，因「奉使公忙，未遑一訪」，深覺遺憾。而之所以對昆明湖念茲在茲，是因為乾隆庚戌秋（乾隆五十五年，1790），其父潘輝益星槎至清，

萬歲千秋準博厚。牛郎織女玉樓臺，媚祝皇王色色開。烟碧名山迎棨仗，名高玉帛頌臺來。」〔越南〕黃碧山：《北遊集》，《越南漢文燕行文獻集成》第十一冊，頁 335～336。

〔註 126〕劉沛林：《風水——中國人的環境觀》（上海：上海三聯書店，1995 年 12 月第 1 版），頁 334。

〔註 127〕〔越南〕武希蘇：《華程學步集》，《越南漢文燕行文獻集成》第九冊，〈遊昆明湖〉，頁 223。

〔註 128〕〔越南〕潘輝注：《華程續吟》，《越南漢文燕行文獻集成》第十二冊，頁 76～77。

曾獲陪蹕登上萬壽山一覽湖光景致，其「髫齡聞道，久羨勝遊」。好不容易再次出使來到北京，趁著圓明園侍宴之暇，趕緊把握機會迂道遊覽。凝視昆明湖、萬壽山的潘輝注，覺眼前「湖山秀麗，極堪娛目」，然「淡烟衰草，光景更覺寂寥」。如何讓人嚮往、美不勝收的閬苑竟然呈現「淡」、「衰」、「寂寥」的景象？潘氏好奇詢問，得到的答案是「皇帝鑾駕不復臨幸」。對照清人筆記，《養吉齋叢錄》裡有一段案語如此說道：「萬壽山、玉泉山、香山稱三山。乾、嘉兩朝，翠華不時臨幸，或駐蹕數日，或即還御園。其臨幸時，在何處傳膳辦事，召對臣工，先一日傳知，俗謂之挪動。道光初年，間有春秋游豫。厥後四方多故，庫藏漸虛，力行節儉之政，於是三山遂不復至。工作盡停，陳設全撤。」〔註 129〕顯然道光皇帝不至清漪園乃因國事日衰，財力不足，倡行節儉，以致陳設皆撤，清漪園因而逐漸荒廢。聞見「湖中樓船三艘，經奉撤毀，從此水日淺涸，而今深不二尺，望之清淺誠然」的潘輝注，「對覺有觸于懷」，感慨甚深，因此有詩如下：

燕京名勝處，久羨昆明湖。萬歲臨流峻，千峰隔岸鋪。
雲際樓臺明，波間松竹敷。山水雙清絕，塵埃一點無。
伊昔宸遊地，鑾駕頻舒紆。恍是蓬閬鄉，不數輞川圖。
我來曾夢想，此度偶迂途。凌波與長橋，倚松眺綠蕪。
佳景抒塵興，勝跡詢名區。近聞御幸稀，輦路寂馳驅。
蒼崖鬱莎草，淺水長菰蒲。湖山委寥落，十年風景殊。
扈從事已杳，臨望思還孤。西風歸轡晚，回首惜仙壺。

山臨流，峰臨岸，明亮的樓臺聳入雲際，松竹環繞湖邊，昆明湖與萬壽山乃避世喧囂的山水雙絕。從前帝王頻頻駕臨、圖畫難以描摹的蓬閬仙鄉，今日已是草長水淺的寂寞空庭。道光五年、十一年兩次使清的潘輝注，對幼時聞之於父而生羨，卻因事忙一度向隅未見的昆明湖與萬壽山，滿懷期待之心，可惜湖山佳景雖在，然大清國勢日衰，以致湖山寥落、風景殊異，早已不是當年耳聞想像的方壺仙境。時局之變，竟使山河也跟著容色萎靡生變，潘輝注若於咸豐十年後再訪北京，親眼凝視被英法聯軍大火燒毀、破壞的圓明園和清漪園等西郊園林風景，其感觸恐怕將更為深沉、更為強烈！

〔註 129〕〔清〕吳振棫撰，童正倫點校：《養吉齋叢錄》（北京：中華書局，2005 年 12 月第 1 版），卷之十八，頁 239。

第三節　京畿之地與塞外風光

一、京畿之地

越南使節的北京書寫中，按其燕行路線會經過涿州與良鄉縣兩處京畿之地，〔註130〕李文馥《使程括要編》對該二地有如下記載：

> 按涿州古涿鹿，黄帝都于此。魏范陽，唐涿州，後因之，即張桓侯故里。城外有樓桑村，即漢昭烈故居，今有廟在焉。城門外有對聯云：日邊衝要無雙地，天下繁難第一州。又城北有永濟橋，石砌長一百餘丈，制極工巧，有御筆永濟橋碑。
>
> 按良鄉縣古燕地，漢為良鄉，後因之。樂毅墓在焉，今有廟城。西北七層塔傳是楊文廣墓。〔註131〕

李文馥點出的樓桑村、劉先主廟、張桓侯故里，以及永濟橋、樂毅墓、楊家古塔等，乃越南使節行經涿州、良鄉畿輔之地多有所記的地景名勝，對照使程路線圖（見圖十一～圖十三）即可知。如乾隆時期的阮輝僅，其使程圖便畫上劉備故宅樓桑村與漢昭烈帝廟（三義廟）；道光年間的裴樻，其使程圖不僅同樣繪有漢昭烈帝廟，更將張飛故里、張桓侯祠及燕太子丹與樊於期將軍飲酒之古華陽臺遺址繪出，還記錄劉備故宅與張飛鞭督郵處，對張桓侯祠亦述及蛇矛、古井、古塚等遺物、遺跡。

〔註130〕清代京畿地區中的「房山縣」，與涿州、良鄉縣相鄰，有唐代詩人賈島故里及墓碑，極少數的越南使節會行經該地，如道光二十九年與光緒七年抵京的阮文超及阮述，其二人分別有詩詠賈島故里，今引錄之。阮文超〈房山賈島故里〉:「後人多瘦君，昌黎曾許可。拜州豈故鄉，房山閑詩杜。」阮述〈過唐詩人賈浪仙故里〉:「長江支派渺難尋，故里殘碑倚樹陰。樓上僅聞除御札，人間誰復鑄黃金。遊蹤谷口雲庵在，唫興禪門月影沉。僕亦風塵詩骨瘦，推敲何處訂知音。」見〔越南〕阮文超：《方亭萬里集》，《越南漢文燕行文獻集成》第十六冊，頁294；阮述：《每懷吟草》，據越南漢喃研究院所藏抄本VHv.852影印，葉42。按：《越南漢文燕行文獻集成》收錄之《每懷吟草》，上述詩作題為〈過唐詩人賈浪故里〉，缺漏「仙」字，首句「支派」書為「遺派」，第四句「間」用「閒」字，第五句「谷口」書為「峪口」。見阮述：《每懷吟草》，《越南漢文燕行文獻集成》第二十三冊，頁69。

〔註131〕〔越南〕李文馥：《使程括要編》，《越南漢文燕行文獻集成》第十五冊，頁130～131。

圖十一〔註 132〕

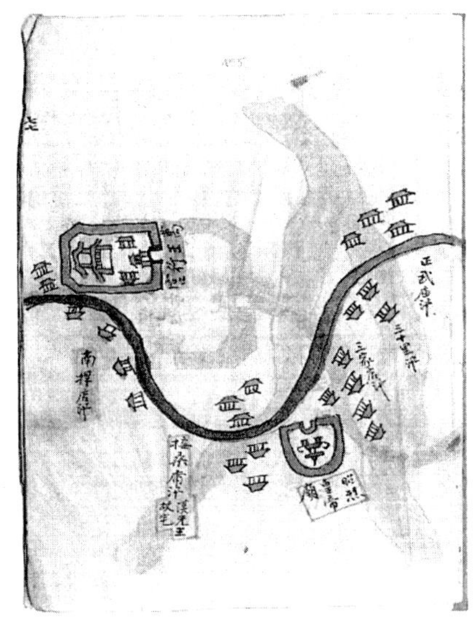

圖十二〔註 133〕

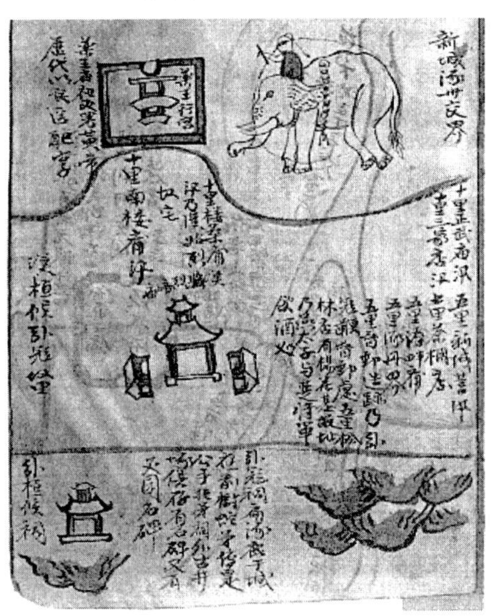

圖十三〔註 134〕

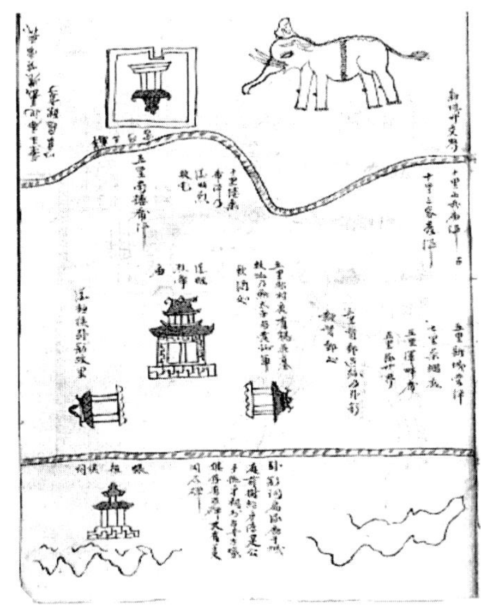

〔註 132〕〔越南〕阮輝僅等：《燕軺日程》，《越南漢文燕行文獻集成》第二十四冊，頁 159。

〔註 133〕〔越南〕裴樻撰，范文貯繪：《如清圖》，《越南漢文燕行文獻集成》第二十四冊，頁 297。

〔註 134〕〔越南〕裴樻撰，佚名繪：《燕臺嬰語》，《越南漢文燕行文獻集成》第二十五冊，頁 129。

越南使節所記地景往往與歷史人物相關，故時間感與空間感並呈，多可見詠古、懷古之書寫。今舉蜀漢古跡及永濟、琉璃二橋為代表地景，加以分析如下。

（一）涿州蜀漢古跡

「元明大都畿，秦漢北邊地」〔註 135〕的涿州，是所謂的京城要塞，遠古時期是黃帝大戰蚩尤的涿鹿之地，在這「黃帝戰場壽草蔓」的「涿鹿名區」，〔註 136〕臥虎藏龍，孕育不少俠膽義士，更有「古塔昭王臺」、「古臺偶過華陽院，遙想寒風易水流」〔註 137〕等令人嚮往、動容的歷史場景空間。從燕昭王禮遇賢士的「昭王臺」，到燕太子丹與樊於其將軍共飲的「華陽臺」，涿州可說是「繁難地界高墉壯，名勝岩溪古蹟留」〔註 138〕。不過關於此地，讓人記憶最深刻的，當屬三國英雄劉備、關羽、張飛的桃園結義。當越南使節來到涿州這個充滿古代幽燕「任俠尚武、慷慨悲壯」的文化氛圍之地，〔註 139〕探訪一千多年過去卻仍有一股英雄之氣躍然而現的三義廟，早已不復存在的江湖沙場、歷史風流，還是讓越南使節在這片充滿傳奇色彩的土地上留下文字書寫。

《三國演義》的故事在現代越南可謂家喻戶曉，越南人對關羽亦崇拜有加，許多地方都可見到關帝廟，還有不少家庭供奉關羽畫像，甚至小說中的人物形象成為一種形容詞，如張飛脾氣（暴躁）、諸葛智謀（足智多謀）。〔註 140〕雖然與三國相關的中國史書和小說傳入越南的時間無法確定，但三國故事深入越南民間，喃字夾雜漢字的三國故事戲木刻劇本，在十九世紀以前便出現，〔註 141〕且越南使臣本身即是勤讀中國書籍的知識份子，甚至

〔註 135〕〔越南〕阮文超：《方亭萬里集》，《越南漢文燕行文獻集成》第十六冊，〈涿州〉，頁 293。

〔註 136〕〔越南〕阮偍：《華程消遣集》，《越南漢文燕行文獻集成》第八冊，〈涿州晚抵〉，頁 236。

〔註 137〕〔越南〕阮文超：《方亭萬里集》，〈涿州〉，頁 293；〔越南〕潘輝注：《華軺吟錄》，《越南漢文燕行文獻集成》第十冊，〈涿州城絕句〉，頁 273。

〔註 138〕〔越南〕潘輝注：《華軺吟錄》，〈涿州舒眺〉，頁 289～290。

〔註 139〕王建偉主編：《北京文化史》（北京：人民出版社，2014 年 11 月第 1 版），頁 26～27。

〔註 140〕宋柏年主編：《中國古典文學在國外》（北京：北京語言學院出版社，1994 年 10 月），頁 387。

〔註 141〕孟昭毅：《東方文學交流史》（天津：天津人民出版社，2001 年 8 月），頁 248～249。

就是中國書籍傳播越南的媒介者，〔註 142〕因此探究越南使臣對涿州蜀漢古跡如樓桑村、三義廟、張桓侯祠、劉先主廟等處的地景書寫，欣賞其對三國人物與三國歷史空間遺跡的歌詠，頗能體會其「萬里觀光出國門，以印所學；華軺吟詠回故里，推而廣之」的意味。

有「越南王安石」之稱的越南名儒黎貴惇，於乾隆二十六年抵京，其夜宿涿州涿鹿驛時有一系列懷古詩作，其中「帝冑英雄勝本初，村前羽葆兆非虛。友臣師相餘風舊，千古桃園與草廬。」〔註 143〕此詩書寫劉備其人與昔日在故里「樓桑村」的典故。作者讚美劉備具淳樸德風，是流有皇室血脈的真英雄，並肯定其少時便出現來日不凡的天子徵兆。所謂「羽葆」是指帝王儀仗中以鳥羽聯綴為飾的華蓋，可作為天子之代稱。劉備少時住樓桑村，其屋舍庭院東南角的籬笆牆邊上，長有一棵桑樹，高五丈餘，遠遠望去，枝繁葉茂形同車蓋，過往者皆覺此樹不凡，有人甚至預言其家將出貴人。劉備兒時與族中年齡相近的孩童嬉戲於桑樹下時，曾發豪語云「吾必當乘此羽葆蓋車」，口氣、志向之大，讓其叔父劉子敬忍不住訓斥他「汝勿妄語，滅吾門也」。〔註 144〕然而劉備後來果然成為蜀漢昭烈帝，羽葆車蓋之兆確實應驗。黎氏對劉備的肯定在於「友臣師相」之品德風範，視臣如友、如腹心，劉關張桃園三結義，兄弟情誼千古留名；三顧茅廬，以丞相為師，與諸葛孔明有如魚得水的君臣之義，在在令黎貴惇激賞，也因此其另一首懷古詩：「東京友道古風存，孫策周瑜亦弟昆。若使一心扶漢鼎，後人不獨數桃園。」〔註 145〕直指孫策、周瑜此對連襟兄弟，雖存友道古風，然未能全力支持蜀漢合作抗曹，因而名聲不如桃園三結義那般響亮。黎氏之評或容商榷，然其重仁德尊蜀劉的歷史觀與價值觀顯露無遺，與中國民間對三國人物和歷史的理解相近，中華文化對越南文人濡染之深，可見一斑。

〔註 142〕有關越南使臣傳播中國書籍的研究參見陳益源：〈明清小說在越南的流傳與影響〉，《中越漢文小說研究》（香港：東亞文化出版社，2007 年 1 月初版），頁 1～15；陳益源：〈清代越南使節在中國的購書經驗〉，《越南漢籍文獻述論》（北京：中華書局，2011 年 9 月第 1 版），頁 1～48。

〔註 143〕〔越南〕黎貴惇：《桂堂詩彙選》，《越南漢文燕行文獻集成》第三冊，〈宿琢州涿鹿驛懷古〉，頁 229～230。

〔註 144〕〔晉〕陳壽撰，〔南朝宋〕裴松之注，楊家駱主編：《三國志》（臺北：鼎文書局，1980 年，宋紹興本），〈蜀書．先主傳第二〉，頁 871。

〔註 145〕〔越南〕黎貴惇：《桂堂詩彙選》，《越南漢文燕行文獻集成》第三冊，〈宿琢州涿鹿驛懷古〉，頁 229～230。

上段黎貴惇涿鹿驛懷古話三國，運用了樓桑村「羽葆」之典，樓桑村是劉備故里，據《帝京景物略》記載，樓桑村位於涿州西南十五里，因有大桑樹層蔭如樓，其蔭百畝，故曰「樓桑」。又桑樹側邊建有昭烈帝廟，建於唐乾寧四年，有關羽、張飛之像配祀，然不以君臣坐列而以兄弟列，意在象其側陋未顯之時。另外，據《長安客話》所記，樓桑村有三義廟，奉祀劉先主，以關、張二侯配祀。〔註 146〕對三國史事頗有感觸的黎貴惇，使行亦有〈昭烈廟〉和〈三義廟〉之作。〈昭烈廟〉一詩上半首為劉備抱屈，「中山正脈續炎綱，曲筆千秋恨馬光。天理在人無或昧，使君與操更誰彊」，黎氏認為劉備乃中山靖王正脈可續漢室道統，然司馬光《資治通鑑》卻取魏為紀，並言「昭烈之漢，雖云中山靖王之後，而族屬疏遠，不能紀其世數名位……，是非難辨，故不敢以光武及晉元帝為比，使得紹漢氏之遺統也」，實無道理，而司馬光「臣今所述，止欲敘國家之興衰，著生民之休戚，使觀者自擇其善惡得失，以為勸戒，非若《春秋》立褒貶之法，撥亂世反諸正也」，〔註 147〕此番棄《春秋》褒貶微言大義，不繼承《春秋》書法，以「微而顯，志而晦，婉而成章」的曲筆論斷史事之言，讓黎氏頗感遺憾，因其立場秉持「天理在人」，就人之德行來看，劉備與曹操孰強高下立判，不應愚昧不明。詩末兩句「更有一般高視處，三番傾蓋顧南陽」〔註 148〕，則對劉備三顧茅廬的禮賢之風大為肯定。至於〈三義廟〉詩句云：「高誼隆情萬古新，誰如皇叔友明倫。巧群豪傑英雄侶，同一綱常道義身」，〔註 149〕讚美劉備對關、張二弟情義堅深，歷久彌新，後人難以望其項背。三人桃園結義，實為英雄豪傑伴侶，且皆展現出君臣、兄弟之倫理綱常與道義風範。黎貴惇其人視詩歌功能在「敷德化」、「被寵榮」、「敦詩說禮」、「戴仁蹈義」，體現儒者的懷抱，〔註 150〕上述其藉地景空間詠史的詩作，處處歌讚倫理綱常、仁義道德，有濃濃的儒家氣息，是越南華風在中國的再現。黎氏在國籍上是「他者」，但在思想內涵上卻是「我者」，故而其人、其詩與涿州蜀漢遺跡相融為一片

〔註 146〕〔清〕于敏中等編纂：《日下舊聞考》（北京：北京古籍出版社，1983 年 5 月第 1 版），卷一百二十八〈京畿〉，頁 2069。

〔註 147〕〔宋〕司馬光編著，〔元〕胡三省音註，標點資治通鑑小組校點：《資治通鑑》（北京：古籍出版社，1956 年），卷 69，〈魏紀一〉，頁 2187。

〔註 148〕〔越南〕黎貴惇：《桂堂詩彙選》，《越南漢文燕行文獻集成》第三冊，頁 231。

〔註 149〕〔越南〕黎貴惇：《桂堂詩彙選》，頁 230～231。

〔註 150〕蕭麗華：〈越南儒學名臣黎貴惇的詩學觀〉，收入鍾彩鈞主編《黎貴惇的學術與思想》（臺北：中央研究院中國文哲研究所，2012 年 12 月），頁 97～98。

和諧的風景。

其他越南使節如潘輝益，其燕行作品《星槎紀行》中，亦有歌詠三義廟之詩。其詩云：「天留漢統合英雄，兄弟君臣契遇中。火鼎再堙彊僭起，桃園三結死生同。無論世局爭偏霸，還把人常揭太空。郵驛偶臨祠廟古，冕弁瞻罷弄松風。」〔註151〕潘氏一樣肯定蜀漢道統，認為劉、關、張義結金蘭、終為君臣之遇，是天意所造之英雄傳奇，而其三人在亂世中始終堅守桃園結義的生死與共兄弟情，更令人動容。作者跨國行旅偶臨涿州三義廟，瞻仰先主、二侯人格精神如松柏長青留存後世，因而體悟不論世局如何紛擾爭霸，天地之間「人常」總是最為重要，不可拋卻！裴文禩的《萬里行吟》則有〈涿州過樓桑村〉詩：「翠鄉停車外，樓桑古巷東。桓侯存古廟，先主凜英風。漢業廢興重，朔方人物雄。最憐光岳氣，在此一村中。」〔註152〕裴文禩行經樓桑古巷，至劉先主故里，見道旁有漢先主故里碑與張桓侯廟碑，思及承擔漢室興廢重業的劉備和張飛之英雄遺風，停車一睹樓桑村所散發的日月星三辰之光，及五嶽天地正氣，感受村中人地合一、地靈人傑之氛圍。

事實上，涿州蜀漢古跡中，張飛故里與祠廟亦是越南使節多所歌詠的地景遺蹟。裴櫃《燕行曲》便言「涿州衝要無雙地，并碑尚認桓侯里」，並註記「桓侯張翼德廟在城南高崗上，又有故里碑、井碑、墓碑，並刻張桓侯字」；〔註153〕阮思僩《燕軺筆錄》亦記涿州南界有張桓侯廟，並言「相傳廟有鐵蛇矛一柄，是侯故物，又有侯宅舊井」〔註154〕。故里碑、井碑、墓碑、蛇矛、古井和桓侯廟，這些物件不斷勾起行至涿州的旅人，回憶起有關三國蜀漢大將張飛的歷史故事，並作為一種媒介，喚起三國、涿州、張飛此一歷史、空間與人物相連結的集體記憶。道光初年如清的黃碧山，過張飛故里，見路旁故里碑、古井碑與碑後之古井，遂有詩云：「臨衝長想縱蛇矛，故里空餘傍涿州。萬古夢魂驚帳下，何年虎將讓桓侯。周旋善結桃園友，威猛兼多國士儔。睹井思人堪勒石，寒煙荒草幾經秋」，〔註155〕表達蜀漢五虎將之一的張飛，驍

〔註151〕〔越南〕潘輝益：《星槎紀行》，《越南漢文燕行文獻集成》第六冊，〈涿州城三義廟〉，頁249。

〔註152〕〔越南〕裴文禩：《萬里行吟》，據越南漢喃研究院所藏抄本VHv.849／2影印，〈涿州過樓桑村〉，葉20a。

〔註153〕〔越南〕裴櫃：《燕行曲》，《越南漢文燕行文獻集成》第十六冊，頁56。

〔註154〕〔越南〕阮思僩：《燕軺筆錄》，《越南漢文燕行文獻集成》第十九冊，頁170。

〔註155〕〔越南〕黃碧山：《北遊集》，《越南漢文燕行文獻集成》第十一冊，〈張飛故

勇善戰，與劉備、關羽桃園結義，親如手足，效力蜀漢，威猛有才，正如陳壽所譽「萬人之敵」、「為世虎臣」、「有國士之風」。〔註 156〕黃碧山目睹張飛舊井，雖有寒煙荒草的今昔之感，然思張飛其人其事，確實足以立碑，留世長存。同為道光年間使華的張好合，見道旁古井與張飛墳塋，亦有〈過漢桓侯張飛古井感題〉詩：「涿郡年來草樹殊，英雄去後跡猶留。園花不復當時色，井傍常臨月一秋。」〔註 157〕指張飛人雖已逝，然英雄人物受人崇仰，古井遺跡尚存，且如明月高掛空中，亙古長存。顯然，在張好合的眼中，張飛故里之古井雖舊，仍因沾染英雄豪傑的光輝而歷久不衰，始終具有生命氣息，歷史人物的精神、風采，足以使其身邊的景和物跟著不凡與不朽。

至於越南使臣對桓侯廟的吟詠，則有如潘輝注〈桓侯廟〉，讚張飛「蛇矛橫義概，虎將凜威靈」，有嚴正氣節與威猛英氣；回想其獨守長坂坡斷後，保護劉備等人先撤退，嗔目橫矛，大叫敵人與之決一死戰的場景，「長坂風塵處，猶思嘯咤聲」，張飛叱退追兵之聲似仍迴盪在耳際。如此勇而有義的張飛，可惜在劉備出兵東征孫權時，遭手下殺害，「吞吳還灑血」的張飛，如今也只能「古廟留遺烈」了。〔註 158〕再如李文馥有〈謁涿州張桓侯祠〉，詩前小注描述「祠層疊壯麗，遺像凜然。祠樹蛇矛，傳是公遺物。古塚、古井俱存，各有石碑」，祠廟、遺像、蛇矛、古塚、古井、石碑，這些有形物質媒介，讓李文馥生發如下之感：

蛇矛一躍震中原，誓把孤忠報主恩。
大統未分西蜀鼎，先聲已喪老瞞魂。
山河草木皆生氣，哥弟君臣共此村。
凜烈鬚眉遺廟在，塚邊清井照乾坤。〔註 159〕

舞動蛇矛的張飛，其勇武足以威震中原，而其對劉備的忠義之心，亦令人敬佩。可惜蜀漢未能從三分天下的局面中勝出，問鼎大業未成，張飛已先英雄濺血成為亡魂。李文馥千百年後來到劉備故里樓桑村，及「與桑村相近」的

里〉，頁 329～330。

〔註 156〕〔晉〕陳壽撰，〔南朝宋〕裴松之注，楊家駱主編：《三國志》（臺北：鼎文書局，1980 年，宋紹興本），〈蜀書．關張馬黃趙傳第六〉，頁 951。

〔註 157〕〔越南〕張好合：《夢梅亭詩草》，《越南漢文燕行文獻集成》第十二冊，〈過漢桓侯張飛古井感題〉，頁 192～193。

〔註 158〕〔越南〕潘輝注：《華程續吟》，《越南漢文燕行文獻集成》第十二冊，頁 72。

〔註 159〕〔越南〕李文馥：《周原襍詠草》，《越南漢文燕行文獻集成》第十四冊，〈謁涿州張桓侯祠〉，頁 210。

桓侯廟，感受到涿州樓桑一帶，山河草木生機蓬勃，也因此「生氣」而孕育出劉備、張飛兄弟二人，雖然英雄已隨滾滾長江東逝去，但桓侯廟作為歷史遺跡，不僅讓後人永遠記得凜烈鬚眉的豪傑張飛，其古塚與舊井之保存，亦象徵忠義精神長存於世，朗照乾坤，清明如水。無獨有偶，阮思僩〈過張桓侯廟〉上半首也提到劉、張二人同出一鄉，地靈人傑，其詩句云：「先主原同閈，桓侯此故鄉。靈聲依蜀漢，佳氣接樓桑」；下半首則帶回眼前的景色，「廟古餘寒井，林疏見夕陽。停車撫碑碣，光岳久茫茫」，〔註 160〕表達自己停車撫碑，仍能感受到千百年前的歷史人物，其人格精神所散發出的光采與正氣，歷時不衰、廣大遼闊，就在眼前。

至於阮述的〈過張桓侯廟〉〔註 161〕，讚美張飛「驍勇休論世罕儔，一生忠烈自千秋」，評張飛驍勇善戰，舉世難尋匹敵之手，而撇此不論，張飛對劉備的忠義之心與壯烈事蹟，早可流芳百世，千秋萬代受人景仰。不過阮述也持平而論：「依劉義早締先主，定蜀功能亞武侯」，亦即張飛雖比諸葛亮更早和劉備結義，追隨先主，然而劉備終能取得益州入主四川，諸葛亮的貢獻恐怕遠勝過張飛。阮述看著眼前「井里崇祠藏匣劍」，桓侯祠與張飛遺物，讓阮述想起張飛與劉巴的故事，而有「丈夫空逞劉巴語，文墨尋常未足優」之論。劉巴，字子初，三國時期曾為蜀漢尚書令，據《三國志．劉巴傳》及裴注引《零陵先賢傳》，張飛仰慕劉巴，曾至劉巴住處留宿，但劉巴並不與之交談，此事讓張飛忿忿不平。諸葛亮曾勸劉巴「張飛雖實武人，敬慕足下。主公今方收合文武，以定大事；足下雖天素高亮，宜少降意也」，沒想到劉巴竟回答「大丈夫處世，當交四海英雄，如何與兵子共語乎？」〔註 162〕劉巴心高氣傲，視張飛為「兵子」，不願與武夫來往，阮述對劉巴此舉頗不以為然，認為劉巴

〔註 160〕〔越南〕阮思僩：《燕軺詩文集》，《越南漢文燕行文獻集成》第二十冊，〈過張桓侯廟〉，頁 128。

〔註 161〕〔越南〕阮述：《每懷吟草》，據越南漢喃院藏 VHv.852 / 1 本影印，葉 42b、43a。按：此詩《集成》版題為〈謁張桓侯祠〉，「驍勇休論世罕儔」抄為「驍勇休論世寡儔」，「定蜀功能亞武侯」抄為「入蜀功能亞武侯」，「丈夫空逞劉巴語」抄為「大夫空逞劉巴語」。另 VHv.852 / 1 本之第六句為「流江片石重銀鉤」，下並注「流江縣有桓侯所書題名石」，《集成》版誤「鉤」字為「釣」，且無詩注。見〔越南〕阮述：《每懷吟草》，《越南漢文燕行文獻集成》第二十三冊，頁 70。

〔註 162〕〔晉〕陳壽撰，〔南朝宋〕裴松之注，楊家駱主編：《三國志》（臺北：鼎文書局，1980 年，宋紹興本），〈蜀書．董劉馬陳董呂傳第九〉，頁 981。

的文章也只能稱是尋常罷了，非是才優至足以輕視張飛。阮述此詩，正如詩後批語所言，「論古極有斷制」，一位異國使節對三國歷史及張飛生平功過如此熟稔，且有論斷見地，確實令人驚喜，也再次印證越南使節的集體記憶中，確實有非屬本國，但至為深刻的中華文化積澱。

（二）永濟橋與琉璃橋

越南使臣離開涿州繼續前行，下一站便是良鄉縣，而從涿州到良鄉再到京師，途中會經過永濟橋及琉璃橋，阮輝𠐓乾隆三十年（1765）燕行的使程路線圖，便將永濟橋與琉璃橋描繪出來（見圖十四、圖十五）。正如同裴樻《燕行曲》「踏盡良鄉三石橋，神京咫尺瞻依邇」〔註 163〕所述，良鄉距離北京城已然十分接近，遙望雄偉的紫禁城，近在咫尺，令人神往，只要踏過永濟橋、琉璃橋和盧溝橋三石橋，就能一睹帝京風華。

圖十四〔註 164〕

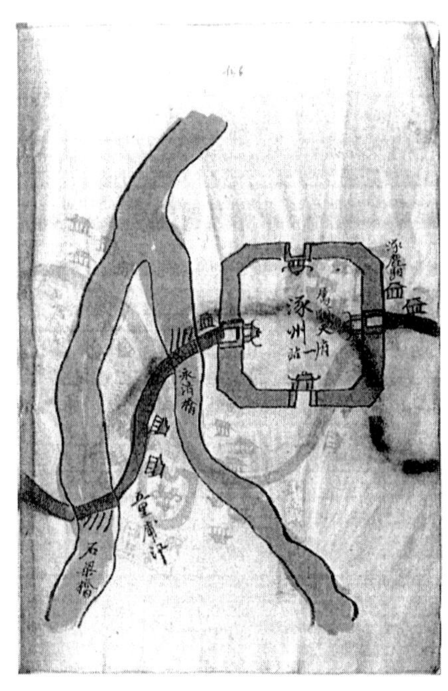

圖十五〔註 165〕

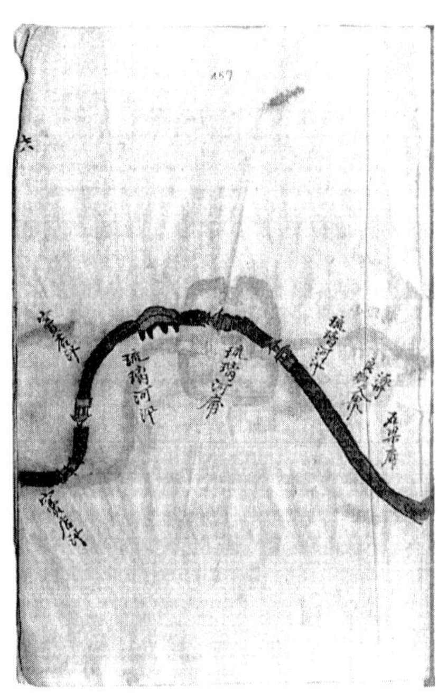

〔註 163〕〔越南〕裴樻：《燕行曲》，《越南漢文燕行文獻集成》第十六冊，頁 57。

〔註 164〕〔越南〕阮輝𠐓等：《燕軺日程》，《越南漢文燕行文獻集成》第二十四冊，頁 160。

〔註 165〕〔越南〕阮輝𠐓等：《燕軺日程》，頁 161。

1. 永濟橋

永濟橋在涿州北郭外，舊名拒馬河橋，明萬曆二年建，乾隆二十五年於舊河橋南移建新橋，延築石堤，橋堤共長二百丈有奇，乾隆賜名「永濟」，且御製重修涿州石橋記。〔註 166〕越南使節潘輝注《輶軒叢筆》記有「城北臨水永濟河，內外街肅穠密，景物繁濃，近畿一勝地也」；〔註 167〕阮思僩《燕軺筆錄》則記「城北永濟河石橋長二百丈，橋南有坊門，金書『萬國梯航』四字」〔註 168〕；裴文禩《萬里行吟・度永濟橋》詩云：「大行遠翠展雲屏，倒影河流不了青。石跨虹橋三百丈，南來下馬御碑亭。」〔註 169〕顯然永濟河及橫跨其上的永濟橋，與乾隆讚譽「日邊衝要無雙地，天下繁難第一州」的涿州繁華盛景相連結。對照越南使節的使程圖（見圖十六、圖十七），描繪道光二十八年（1848）裴樻使華路線的《如清圖》，亦將永濟橋標示出，除介紹橋長外，還說明「梁柱板皆青石，兩邊亦青石，刻獅形」，簡單描述橋體的材質、顏色與雕刻藝術。另外，橋邊亦將乾隆賜名刻碑的御碑亭描繪出，若再搭配圖中一樣記有涿州城北門所刻乾隆御製聯「日邊衝要無雙地，天下繁難第一州」，則顯然有大清皇帝御製對聯、詩文、題碑等皇命加持的地景，越南使節皆甚為重視，既有相關文字紀錄，也不忘在使程圖上描繪出御詩亭／御碑亭。

〔註 166〕〔清〕于敏中等編纂：《日下舊聞考》（北京：北京古籍出版社，1983 年 5 月第 1 版），卷一百二十八〈京畿〉，頁 2065。

〔註 167〕〔越南〕潘輝注：《輶軒叢筆》，《越南漢文燕行文獻集成》第十一冊，頁 141～142。

〔註 168〕〔越南〕阮思僩：《燕軺筆錄》，《越南漢文燕行文獻集成》第十九冊，頁 170。

〔註 169〕〔越南〕裴文禩：《萬里行吟》，據越南漢喃研究院所藏抄本 VHv.849／2 影印，〈度永濟橋〉，葉 20b。

圖十六〔註 170〕

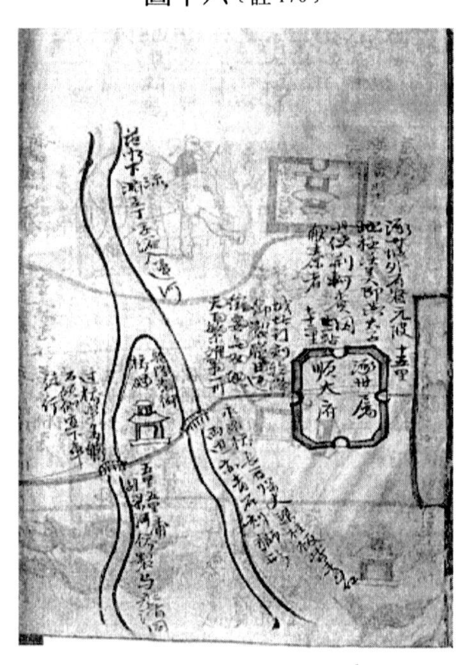

圖十七〔註 171〕

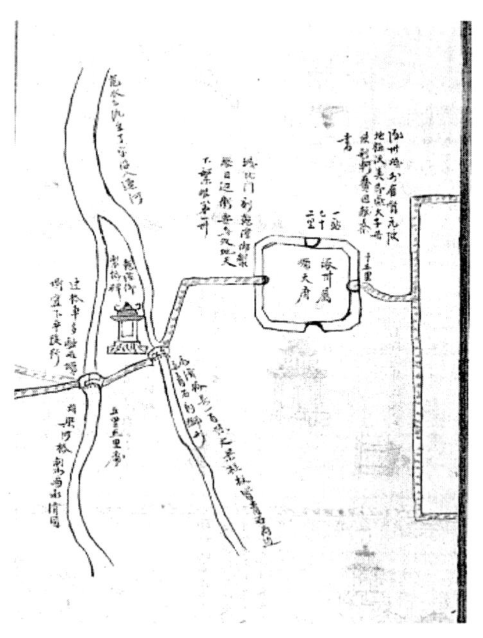

涿州地近京城，「長城屹立，巍然外屏」，是乾隆皇帝親封、熱鬧不凡的「天下第一州」，其石製長橋是往來天下的交通要道，得天子金口賜名，在明月高掛的夜空下過橋，越南使節阮思僩竟有「天涯一片月，依舊照行人。石路皆疑水，金波不受塵」〔註 172〕之感，月光映照永濟石橋，美如一彎銀水，金波蕩漾，車行其上或許就像凌波微步以渡河的仙人，不染塵埃，是奇特之景、殊異之感。不過越南使節所記與永濟橋有關，且更為奇特不凡的經驗者，當屬同治十年抵達北京的范熙亮。范氏在《范魚堂北槎日記》中對永濟橋有一段描寫：

> 城北永濟河，石橋百餘丈，橋南有坊門一，書一面「皇潤風清」、一面「萬國梯航」四字。橋欄皆以石為之，中橋有御碑八角亭，砌黃琉璃瓦，數里又有坊，綠漆紅書，黃匾「一葉通津」四字。年前曾

〔註 170〕〔越南〕裴樻撰，范文貯繪：《如清圖》，《越南漢文燕行文獻集成》第二十四冊，頁 298。

〔註 171〕〔越南〕裴樻撰，佚名繪：《燕臺嬰語》，《越南漢文燕行文獻集成》第二十五冊，頁 130。

〔註 172〕〔越南〕阮思僩：《燕軺詩文集》，《越南漢文燕行文獻集成》第二十冊，〈乘月過永濟橋〉，頁 127。

夢遊至一處似此者，今到此，猶彷彿云。〔註 173〕

透過范熙亮的描寫，吾人可知永濟橋及其坊門、八角亭等相關建築景觀，石橋、御碑、牌匾，黃瓦、綠漆、紅書、黃匾，皇潤風清、萬國梯航、一葉通津，橋的運輸、賞玩、誌記各種功能，和色彩鮮豔、龍飛鳳舞的視覺畫面，再加上與范氏本人有所連結的似曾相識、夢遊或至之感，讓永濟橋也彷彿成了人、橋合一的地景景觀。

對照范氏另一燕行著作《北溟雛羽偶錄》，亦有〈永濟橋〉詩與詩題小注如下：

永濟橋（年前夢至一處，傍有八角亭，當道有橫匾，朱漆綠題，到此恍然若曾至者，因知人生去住，皆有定分，不安命者何愚也。）

指點燕臺路，初過涿郡橋。晴霞低接影，秋水暗通潮。

馬腳重欄促，車聲數里囂。不由身所歷，每訝夢魂遙。〔註 174〕

范熙亮曾經夢見的景觀畫面，竟是相隔萬里、跨越國度的異國之地，實乃不可思議，但也因為此種難以解釋的恍然若至熟悉感，讓范氏因而有「人生去住，皆有定分」，應當安命自在方能快哉的體悟。馬車喧囂的使途征塵，有那麼一座橋正等著范熙亮前去相會，「不由身所歷，每訝夢魂遙」，若非親身經歷，如何能信？然而范氏夢魂果真跋山涉水從越南先至涿郡探路？事實上，魂縈夢牽而產生預示之景早有所聞，元微之（779～831）與白居易（772～846）「計程今日到梁州」、「覺來身在古梁州」的心電感應便是一例。〔註 175〕范氏以一異國使臣，而有中國地景之夢，或許是熟讀中國詩書的使臣們，在日有所思、夜有所夢的情形下，於夢中觀見平時腦海裡所勾勒想像的中國地景。出使中國是萬中選一的榮譽任務，對以中華文化知識為主要學習內容，且孺慕華風的越南仕宦而言，或許就像羅蘭・巴特所說：「面對我心怡的風景，彷彿我能確定曾在那兒，或者，我應當去那兒」，〔註 176〕

〔註 173〕〔越南〕范熙亮：《范魚堂北槎日記》，據越南漢喃研究院所藏抄本 A.848 影印，葉 50a。

〔註 174〕〔越南〕范熙亮：《北溟雛羽偶錄》，《越南漢文燕行文獻集成》第二十一冊，頁 80。

〔註 175〕〔唐〕白行簡：〈三夢記并序〉，見〔清〕董誥等編：《全唐文》（北京：中華書局，1987 年），卷 692，頁 7102。

〔註 176〕〔法〕羅蘭・巴特（Roland Barthes）著，許綺玲譯：《明室・攝影札記》（臺北：臺灣攝影工作室，1997 年修訂版），頁 50。

中國的山水樓臺便是越南讀書人心怡嚮往的風景，長時間浸淫中國文化，讀、聞、言、思，各種想像都可能被建構為真，因而感覺自己確實曾出現在某個遙遠的時空現場，命運也將會帶其走向那個胸中、夢中熟稔的地方。

永濟橋並非名滿中國、聲傳海外的奇景大橋，卻因越南使節范熙亮的「恍然若曾至」之夢，及「不安命者何愚也」之感，而增添傳奇色彩與哲理內涵，對一個中國地景空間而言，就像元白二人的心有靈犀一樣，被賦予生命和意義，從而有知音相逢之喜。「一個地方之所以被選擇凝視，是因為人們對該處有所期盼，特別是來自白日夢或幻想的那種期盼。而所期待的往往是強烈的愉悅，不論是因為規模不同或者涉及慣常所經驗不到的感官知覺。」〔註 177〕范熙亮對永濟橋的凝視，便是來自於夢境的期盼與召喚，非人人可得的如清燕行體驗，更是為其帶來深刻感受，因而留下這有故事的文字風景，讓地景成為可供閱讀、詮解的美麗文本。

2. **琉璃橋**

「琉璃高架橋如玉」是越南使節鄭懷德記直隸道中所見景色之句，〔註 178〕以白石砌成美麗如玉的橋便是琉璃橋。琉璃橋橫跨琉璃河（又名劉李河），河在涿州北三十里，良鄉縣南，自房山龍泉峪流至霸州，入拒馬河，「水極清泚，茂林環之，尤多鴛鴦，千百成群」。〔註 179〕關於琉璃河，越南使節潘輝注有如下記錄：

> 〈過琉璃河水口占〉河在房山縣，自涿州行經永濟橋，三十里至此河。有石橋橫架八十尋，河津商帆湊泊，北岸上有大亭宇。
>
> 曉經永濟橋，俯瞰通水津。欄杆石路響征車，駒駱騄馳三十里。
>
> 房山縣北琉璃河，重渡長橋日未斜。
>
> 艫舳□看臨崖柳，亭樓正數傍涯花。
>
> 燕京此去無多路，六轡不驚驅策苦。
>
> 薊門煙樹望前濃，咫尺金臺蒙雨露。〔註 180〕

〔註 177〕John Urry 著、葉浩譯：《觀光客的凝視》（臺北：書林出版有限公司，2007 年 12 月一版），頁 22。

〔註 178〕〔越南〕鄭懷德：《艮齋觀光集》，《越南漢文燕行文獻集成》第八冊，〈直隸道中書事〉，頁 338～339。

〔註 179〕〔清〕于敏中等編纂：《日下舊聞考》（北京：北京古籍出版社，1983 年 5 月第 1 版），卷一百三十三〈京畿〉，頁 2141。

〔註 180〕〔越南〕潘輝注：《華軺吟錄》，《越南漢文燕行文獻集成》第十冊，頁 273～274。

> 琉璃河去永濟河二十餘里，石橋橫架七八十尋，形勢巨麗。按宋王曾使錄作劉李河，金史眾同，蓋因劉李二姓居之，河以是名，後訛為琉璃爾，今橋頭金匾「琉璃河」三字。津次多商船湊泊，迴流縈曲，從橋上石欄橫眺兩岸，樹陰帆影，煙波依約，景色亦覺闊觀。〔註 181〕

潘輝注將琉璃河的地理位置、命名由來，及河上石橋橫架、商帆往來甚多皆加以記錄。琉璃河地近京師，驅馳趕路的行人到此應該精神為之一振，因為「薊門煙樹」、「煙臺夕照」等知名的燕京八景即將入眼。而琉璃河本身蜿蜒曲折，從形勢壯麗的琉璃石橋上眺望兩岸，濃密的樹蔭與商船帆影相互交映，在河水煙波流滴蕩漾的襯托下，整個景色開闊壯觀，讓潘輝注不禁記上一筆。琉璃河與琉璃橋的美景，光緒初年的越南使節裴文禩也曾這樣描寫：「野塘一水碧琉璃，兩岸薰風長麥岐。最愛日邊花柳色，臥波橋上影參差」〔註 182〕，琉璃河清澈如碧的河水美如其名，河岸兩旁長滿隨風起舞的麥浪，裴氏個人最喜歡陽光照耀下的河橋之景，除了欣賞紅花綠柳的鮮明色彩，從橋上看波光倒影參差浮動的河水，更是賞心悅目。

以白石砌成的琉璃橋，有其外觀上和使用上的特色，道光年間的越南使節張好合其〈過琉璃石橋〉一詩云：「琉璃纔到一江隈，砌石橋如白玉橋。耿耿馬來蹄帶火，轔轔車過轂生雷。」琉璃橋白石如玉，就像一座晶瑩璀燦的白玉橋，而這座「白玉橋」，每當車、馬行經時，「火光乍現」、「雷聲轟然」，「雷聲」自是轔轔車聲川流不息的誇大形容，那麼馬蹄火光呢？如此神奇特殊的景象，作者自註「自直隸省城以北，馬蹄皆鐵包，故駕車之馬蹄觸石上，生有火光」，原來是中國北地之俗，馬蹄上的鐵塊與石橋快速用力接觸後，磨擦產生出的火光。美麗如玉、石火光生的琉璃橋，讓張氏仔細打量通往京師這麼一座白石橋及月光映照下的琉璃橋美景，因而有「皇都道路皆平坦，寶地津梁幾去回。夜月遠移欄下照，眼前無處不明瑰」之語，讚美石橋之平坦易行，以及「白玉橋」在銀白月光照射下，一片明亮瑰麗，引人入勝。〔註 183〕

〔註 181〕〔越南〕潘輝注：《輶軒叢筆》，《越南漢文燕行文獻集成》第十一冊，頁 142～143。

〔註 182〕〔越南〕裴文禩：《萬里行吟》，據越南漢喃研究院所藏抄本 VHv.849／2 影印，〈良鄉渡琉璃河橋〉，葉 20b。

〔註 183〕〔越南〕張好合：《夢梅亭詩草》，《越南漢文燕行文獻集成》第十二冊，頁

裴文禩與張好合，一喜日光浮影的琉璃橋，一愛月夜遠照的琉璃橋，顯然琉璃橋日、夜皆有其令人著迷之處，而琉璃橋的美景還與傳說相結合。明人蔣一葵《長安客話》便曾提到琉璃橋畔倚一鐵竿，長數十尺，是鎮壓之物，並駁斥該物乃五代時期後梁名將王彥章所遺鐵篙之傳言。清乾隆時期的《日下舊聞考》則補充記載，言琉璃河石橋之右有鐵竿倚靠，自扶闌至水底，約長五丈，當地土人視之為王彥章所用鐵篙，實乃不經之談，並懷疑鐵竿竿首有孔，為元大都宮殿廣寒露臺石闌道旁之鐵竿遺製，其孔為鐵竿引鐵練以繫金葫蘆之用，至於皇宮禁物之所以出現在民間，或許是因河水汎濫，故移此以鎮水怪，然此亦臆測之說，未可定爾。〔註 184〕雖然蔣一葵和《日下舊聞考》都對鐵篙鎮妖之說有所保留，但采風觀光的越南使節仍有所記，裴樻使程圖除繪出琉璃河與琉璃橋外，也記述琉璃橋下「有方鐵篙，長兩丈，相傳王彥章所鑄。一說鑄此篙以鎮蛟神。」（見圖十八、圖十九）將王彥章遺物與鎮妖之說並記，為此真實地景留下玄虛色彩，豐富使程圖集之內容。

圖十八〔註 185〕

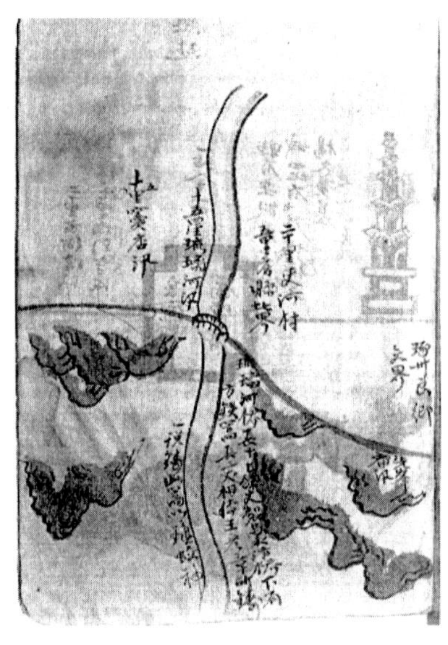

圖十九〔註 186〕

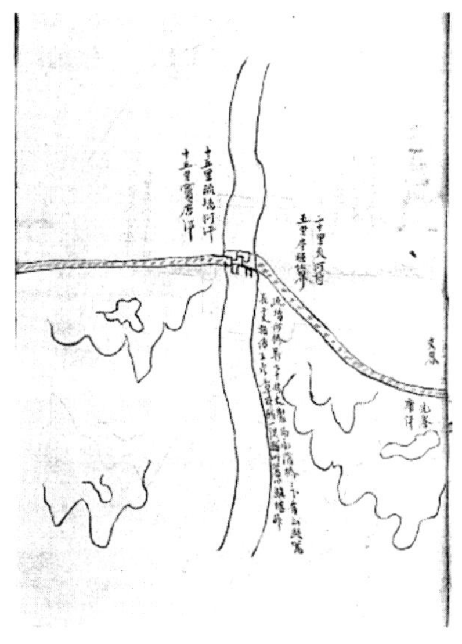

193～194。

〔註 184〕〔清〕于敏中等編纂：《日下舊聞考》（北京：北京古籍出版社，1983 年 5 月第 1 版），卷一百三十三〈京畿〉，頁 2141～2142。

〔註 185〕〔越南〕裴樻撰，范文貯繪：《如清圖》，《越南漢文燕行文獻集成》第二十四冊，頁 299。

〔註 186〕〔越南〕裴樻撰，佚名繪：《燕臺嬰語》，《越南漢文燕行文獻集成》第二十五冊，頁 131。

事實上，王彥章鐵篙傳言與鎮妖傳說是否為真並不重要，因為對一處地景來說，軼事傳說是地景的表現形式之一，與英雄人物事蹟相結合的地景，更是促使自然地景增添歷史記憶，成為讓人津津樂道的「記憶之地」。越南使節阮輝僅行經琉璃橋便有所感發：

> 已經琉璃橋，橋西當流中有鐵柱，高可四十餘尺，倚植橋旁，出橋面二尺許，上分二枝，俗傳是五代辰王彥章鐵篙用以撐船者，誌云此蓋鎮壓神蛟之物，俗傳者更謬，因紀一律：
> 鐵可為篙莫亂提，彥章故事總無稽。
> 除非行者隨身捧，或是周公測影圭。
> 萬古障波流水底，雙枝桃月石橋西。
> 星槎觸處能成句，投卻詩囊付小溪。〔註 187〕

阮氏對琉璃橋鐵柱為王彥章撐船之槳的傳說，和蔣一葵相同，皆視為荒謬無稽之談，並直言視鐵柱為周公測影之圭更具說服力。鐵柱倚於橋西成為「中流砥柱」，所牽引帶出的故事雖無稽卻因奇而傳，船行來往之人聽此異事應該多所吟詠，就連阮氏本人，一個遠自越南而來的異國使節，也有詩一律。阮輝僅或許真的將囊中詩稿盡付琉璃河水，讓流水也得聞其詩，並將記錄王彥章鐵篙此種茶餘飯後、一笑哂之的詩句投入水中，使之隨波逐流，消逝不知所終。然而流水帶不走的卻是千百年前與千百年後，行經琉璃橋畔時，仍不斷被講述提起的王彥章鐵篙傳說之地景記憶。

二、塞外風光

康熙二十年（1681）清廷為加強對蒙古地方的管理，並鞏固邊防，而在距北京三百五十多公里的蒙古草原建立木蘭圍場，每年秋季，天子會帶領王公大臣、八旗軍隊甚至皇族家眷等數萬人前去行圍狩獵。而為解決沿途休憩所需，北京至木蘭圍場間，相繼修建二十一座行宮，避暑山莊即為其中之一。〔註 188〕越南使節出使至北京，若遇清朝皇帝巡遊駕幸避暑山莊，便有機會「作客」熱河承德，一睹「北胡秋晚熱河邊」〔註 189〕此南國之人難

〔註 187〕〔越南〕阮輝僅：《奉使燕京總歌並日記》，《越南漢文燕行文獻集成》第五冊，頁 134～135。

〔註 188〕陳長文編著：《承德避暑山莊與外八廟》（長春：吉林文史出版社，2010 年 1 月第 1 版），頁 20。

〔註 189〕〔越南〕段浚：《海翁詩集》，《越南漢文燕行文獻集成》第七冊，〈在熱河公

得見到的塞外風光，而其筆下「駢車擁出驛亭來，沙磧先程趁曉催」〔註190〕、「雄瞻古北口，人上石巑岏。赤日胸前捧，青雲足下蟠。瀑翻驚鹿飲，風雲怯猿攀。」〔註191〕的北塞地景之寫，也成為越南使節北京書寫的重要內容，以下便分別剖析其對長城和避暑山莊的描述。

（一）長　城

「長城」，是古代中國為抵禦不同時期塞北遊牧民族所修築的軍事工程，因東西綿延上萬華里，故又稱「萬里長城」。長城的修築始於春秋戰國時代，其中以秦、漢、明三時期的規模最大，現存的長城遺蹟主要即明代所修建的長城，清朝統治者因來自關外，故對長城的修築未若前代積極。來自異域的越南使節，對長城的描寫亦有如明人描寫明代北京長城的審美評價，呈現出千里一望的簡約之美、古樸沉郁的厚重之美，及思古哀今的悲劇之美。〔註192〕武輝瑨〈長城懷古〉〔註193〕一開頭便言「延袤山頭萬里橫，祖龍曾此役蒙卿」，遠望長城，一線蜿蜒、橫亙山頭萬里的景象便在目前，而如此簡約卻雄偉的壯美長城，不禁讓武氏也思古哀今地想起長城興建的歷史，並生發感嘆：「亡秦未見關胡讖，逼漢徒勞侈雉城」，長城之築本為防禦外敵，不過秦代最終並非亡於關外匈奴之手，胡族豈是摧毀大秦帝國的關鍵因素？可惜代之而立的漢朝似乎無法參透這點，仍然戮力做著徒勞無功的防禦工事。長城之屹立見證了「四序風雲長出入，千秋戎夏幾分爭」的歷史事實，不過也正因為胡漢皆欲逐鹿中原，才有今日大清朝以異族之姿，一統關內外，否則「祇令九有車同軌，使節安從口外行」？

如果武氏藉長城以詠史的詩寫，讓長城景觀多了幾分歷史積澱的古樸沉郁厚重之感，那麼段浚〈過長城〉〔註194〕一詩，則是令人更感長城邊塞戰事之下，生命亡魂的孤獨與沉重。「月夜輪蹄臨絕塞，水天榆柳拂宸垣。煎熬累

館漫成〉，頁 75。

〔註190〕〔越南〕武輝瑨：《華程後集》，《越南漢文燕行文獻集成》第六冊，〈熱河回程喜述〉，頁 371。

〔註191〕〔越南〕鄭懷德：《艮齋觀光集》，《越南漢文燕行文獻集成》第八冊，〈陟廣仁嶺〉，頁 339。

〔註192〕王南：《北京審美文化史・明代卷》（北京：北京大學出版社，2013 年 6 月第 1 版），頁 46～51。

〔註193〕〔越南〕武輝瑨：《華原隨步集》，《越南漢文燕行文獻集成》第六冊，頁 317～318。

〔註194〕〔越南〕段浚：《海翁詩集》，《越南漢文燕行文獻集成》第七冊，頁 75。

累青山骨，戰伐陰陰碧澗魂。」月夜映照車輪馬蹄，翻過長城即是遙遠的邊塞之地，和水天榆柳照拂的帝京景象截然不同。邊關地區是烽火一觸即發的殺戮戰場，是處青山深埋無數受盡煎熬的屍骨，山裡幽微的水澗中，滿是戰死沙場的陰魂，長城承載的生命之重，讓人無以負荷。詩人眼中的長城是謾勞千載之計、應悔一時之言，有「無窮事變」發生的歷史現場，而如今停鞭於該處的使節，彷彿依舊能聆聽到在雲裡、洞中哀啼的猿鳴聲，「淚沾衣襟」或許就是長城令人最刻骨銘心的「風景」了。

拋開如此沉重的「風景」，長城雄偉壯闊的景象，以及邊塞征塵行路所見之景，仍是值得一記的地景風貌。「越燕京一日半，到秦城。登山關，出口車行陟降最艱」，體會長城關隘行路艱辛，以及在古北口「趁夜續行」，「出口十餘里，經楊業祠。又數十里，經太寧寺」卻「俱未登覽」的潘輝益，有如下兩首詩作：

連山雉堞碧岧嶢，關上披通路一條。
延袤誰云資萬世，際蟠今已屬熙朝。
秋容淡蕩巖溪老，石逕縈迂馹驛遙。
北望皇莊天咫尺，層層雲嶺達征鑣。

絕塞征途驟駕駰，溪泉淅瀝石嶙峋。
熱河瞻仰天顏近，寒嶺躋攀月魄新。
無敵祠深燈半現，太寧庵靜露初勻。
賢勞非憚馳驅遠，荒野秋宵易惱人。〔註 195〕

潘輝益所見的長城是連山高峻的城牆；是綿延伸展一線的盛朝氣象；是秋色散淡悠閒自在；是溪澗與石徑迂迴曲折；是咫尺路遙，只見層層雲山的遼遠，既有氣勢豪壯雄遠的陽剛之美，也有散淡迂曲的平靜幽柔之美。至於古北口一段則是可以耳聽溪泉淅瀝之聲，眼看奇石突出高聳；是可以攀登寒嶺感受月光的新潔，即使無法實地踏查楊業祠和太寧庵等古蹟名勝，欣賞夜燈隱微半現與幽靜氣氛中大地所塗上的一層珠露，皆讓人內心波動不平。古北口的荒野秋夜之景，確實蕩人神魂！另外，於嘉慶年間如清的越南阮朝使臣鄭懷德，其燕行文獻《艮齋觀光集》中亦有〈古北口紀見〉〔註 196〕之作，描寫

〔註 195〕〔越南〕潘輝益：《星槎紀行》，《越南漢文燕行文獻集成》第六冊，〈長城即事〉、〈塞北口夜行〉，頁 230～231。

〔註 196〕〔越南〕鄭懷德：《艮齋觀光集》，《越南漢文燕行文獻集成》第八冊，〈古北

介於山海關與居庸關之間的長城要塞「古北口」。「重峰疊壑霧雲班，萬里長城啟北關。打獵人從鷹隼去，穿裘客載駱駝還。」山峰交疊、雲霧繚繞中，可以看見兵家必爭之地的古北口長城；獵人、鷹隼、裘衣客和駱駝，標誌出一派野地風光和貿易集散的關內外要道之景。行經古北口，以大清歷朝避暑勝地熱河行宮為終點的鄭懷德，回望出古北口的咽喉要道，也是游擊駐札之所的石匣城，高掛於白雪皚皚的山頭間，酥酪美酒、黃沙斷磧、寒冽角聲，塞外迥異於中原與南國的特殊景象，正陪伴著他展開一場不可多得的「觀光」之旅。

（二）避暑山莊

避暑山莊又稱「熱河行宮」，或稱「承德離宮」，是清代前、中期皇帝夏季避暑和處理政務的場所，也是北京以外的第二個政治中心。考察越南使節對避暑山莊的描寫，共有武輝瑨與潘輝益兩人，皆為西山朝使節。武輝瑨其人曾兩度至熱河行宮，第一次是在乾隆五十四年七月，與正使阮光顯、副使阮有晭等人，在避暑山莊東宮裡頭的卷阿勝境殿覲見乾隆皇帝，並得乾隆賜宴於避暑山莊平原景區的萬樹園；次月，還在避暑山莊正宮的正殿澹泊敬誠殿參與慶賀禮。〔註 197〕可惜的是，此次熱河之行，雖能在武輝瑨的燕行作品《華原隨步集》中見到相關詩作，卻無避暑山莊景觀之描述。不過至少可以肯定的是，避暑山莊中舉辦慶典的澹泊敬誠殿、接見少數民族首領和外國使節並舉辦「大蒙古包宴」的萬樹園、接見少數民族首領和外國使節與議政之處的卷阿勝境殿，〔註 198〕這些地方都曾出現越南使節的身影。

所幸，武輝瑨獲得二度出使清朝的機會，於乾隆五十五年（1790）七月隨安南國王阮光平〔註 199〕前來中國朝覲乾隆皇帝，並為之賀壽，武輝瑨再次

口紀見〉，頁 339～340。

〔註 197〕《清實錄．高宗實錄》（北京：中華書局，1986 年 5 月第 1 版），第 25 冊，卷 1335、1336，「乾隆五十四年七月戊申」及「八月癸亥、乙丑、丙寅」條，頁 1094、1112、1114～1115。

〔註 198〕王鐸：《中國古代苑園與文化》（武漢：湖北教育出版社，2003 年 3 月第 1 版），頁 159。

〔註 199〕《清史稿》記此阮光平為替身，本論文第二章已述，越南史書《大南實錄》亦記阮光平以相貌類己之甥范公治代替入覲，然姑不論阮光平本人是否親入中國，至少名義上此次朝覲是以「安南國王」身分率使團前來，向清朝輸誠並賀乾隆八旬萬壽。參見許文堂、謝奇懿編：《大南實錄清越關係史料彙編》（臺北：中央研究院東南亞區域研究計畫，2000 年 11 月初版），正編第一

於卷阿勝境殿覲見大清天子。〔註 200〕此次再遊舊地，武氏得到遍觀避暑山莊宮殿的機會，因而有如下之記：

〈月選朝罷，奉賜遍觀行宮大內恭記〉

七月旬有二，曉漏催朝騎。從班山莊廷，冠服集同異。

九天閶闔開，雲擁玉輦至。臨軒親月選，卷言齊弓矢。

日晡御駕還，閣臣宣特旨。賜王觀大內，爾武其陪侍。

疾趨過宮廳，漸覺非塵世。松栢盡虬嚅，紫陰覆堦砌。

玉檻繞回廊，竹石排面勢。既上淨殿堂，燕閒黼座邃。

亦入四知屋，煌煌宸翰記。圖書盈四壁，風雅中性理。

環宮以湖山，靜含天地意。奇巧非人工，蓬閬疑即此。

愧予一遠价，到處駭盱視。豈意□遊觀，實使楊休美。

鋪張多不盡，聊用記其事。〔註 201〕

就詩題與內容可知，七月十二日乾隆在避暑山莊舉辦月選，安南使臣武輝瑨等人亦列朝班，親睹天朝皇帝如何詮選文武官員，月選結束後，乾隆特賜安南使臣參觀熱河行宮大內宮殿。得此難能可貴之機，武氏記下其眼見與心感：行走在避暑山莊宮殿中，竟讓人漸有此地非塵世的仙境之感。眼前可見松栢盤根交錯，及紫石砌成的臺階、裝飾著華美欄杆的曲折迴廊，及古雅的竹林山石迎面而來，這是優美閑靜富園林情調的宮殿。走進明淨的殿堂，天子休憩的寶座和繡有精美斧形花紋的屏風，看來是如此寬大且幽遠深邃，明亮、深遠、無法一眼看透，符應天子之尊。按照武輝瑨的描寫，他應該是參觀了周圍走廊及室內地面皆為天然紫豆瓣大理石鋪砌而成，且整個殿宇在滿院蒼松映襯下，莊重巍峨、清幽典雅的澹泊敬誠殿，〔註 202〕亦即避暑山莊正宮、松鶴齋、東宮三宮殿建築區中，以游廊聯貫內廷，庭院空間既隔又透且配以花樹山石，園林氣氛濃郁的「正宮」。〔註 203〕武氏還參觀了位於澹泊敬誠殿

紀卷四，頁 32。

〔註 200〕參見陳正宏：〈《華程後集》提要〉，《越南漢文燕行文獻》第六冊，頁 347～348；《清實錄‧高宗實錄》（北京：中華書局，1986 年 4 月第 1 版），第 26 冊，卷 1358，「乾隆五十五年七月己丑條」，頁 202。

〔註 201〕〔越南〕武輝瑨：《華程後集》，《越南漢文燕行文獻集成》第六冊，頁 367～368。

〔註 202〕陳長文編著：《承德避暑山莊與外八廟》（長春：吉林文史出版社，2010 年 1 月第 1 版），44～47。

〔註 203〕周維權：《中國古典園林史（第二版）》（北京：清華大學出版社，1999 年 10

之後的「四知書屋」，映入眼簾的是皇帝親筆所題明亮輝耀的墨寶真跡，四壁陳列則滿滿皆是書籍，流露出濃濃書卷風雅與知性的氣息。

對於避暑山莊的整體建造，武輝瑨總結認為被湖山包圍環繞的避暑山莊，隱含有天地造化的自然和諧之意在其中，避暑山莊之所以奇巧優美，非人工戮力可為之，因此懷疑是仙境，乃仙人下凡所居的蓬萊閬苑，塵世中的神仙洞府，讓他這個遠來行人驚目駭視，嘆為觀止，還得連忙澄清自己非耽溺遊觀之樂，而是想仿效楊修《節遊賦》之描景，寫出對花木姿態的賞愛，及人與自然間的和樂關係。〔註 204〕武氏所評確實中肯，避暑山莊除宮殿區外，廣大的園林區可分為湖泊、平原、山岳三大景區，其中湖泊、山岳不論是依山就勢或是草木護岸，皆因地構景，盡任自然，確實體現出風景環境和諧，得體於自然的巧妙構思。避暑山莊的園林設計，憑借自然，巧構一爐，兼具自然與人工之美，既可避暑遊憩，又能從事朝政各項活動，是清朝帝王的直接政治活動場所，而此離宮園林也象徵君王地位之高貴，故其離居空間如天堂仙境般非比尋常，達到政治宣傳的目的，〔註 205〕此在異國使節武輝瑨的詩中可得到印證。

與武輝瑨同樣隨阮光平前來賀乾隆皇帝八旬萬壽，並留下避暑山莊文字之述的還有潘輝益。〔註 206〕其燕行集有如下紀錄：

> 十三日，奉侍御閱文武選在朝元門訖，奉特召入內觀看，經淡泊敬誠殿入便殿，詣四知書屋，金匾書四知說，蓋取易繫知陰、知陽、知剛、知柔之義，非楊震四知之謂。奉御製詩文，列掛墻壁間，隨在炳耀。十六日，侍宴清音閣，奉特賜入內，經勤政殿，詣五福五

月第 2 版），頁 394。

〔註 204〕其詩末「豈意□遊觀，實使楊休美」二句，上句筆者所據抄本缺漏一字，下句之「楊休」則應為三國文人「楊修」的同音之誤。又，此處對楊修《節遊賦》的說明乃本王國瓔之說。詳參王國瓔：《中國山水詩研究》（臺北：聯經出版社，1986 年），頁 73～74。

〔註 205〕王鐸：《中國古代苑園與文化》（武漢：湖北教育出版社，2003 年 3 月第 1 版），頁 157～162。

〔註 206〕《大南實錄》記吳文楚、潘輝益一同與阮光平入清，而考察潘輝益《星槎紀行》書前序，亦有「歲庚戌，恭值大清乾隆皇帝八旬慶壽，藩邦畢會，特先馳諭我國，懇邀御臨祝嘏……，公與二、三大臣，奉請行權，先皇帝俯准其議，特命公為陪臣，便宜酬應」之語，足證其乾隆五十五年使華之行。詳見許文堂、謝奇懿編：《大南實錄清越關係史料彙編》，正編第一紀卷四，頁 32；〔越南〕潘輝益：《星槎紀行》，《越南漢文燕行文獻集成》第六冊，頁 194。

代堂。御書匾額，表五代同堂之慶。奉見宸居邃所，奎文宣□、庭階位置、花石，制甚古雅。

閶闔雲開萬象光，操觚遠价幸趨翔。

道原昭晰四知屋，慶址穹窿五代堂。

石畔松筠含古意，天中奎壁絢宸章。

遍瞻丹禁深嚴處，衣帶籠回寶鴨香。〔註 207〕

據潘氏所記，七月十三日其奉侍乾隆文武月選結束後，得到特許進入離宮大內觀看，經正殿澹泊敬誠殿進入便殿四知書屋。裡頭有金匾書寫四知說，潘氏特別說明此「四知」乃取《易經・繫辭》的四知之義，而非東漢楊震「天知、神知、我知、子知」的四知說，其中隱含深刻的君子之道與義理內涵，可謂「道原昭晰」，是清楚明晰的道理根源所在。此外，四知書屋的牆壁上懸掛了一幅幅乾隆皇帝的御製詩文，隨處閃耀著天子墨寶文采煥發、輝煌璀璨的光芒，就像天上的翰林文苑一般。潘輝益對四知書屋的命名緣由特別加以說明，可惜記錄有誤，《易經・繫辭》的四知之義乃「君子知微、知彰、知柔、知剛，萬夫之望」，即君子要懂得時而深藏不露、時而彰彰昭明的政治手腕，同時還需剛柔相濟。乾隆曾言「撫馭遠人，全在恩威並施，令其感而知畏，方為良法」，因此對《易經・繫辭》的四知之語十分讚賞，認為恰好表達出其剛柔相濟、恩威並施的統治策略，故於乾隆五十一年（1786），在原本康熙帝題名的「依清曠」之外，又增題「四知書屋」之名。〔註 208〕

潘輝益除了參觀清帝召見朝臣和各族王公、處理軍國要務，及舉行大典前後更衣休息之處的「四知書屋」外，七月十六日侍宴東宮大戲樓的清音閣時，又得特許，經勤政殿前往五福五代堂。「五福五代堂」實際上是乾隆御書之匾額，如潘氏所言，為表皇家五代同堂之慶。乾隆四十九年（1784），因得玄孫，一堂五世，認為是「古今罕有之瑞」，故書此匾懸掛於紫禁城景福宮內以誌慶；乾隆五十二年（1787），因「昊天之眷，古稀有七，曾元繞膝，是宜題堂，以繇其事」，再題「五福五代堂」懸掛於避暑山莊勤政殿之後殿（即臨湖之卷阿勝境殿），並御製〈避暑山莊五福五代堂記〉。乾隆自述其十二歲時

〔註 207〕〔越南〕潘輝益：《星槎紀行》，《越南漢文燕行文獻集成》第六冊，〈奉特賜遍觀皇莊邃殿恭紀〉，頁 234～235。

〔註 208〕陳長文編著：《承德避暑山莊與外八廟》（長春：吉林文史出版社，2010 年 1 月第 1 版），頁 47～50；王思治：《塞上江南：避暑山莊與外八廟》（臺北：萬卷樓圖書有限公司，2000 年 2 月初版），頁 56。

曾於避暑山莊受康熙教養深恩，而康熙曾御書「五福堂」之匾賜予雍正，今其得五代同堂之喜，書「五福五代堂」可留予後代子孫，令其謹記祖宗垂訓，努力治國以保永享壽、富、康寧、攸好德、考終命之五福。〔註209〕潘氏見到的卷阿勝境殿，是誌五代同堂的喜慶之址，也是帝王御書高懸，庭階花石皆古雅有韻味的宮殿建築，「石畔松筠含古意」一句，點出避暑山莊園林以松竹石為設計元素，建構出古意盎然的園林之美。

對於能夠獲得恩賜，進入熱河離宮大內一覽，武輝瑨「愧予一遠价，到處駭盱視」、潘輝益「閶闔雲開萬象光，操觚遠价幸趨翔」之言，道出其兩人欣喜與備感榮寵之情。的確，禁宮深處豈能隨意觀瞻，無怪乎潘氏「遍瞻丹禁深嚴處」後，會有「衣帶籠回寶鴨香」的留戀回味之語。而何以此次賀壽的安南使節能夠得享遊觀禁內之殊遇？首先乾隆五十五年（1790）適逢天子八旬壽辰，提前一個月便開始慶壽，連日在避暑山莊清音閣演戲，乾隆坐福壽園觀看，諸王、貝勒、內閣大臣坐東廊；蒙古四十八部王公，維吾爾伯克，安南國王阮光平，朝鮮、緬甸、南掌國使臣、金川土司，臺灣高山族人懷目懷，則坐西廊，共同觀看祝壽戲且賜宴。〔註210〕這樣的喜慶之日，四方九夷及海內外藩屬諸國，皆來朝覲祝賀，人逢喜事精神爽，或許天子龍心大悅，因而有賜觀禁宮的恩典。再者，安南此次由國王阮光平親率使臣來訪，地位層級較高，故格外受到大清朝重視。清廷為顯示中國氣象萬千，特別一改傳統貢道而由廣西、廣東、江西、湖北、河南、直隸入京，福康安上給乾隆皇帝的奏摺便指出：「海舶連檣，城隍壯麗，煙戶市廛，駢闐藩庶，且滿漢官兵眾多，氣象更為雄壯」；「所過梅嶺等處地方，山川雄秀，人物殷稠，俱有可觀」，企圖將中國最美好的一面展現在外邦眼前。〔註211〕不僅如此，在阮光平進京的路上，乾隆還「著附報發去新鮮荔枝五個」，除犒賞負責處理安南國王入覲一事的福康安二個外，亦賞給阮光平二個、阮氏陪臣吳文楚一個，並令福康安轉告阮氏：「荔枝產自南方，想安南亦有此物，視之不甚可貴。但京城並無荔

〔註209〕〔清〕阿桂等纂修：《八旬萬壽盛典》（臺北：臺灣商務印書館，1983 年初版），《景印文淵閣四庫全書》第 660 冊，卷 26，頁 291～292、301～303；別廷峰：〈乾隆《避暑山莊五福五代堂記》注釋和說明〉，《承德民族師專學報》第 1 期（1994 年），頁 79～83。

〔註210〕王思治：《塞上江南：避暑山莊與外八廟》（臺北：萬卷樓圖書有限公司，2000 年 2 月初版），頁 107～108。

〔註211〕何新華：《最後的天朝：清代朝貢制度研究》（北京：人民出版社，2012 年 12 月第 1 版），頁 83。

枝，每年皆從閩南呈進，極為貴重，非親近王公大臣，不克蒙此異數。今特為郵賞，係屬大皇帝格外恩施」，〔註 212〕郵賞荔枝一事足見乾隆對安南國王入覲之重視。

乾隆如此重視阮光平的入覲，其於卷阿勝境殿召見阮氏君臣所賜之御製詩：「九經柔遠祇重譯，嘉會於今勉體仁。武偃文修順天道，大清祚永萬千春。」〔註 213〕實已道出原因，向來柔懷遠人的乾隆皇，欲當文修武偃順應天道的仁君，使大清朝國祚永存，千秋萬世皆受四方藩屬國譯使來朝。如今，阮光平帶著安南使節，與朝鮮、南掌、緬甸、金川土司、臺灣山番、蒙古、回部等屬國與少數民族代表，一同覲見天子並賀其萬壽，不正是仁君一統天下的盛況？為了展現天朝之威、上國之盛；為了自宋朝以來第一次有「安南國王」前來宗主國朝覲；為了乾隆柔遠外交空前勝利之志得意滿，因此特意讓安南使節進入避暑山莊禁中，並安排其參觀極富政治意味，能展現大清天子統治成就，與帝王為政之道的「四知書屋」和「五福五代堂」。安南使節對避暑山莊的建築與園林景色之描寫，乃因緣際會的「政治地景」之寫，得以「觀」與得以「書」的背後，皆是政治權力的展現，足證地景之寫有時不純然只是描摹風景，更反映出權力和鬥爭。如果風景不只是作為美學欣賞的對象，而更是一種歷史、政治及美學的警惕性的核心，對書寫在土地表面上的權力，乃至於暴力和邪惡保持警惕性，〔註 214〕那麼安南使節武輝瑨和潘輝益描述的避暑山莊地景，便是通過異國使節凝視之眼的投射，所展現出大清帝國政治權力風景的其中一頁面貌。無怪乎清史研究名家王思治先生總結避暑山莊，認為「山莊咫尺間，直作萬里觀」，避暑山莊雖只有五百多公頃，但卻濃縮了中國的地貌和地形，也濃縮了清代的歷史，作為皇家園林的避暑山莊，與清朝興衰榮辱的國運同步，象徵的是整個大清帝國的興衰史。〔註 215〕

〔註 212〕《清實錄．高宗實錄》（北京：中華書局，1986 年 4 月第 1 版），第 26 冊，卷 1358，「乾隆五十五年七月庚辰」條，頁 198。

〔註 213〕《清實錄．高宗實錄》，第 26 冊，卷 1358，「乾隆五十五年七月己丑」條，頁 203。

〔註 214〕〔美〕W.J.T.米切爾（Mitchell W.J.T.）：〈帝國的風景〉，收入 W.J.T.米切爾（Mitchell W.J.T.）編，楊麗、萬信瓊譯：《風景與權力》（南京：譯林出版社，2014 年 10 月第 1 版），頁 32。

〔註 215〕王思治：《塞上江南：避暑山莊與外八廟》（臺北：萬卷樓圖書有限公司，2000 年 2 月初版），頁 193；王思治：〈避暑山莊百年史〉，中國中央電視臺「百家

第四節　山川之隱喻：帝京風景圖象解讀

大陸關注「燕京八景」的研究者寫下了這一段文字：

> 研究風景名勝絕不僅僅意味著有山有水、柳綠花紅的美麗風光，它往往突出其在某一方面的特殊作用。比如「金臺夕照」，它是設在八旗練兵場上的一座具有象徵意義的建築，更大的意義在於教化而不是賞景；而「居庸疊翠」是借用層巒疊嶂間的片片蔥綠，象徵著京城北大門有如銅牆鐵壁般的牢不可破。其妙處在於將觀賞大山的巍峨與體驗關城的牢固有機地結合起來，既有大自然的美麗，又有人工建築的雄偉。像這樣，既有景點本身的審美價值，同時又富有深刻甚至是多方面的內涵——這幾乎是「燕京八景」每一處景觀的共同特點。由此看來，「燕京八景」不僅可視，而且還可讀、可感、可悟，可以引起人們多方面的思考。〔註 216〕

顯然風景名勝並不僅僅只是美麗迷人的感官體驗，更有值得探索的特殊意義與作用，研究者實該多方思考，推敲出其背後隱藏的深刻意涵。

就像羅蘭．巴特（Roland Barthes）認為艾菲爾鐵塔的存在是為了要讓觀光客能參與一場美夢，提供上樓遠眺者一個全然不同的巴黎景觀，使城市成為人類好奇心所嚮往的壯麗風光，〔註 217〕一處地景或建物的存在，代表著某種視野或象徵意義，而此視野和象徵意義的背後，又隱含了個人或集體的思想意識在其中。因此，本節就越南燕行使的北京地景風光之寫加以解讀，歸納其言外之意或可供思考的線索如下。

一、虛實之間：地誌、仙境與想像

越南使節阮輝瑩在其編著之《北輿輯覽》書前有一段「小引」文字，說明自己編刪成書的來由：

> 景興十年正月日，余奉命北使，凡所親歷之境，經已編輯成詩，名《奉使歌詩集》，然而全國之勝，則茫乎未聞。抵北京之日，寓于驛

講壇」2003 年 9 月 5 日，參見網頁 http://www.cctv.com/lm/131/61/85938.html（2016 年 3 月 21 日查詢）。

〔註 216〕高巍、孫建華著：《燕京八景》（北京：學苑出版社，2008 年 8 月第 1 版），頁 1。

〔註 217〕John Urry 著、葉浩譯：《觀光客的凝視》（臺北：書林出版有限公司，2007 年 12 月一版），頁 69。

館，館中書籍堆積，余取披而閱之。見有《名勝全誌》一卷，其中詳載府州縣諸地名，及山川諸名勝，余因約之，存其簡而去其繁，名曰「北輿輯覽集」。歸而贈同僚，使知天朝土地之廣、名勝之奇，以不負斯行焉耳。〔註218〕

對於親歷中國的見聞感受，阮氏已有詩集著作，然其本人似乎仍有未盡之憾，即對中國境內各地的山水名物之勝未能有所了解，因此阮氏就自己在北京驛館內的中國書籍閱讀經驗中，選出詳載地名、勝景的《名勝全誌》此一地理方志之書，化繁為簡、去蕪存菁，編輯成《北輿輯覽》，目的在回到越南後贈予同僚，讓同樣嚮慕中華文化的越南仕人得以了解「天朝」的廣土奇景。為了不虛此行而努力刪節選注出類似「旅遊指南」導讀書籍以饗越南讀者的阮輝僅，其實並非特例，清代中國人關於北京的個人筆記寫作與地方志編纂達到高峰，〔註219〕《宸垣識略》、《都門紀略》、《朝市叢載》等中國人編著的「北京旅遊指南」書籍接續出現，甚至不斷再版，反映出十九世紀晚期，連大清朝外地各省赴京之人都需要一本實用的北京介紹手冊，那麼遠在他方且對孕育華風的中國全境有所嚮往的越南人，更有此番需求，毋怪乎阮輝僅有節選《名勝全誌》之舉。

阮氏對地理方志的閱讀興趣透露出一個訊息，即越南使節的閱讀背景與「地誌」〔註220〕一類有強烈連結，因而可能產生對某個地方進行「地誌書寫」〔註221〕，藉此紀實采風，並發展出考辨方志或百科式說明以證文史匯通、炫才展才的敘事特色。前文分析燕京八景之名時曾提到，越南使節所錄八景名稱或從中國地理方志之書而來，再進一步檢視越南漢文燕行著作的敘事方式，除了純以散文或詩歌記事、抒懷，每記所經地物名景，便或簡

〔註218〕〔越南〕阮輝僅：《北輿輯覽》，《越南漢文燕行文獻集成》第五冊，頁167。

〔註219〕董玥：《民國北京城：歷史與懷舊》（北京：生活·讀書·新知三聯書店，2014年10月北京第1版），頁267～268。

〔註220〕本文此處的「地誌」乃取地理博物之廣義內涵，包括古代「方志」、「地志」、「風俗志」、「地理志」等在內，用以記錄某地之地理、人文、歷史、風俗、信仰、物產、神話傳說等相關記錄。

〔註221〕西方學者J. Hillis Miller 在《地誌學》此書的導論中指出，「地誌」（topography）一詞結合了希臘文的「地方」（topos）和「書寫」（graphein）二詞之意，乃指「對某個地方的書寫活動」（the writing of a place），則越南使節閱讀地誌相關記錄的同時，其實也可能將之實踐於觀光行旅中，書寫「地誌」以成「地誌書寫」。見J. Hillis. Miller, *Topographies.* California:Stanford U.P.（1995）, pp3.

或詳記其發展之來龍去脈與形貌大略梗概以為「引言」，還有如裴樻《燕行曲》採「詩注混融」之形式，以行程所至之地名為詩句起首文字，其下注解與該地相關之歷史地理說明，詩句、注解參差交錯；又有如李文馥《使臣誌略草》敘事之「文注夾雜」，主記地理再另加按語說明史地沿革、名勝古蹟與塘汛制度；再有如阮文超《方亭萬里集》詩後多附按語，簡略介紹所涉山川的方位、地理特徵，且廣引中國史書、方志之相關記載加以分析考辨；甚至有李文馥《使臣括要編》以使途行次之省府州縣為綱，單列一行，再另起一行加按語記錄該地之史地沿革、名勝古蹟等，此旅程括要之記儼如使行路線所經地方的簡略地理誌，足見越南使節的燕行書寫（包括聚焦於都城的北京書寫）是建立在博引考辨以書地誌，及述實采風的地誌書寫模式上。

要解讀作品、研究文本深義一個比較有用的做法，是可以把「敘事」想成是某種「策略」，而就像任何策略一樣，敘事動員了某些資源與部署了某些技術來實現特定的目標。〔註222〕如此則越南使節參引中國地理方志以融入本人行旅紀錄中，既對北京和中國各地進行一地描述的「地誌書寫」，又「書寫地誌」，留下方志氣息濃厚的燕行使集，此種寫作策略，除了異地紀實、展現才學的原因外，或許也和現實條件、蒐集情報與國族認同有關。首先，身為來自異國的特殊身分「觀光客」，越南使節除行萬里路實地考察外，最快能了解異域山川、地景建物的方式之一便是閱讀方志，尤其使行公忙不能隨興遊玩，即便來到中國地理空間中的某一處，但旅途停留時間不長，無法深入認識，只能借助地理方志的介紹加以記錄、補充，此為現實條件之限制，阮文超《如燕驛程奏草》所言便可為證：「臣等道塗涉獵，誠體會之為難，文字摹糊，惟鄙俚之是懼，迺倣諸家驛程記，隨其所至，爰用諮詢，載質之一統志、通志、廣輿記諸書，頗徵之經史，稽其名稱，約其來歷。所過江自源及委，則舉江以見山；所過山自起及止，則舉山以見江。間或一州一縣，山水頗異。與夫江河要害，疆域沿革，以至城廓塘澤之足徵古制，風物氣習之或異諸州，庶可以備觀風者，亦概舉其大，因江山以附見，區為窾會。」〔註223〕越南使節為求謹慎且記錄有據而援引方志、經史，此一看似不得已而為之的敘事方

〔註222〕泰瑞・伊格頓（Terry Eagleton）：《如何閱讀文學》（臺北：商周出版，2014年1月初版），頁172。

〔註223〕〔越南〕阮文超：《如燕驛程奏草》，《越南漢文燕行文獻集成》第十七冊，頁6～7。

式，卻反向展現出博聞廣記的地誌式書寫風格。

其次，越南使節出使的任務除宗藩外交，尚有為其本國考察中國山川形勢與探查大清國情，阮文超《如燕驛程奏草》便言其奉嗣德帝敕命，「是行江山勝概，所至詳記，回期進覽」，而考察阮氏所記，多山川險要形勢，篇名往往冠以「咽喉」、「要會」、「阨塞」之詞，顯見其為文重點非秀麗之景，而是山川形勢、河流水利與涉及國防軍事的塘汛制度等情報資訊。〔註 224〕事實上，情報蒐集在宗藩朝貢體制下頗為常見，甚至各藩屬國使節會聚北京相互接觸交流時，還利用可能的管道獲取外國情報。〔註 225〕因此，當我們看到裴樻《燕行曲》中頗費筆墨地注解介紹北京歷史與城垣宮殿，〔註 226〕潘輝注《輶軒叢筆》的北京城垣宮殿紀錄及摘抄《通鑑輯覽》的清朝先代發跡史事，阮文超《如燕驛程奏草》的〈太行形勢〉、〈燕京大略〉、〈西湖名勝〉、〈北平風物〉等與北京相關的紀載，這些地誌式書寫其實隱含了「我者」/「他者」的區隔界線。亦即當北京的歷史、地理與紫禁城等景觀被越南使節形諸文字加以記錄時，其用意在認識「他者」，眼前的地景空間因此成了「地方」（place），不是「我的」、「越南」的地方，而是「他的」、「清朝」的地方。北京城的歷史、北京城的地理、北京城的景觀，是「他者」的歷史與地域分野，是「他者」的城垣與宮殿，是作為輿情之資，史筆紀實往往甚於文筆描摹、抒懷的敘事策略，也是越南使節觀看、認識、理解北京的方式。

每個「地方」都有其獨特的文化與生命脈動，對越南使節來說，其燕行

〔註 224〕〔越南〕阮文超：《如燕驛程奏草》，頁 5；鄭幸：〈《如燕驛程奏草》提要〉，見《越南漢文燕行文獻集成》第十七冊，頁 3～4。

〔註 225〕參見沈玉慧：〈清代朝鮮使節在北京的琉球情報收集〉，《漢學研究》第 29 卷第 3 期（2011 年 9 月），頁 155～190。

〔註 226〕原文如下：「京城在順天府，天文尾箕分野。陶唐曰幽都，夏殷曰冀州，秦為上谷漁陽地，漢曰廣陽、曰燕國，晉、唐曰范陽，遼為南京、曰幽都、曰析津、曰燕山，金為中都、曰大興，元為燕京、曰大都。明洪武初為北平府，永樂都于此，為北京，曰順天，清因之。左環滄海，右擁太行，南襟河濟，北枕幽燕，所謂勢拔地以崢嶸，氣摩空而崱屴者也。外京城開七門，永定、左安、右安、西便、廣集、廣安、彰義；內京城開九門，正陽、崇文、宣武、安定、德勝、東直、朝陽、西直、阜成。外皇城開四門，大清、東安、西安、地安；內皇城開四門，午門、東華、西華、神武。紫禁城為宸居之所，正中太和殿，為大朝之所。東文華、西武英二殿，為經筵講學之所。乾清宮為正寢之所，大清門東王會館，為使臣進表之所，西安門外四譯館，為使臣停駐之所。」〔越南〕裴樻：《燕行曲》，《越南漢文燕行文獻集成》第十六冊，頁 57～58。

／北京書寫的地誌敘事，既書寫了地方，也凸顯出某種認同的位址。如裴樻《燕行曲》中，「古樓貼浪今何處，前胡後莫汙留史。銅柱茫茫無問津，百年何日申疆事。」之詩，考《粵述》、《隋史》、《粵志》等書，注解一大段文字，意在申明其對中越臨界國土隸屬與銅柱邊疆分界的看法，他認為「大抵我國高宣興諒與北地毗連，前此或為叛臣內附，或為北地霸占，雖元豐返侵疆，雍正申地界，而所失蓋亦多矣。」又云：「嗚呼！銅柱之說，紛紜不一，當闕之，以俟博洽君子。方今南北修睦，關隘截然，固不可構開邊釁。然我國文明日盛，風氣日開，安知將來不有一番能申其事者，天豈故以南關限我哉？」〔註 227〕裴氏之語反映出其清楚的國族認同，越南與中國即使同文書寫，但在國家立場上毫無疑問是「我者」和「他者」的區別，因此對國土疆界自有其認真考究之必要。而其博引群書詳加考辯，非為構釁，反倒是對自己的國家充滿信心與期待，「文明日盛，風氣日開」的越南，他日必有能者出現可向中國申說抗辯，越南豈是久蟄南關的藩屬小國？「天豈故以南關限我哉」一句，可謂完全展現出裴氏對國家發展的雄心壯志，以及堅定的認同信念。雖然矛盾的是，越南在學術、思想、政治、風俗、宗教等各方面皆深受中國影響，〔註 228〕就連順化皇城亦可看出以北京紫禁城為建造藍本的模仿痕跡，〔註 229〕其文化思想上的華夏認同和國家認同、對外關係有待探討，隱含政治、歷史背景與文化傳播交流的複雜因素在其中，此點則恰好又被越南使節以漢字、引北書、寫地誌式的漢文燕行紀錄現象凸顯出來。

越南使節作客紫禁城，其燕行／北京書寫乃異國人所記的中國／北京「地誌」，既有跨越國度、空間移動的文學詮釋，也有異國使節對地理的觀看與文化思辨，和從中流露出的國族認同。然而如此「紀實」的「地誌」，卻也有向虛境光譜擺盪的情形。越南使節描述大清朝的皇宮禁苑、圓明園、避暑山莊等地景，往往以「仙境」作為歸結的讚嘆之語。事實上，中國的園林設計，確實多以想像中的仙境作為營造構思之本，汪榮祖在《失落的圓明園》一書，便曾總結中國歷史上帝王宮苑的三大共同特色，其一是風景優美、建築宏偉，表現出讓人敬畏的氣勢與天子威嚴；其二是外觀奢華、雄偉、壯麗，予人極

〔註 227〕〔越南〕裴樻：《燕行曲》，《越南漢文燕行文獻集成》第十六冊，頁 9～13。

〔註 228〕參見朱雲影：《中國文化對日韓越的影響》（臺北：黎明文化事業公司，1981 年）。

〔註 229〕黃蘭翔：〈十九世紀越南國都（順化）的城市規畫初探〉，《國立臺灣大學文史哲學報》第 48 期（1998 年 6 月），頁 1～39。

其華麗的建築印象；其三便是據神話題材設計，藉蓬萊仙山之瓊樓玉宇，表達長生不老世界裡的愉悅和夢幻。〔註230〕仙境既是皇家園林的設計本由，所呈現的地景風光感受是否人人皆同，尤其是以異域之眼凝視從未親歷其境的外國使節們？第二次鴉片戰爭英國侵略軍隨軍牧師馬卡吉曾描繪他所見到的圓明園如下：

> 假若你能夠的話，你必須想像一所廣大的迷宮，充滿著崢嶸參差的山石，景色可以入畫，房子俱用上等香楠製成。湖澤池沼，交錯其中，上下天光，一碧萬頃。還有屋頂鑲著黃色琉璃瓦的涼亭。……那些美麗的宮殿，疏疏落落的，分置各處，紫檀梁柱當中，隱約露出光燦的屋頂。時而曲折幽徑中，又有御苑的麋鹿，跳躍其間，攔阻你的道路。東零西散的，有幾座舊式的中國橋梁，可以使你越過澄清的湖洋支流。水中有各種水禽等，游泳潛躍。……假若你能幻想，神仙也和常人一般大小，此處就可算做仙宮樂園了。我從未看見一個景色，合於理想的仙境，今日方算開闊眼界。〔註231〕

西方人眼中的圓明園是「仙宮樂園」，是「理想仙境」；嘉慶九年（1804）抵達北京的朝鮮文人李海應，其燕行紀錄《薊山紀程》對紫禁城西苑金鰲玉蝀橋，亦云「依然仙府真境也」。〔註232〕顯然皇家園林與禁宮苑囿的仙境設計，確實讓外國使節留下深刻印象，只是越南使節一再發出「仙境」之嘆，卻未有更多描繪性的文字，此種虛筆之記究竟透露何種訊息？又獲准遊觀的地方多半是以神仙世界為設計發想者，箇中原因，頗耐人尋味。韓書瑞考察外國使節對北京的繪畫和文字紀錄，指出皇家儀式和皇家領地占據了主導地位，而這樣的書寫內容選擇，也是清朝皇帝所希望的。〔註233〕可見清代的紫禁城與皇家園林等象徵皇權的地景空間，雖然向外國使節開放，卻仍是政治意味十

〔註230〕汪榮祖：《追尋失落的圓明園》（南京：江蘇教育出版社，2005年9月第1版），頁10。

〔註231〕紀陶然編著：《天朝的鏡像》（南京：江蘇人民出版社，2014年1月第1版），頁75。

〔註232〕〔韓〕李海應：《薊山紀程》，收入林基中編：《燕行錄全集》（漢城：東國大學校出版部，2001年），第66冊，頁263。此書作者《燕行錄全集》署名徐長輔，韓國首爾大學車柱環教授考訂為李海應，中國學者劉順利支持李海應為作者之論，並著有《朝鮮文人李海應「薊山紀程」細讀》一書。

〔註233〕〔美〕韓書瑞（Susan Naquin）著，朱修春譯：《北京：寺廟與城市生活（1400～1900）》（新北市：稻鄉出版社，2014年1月），頁175。

足的權力空間，使節的紀錄展示了大清天子的威嚴、帝國的實力與皇家生活的美好，然而這就是北京與紫禁城的全貌？顯然選擇性開放的景點空間，與就己所見再選擇性書寫的紀錄，其背後隱含了政治目的與使節個人喜好及價值觀，紀實並非完全真實，而是選擇後的某種面貌呈現。如此，越南使節對圓明園等景色一貫的「仙境」之寫，既是真實感受、是造景原先的構想，卻可能也是對北京及其背後的皇權色彩，流露出某種崇高、仰望與不可褻玩、隨意書寫的敬畏心態？「仙境」一詞傳達出某種虛幻之感，恐怕對越南使節來說，使行中國正如一場仙境奇遇，站在大清皇宮、御苑、與皇家園林裡頭，本身就是一場不可思議的驚奇之旅，如真似幻，以為神遊仙界，原來身在帝王之家；以為超脫塵俗，原來仍在天子的權力控制中，虛實交錯，似假還真。

越南使節對北京的選擇性書寫，不論出於政治因素或個人意向，選擇、記錄、詮釋、創造，此番再現北京的建構過程，是否可能隱含「虛構」的性質在其中？撇開如阮公基《使程日錄》類小說家之言，屬燕行文獻中誇飾或疑偽類型，〔註 234〕虛構性質較強者不談，再回頭思考前述提及的地誌、旅遊指南紀錄特色，對大多數越南人來說，無法親炙中國，所有的文字編選紀錄都只是案頭山水，只能神遊、只能想像，因此越南使節出於紀實而選擇的資料與記敘方式，無形中可能創造出一個充滿個人想像的地理空間。事實上，越南士大夫為燕行使節餞行所作的詩文中，即不乏對中國的敘述和想像，有許多人甚至從未涉足中土，僅憑書面文字和傳聞便進行描述，〔註 235〕可見越南仕宦文人心中，或多或少有其自我建構出的「想像的中國」。以潘輝注《輶軒叢筆》為例，試看如下引文：

> 西山在城西三十里，每天降雪初霽如畫。金臺在城東十六里，即燕昭王所築居賢士處。薊門在城東北，今存二土阜，林木蒼翠。玉泉山在城西二十里，泉出石罅間，因刻木為螭頭，泉從螭口出，鳴如襟珮，色若素練，東流入西湖。居庸在城北一百十里，絕谷累石為關址，蒙墉峻壁，山岫屋深，林峙邃狹，路纔容軌。造設經自前古，明代更加修葺，因山為城，環關六重，疊如絕巘，煙嵐相罩，高與

〔註 234〕陳正宏：〈《使程日錄》提要〉，見《越南漢文燕行文獻集成》第一冊，頁 259～260。

〔註 235〕金菊園：〈《燕行總載》提要〉，見《越南漢文燕行文獻集成》第十五冊，頁 211～212。

雲齊，榜曰天下第一雄關。層岩壁上，宛若翠屏，望之蔥蒼滿眼，真環繼一大壯觀。〔註 236〕

上段文字介紹了北京附近西山、金臺、薊門、玉泉山、居庸關等名勝之景，對燕京熟稔者，應該可以聯想到其有意記錄的乃燕京八景風光。然誠如潘氏自言，其使行過程中，燕京八景有五景非經過之處，只是「姑誌其略以備考」，換言之，上述五景內容，非其親眼所見之記，而可能是其閱讀方志或耳聞時人之言後，加以書寫記錄之語，看似紀實卻又充滿虛構想像的色彩，描景之文如在眼前親身觀看，尤其「望之蔥蒼滿眼，真環繼一大壯觀」之述，彷彿是實地考察的美哉之嘆，既真亦虛，不乏想像之筆在其中。潘輝注此段文字紀錄，是「想像之語」，卻也是考察方志百書、時人之述的「實錄」，虛實交錯其間，使燕京八景未能親炙的風景既成文字風景，也成其造意為之的文字圖畫。

同文書寫的文字媒界所產生的文化連結，及建構出的想像與意境，讓越南使節的中國／北京地景之記產生了虛實交混的特質，然而有趣的是，潘輝注何以一定要記錄未曾親履其地的燕京八景諸景，正如前文研究提及其抄錄高士奇《金鰲退食筆記》以懷念明代西苑之景，實景之未至與未得，便以筆墨建構文字山水地景的理由何在？或許我們可以這樣理解：人們在觀光時所「凝視」的，其實是他們從各種管道所吸收、了解的景色的理想再現畫面。就算他們無法親眼見識到那些奇觀美景，卻仍然可以感受到它，在心中看見它。即便實景並不如再現的那麼美好，最終駐留在人們心中的景象其實還是理想再現的影像。〔註 237〕潘輝注紀實又想像的文字風景，是其理想的中國地景，不論是當下親眼所見而記，或是事後參考資料補記，其書寫建構的是其想像中的理想景色，他確實在心中感受到那些美好，因此有必要將之以文字符號再現在眾人面前。尤其，燕京八景承繼瀟湘八景以來中國地方八景乃至十景的書寫傳統，甚至成為東亞共同母題的文化意象，潘輝注本人於《華軺吟錄》便有瀟湘八景之詠，〔註 238〕阮攸《星軺隨筆》亦有其對越南境內山水

〔註 236〕〔越南〕潘輝注：《輶軒叢筆》，《越南漢文燕行文獻集成》第十一冊，頁 157～158。

〔註 237〕John Urry 著、葉浩譯：《觀光客的凝視》（臺北：書林出版有限公司，2007 年 12 月一版），頁 141～142。

〔註 238〕參閱衣若芬：〈瀟湘八景：東亞共同母題的文化意象〉，《東亞觀念史集刊》第六期（2014 年 6 月），頁 35～55。

的諒山八景、十景之作，〔註 239〕因此「燕京八景」之於潘氏，已非純然只是帝京名勝，而是一個富含「勝景」文化意象的象徵地景，是深受中國文化影響的越南士子們可能關心的焦點之一，因此理當形之於文以備考，以滿足潘氏與眾人心中所勾勒的理想北京風貌。

二、由表入裡：記憶、權力與風景

「表裡」有「內外」之意，可指事物的內部與表面，那麼，風景／地景也有表裡內外嗎？麥克．克朗（Mike Crang）在《文化地理學》（Cultural Geography）中曾指出：「我們顯然無法只把地景當成物質特性。我們也可以將其視為「文本」，予以解讀，並且告訴居民和我們自己有關人群的故事——涉及他們的信仰與認同。這些並非永遠不變，或是難以形容；有些部分是日常生活視為理所當然的事物，有些則可能引起政治爭端。」〔註 240〕可見，雙眼凝視的地景面貌、風景圖象，並非單純只帶給人感官刺激，它還隱含某一地區人群的信仰與認同、生活與政治。如此說來，表面是風景／地景，內部則可能有歷史記憶與政治權力在其中；表面是某一地理空間，然而在物質性的山川風物地景之外，風土民情、歸屬認同的人文情感與關懷，亦隱藏於內在深處，有待挖掘。

關於越南使節北京地景書寫中的歷史與記憶，誠如學者研究所言：「歷史是時間性的流動，地理是空間性的佈示，藉由空間的佈示，可以積累歷史的時間感受，同一個地景，因為不同時代賦予不同的意義，即負載了歷史的意義。所以空間可以說是歷史形象的再現（representation），同時也是一種歸屬感，一種認同感。」〔註 241〕清代越南使節筆下的北京地景，往往反映了由明入清或清代前後期的更迭變化與盛衰興亡，其地景之記如歷史之縮影，以空間之景佈示時間的流動與前進，及無可退回的時局變異，並寄寓文人的感慨嘆惋。潘輝注回想盧溝橋拱北城「順治」、「永昌」題額的改朝換代之嘆；阮思僩對紫禁城宣武門外洋人蹤跡增加與天主堂興建的西力東漸之感；明代皇宮西苑瓊華島園林之美至清代成了佛山梵宇的宗教聖地，時移景異，風景、

〔註 239〕〔越南〕阮攸：《星軺隨筆》，《越南漢文燕行文獻集成》第十六冊，頁 90～99。

〔註 240〕Mike Crang 著，王志弘、余佳玲、方淑惠譯：《文化地理學》（臺北：巨流圖書股份有限公司，2003 年初版），頁 52。

〔註 241〕林淑貞：〈地景臨現——六朝志怪「地誌書寫」範式與文化意蘊〉，《政大中文學報》第十二期（2009 年 12 月），頁 161。

人事皆變；禁宮中的金鰲玉蝀橋則景物依舊卻人事全非，地景記憶寓含了深刻的歷史興亡教訓；圓明園與昆明湖、萬壽山等皇家園林風景的興衰史，更如大清帝國之命運，眼前的寥落衰敗之景，乃時局之變使山河亦為之色變。地景就像一張不斷刮除重寫的羊皮紙（palimpsest），記錄著隨時間而來的變遷及文化演變所遺留的獨特軌跡，〔註 242〕雖然刮除重寫卻無法抹去曾經的歷史記憶，因此呈現出一個混合的結果，在時間動態的變化中，展示包含抹除、增添、變異與殘餘的複雜集合體，而新的意義與內涵便在這個兼具歷史與地理特質的空間中顯現出來。

盧溝橋、紫禁城、瓊華島、金鰲玉蝀橋、圓明園、昆明湖、萬壽山……，越南使節的北京地景之寫，引領讀者走入的不只是風景之路，更是一條時間通道，而裡頭正訴說著帝國的歷史與文化。越南使節書寫的那一瞬間，古老帝國的歷史與文化產物便拖著世代的記憶翻騰湧出，而被挑選記錄甚且以抒感懷者，不乏明代史事與洋人動態。作客紫禁城的越南使節，其北京旅行經驗顯然已受個人知識回憶及其他閱讀與時事之迫所感染，而其踏上文化理想國度——中國的地景見聞敘事，在個人與集體、過去與現在、自由與束縛、短暫與永恆等情感結構中擺盪、起浮，〔註 243〕風景不再只是風景，而是歷史、文化、思想、記憶投射於湖山水木石橋與建物上的想像建構，當衰變之嘆與無可挽回的歷史循環在其書寫的北京地景上顯現時，某種真實的隱喻便逐漸成形，成為風景的一部分。〔註 244〕如果要從回憶前明以及江河日下的歷史感推敲出越南使節的某種身分認同，實在有些勉強，然而可以確定的是，當越南使節佇足北京，以異域之眼觀察一個形象或一處風景時，應該能夠通過其所引發的各種聯繫，替身為觀看者的自己創造出與眼前「他者」相聯或相異的感覺。換言之，有某種情感空間（*affective space*）會在使節因景生情的情緒變化與釋放時被創造出來，巧妙地將實體的風景轉喻為抽象的某種認知意識，展露其個人的價值觀與生活態度。

至於越南使節北京地景書寫中可能流露出的歸屬感或認同感，則牽涉到

〔註 242〕Mike Crang 著，王志弘、余佳玲、方淑惠譯：《文化地理學》（臺北：巨流圖書股份有限公司，2003 年初版），頁 27。

〔註 243〕此處觀念與說法得自廖炳惠：〈異國記憶與另類現代性：試探吳濁流的《南京雜感》〉，《另類現代情》（臺北：允晨文化實業公司，2001 年），頁 15。

〔註 244〕本段對「風景」內涵的詮釋得自〔英〕西蒙·沙瑪著，胡淑陳、馮樨譯：《風景與記憶》（南京：譯林出版社，2013 年 10 月第 1 版），頁 67。

英雄典範人物的歷史記憶，以及文化方面的集體記憶。涿州一帶樓桑村、三義廟、張桓侯祠、和劉先主廟等蜀漢古跡，是與三國風流人物劉備、關羽、張飛有關的歷史遺跡，作為曾經是歷史現場的地景空間，雖然越南使節過去不曾親至憑弔，然而以重德重義、品格崇高形象受世人景仰的劉關張三人，其身後神格化的現象，代表其人已被「典範化」，成為具有超凡意義的「典範意象」，不受原先的歷史時空限制，從過去走入永恆，長留在尊崇者內心記憶中，永不褪色。〔註245〕而越南使節雖非中土人士，然對三國歷史與蜀漢人物並不陌生，其成長背景累積深厚的中華文化，與華夏民族一樣有著相同的文化集體記憶，因此行至涿州，便因眼前地景所召喚起的歷史典範人物記憶與文化集體記憶，而寫下與三國人物相關的詠史詩，讓人物、場景、史識合而為一。三國人物的生命精神與涿州蜀漢古跡地景結合為一體，產生某種歷史意義與生命價值，且奇妙地在異國使者的筆下創造出一種「場所精神」〔註246〕，並將其自身的歷史記憶與文化集體記憶一起融入涿州蜀漢地景中，因而讓越南使節尋找到某種轉化地景空間為存在立足點的認同感。

涿州蜀漢古跡是具歷史記憶的地景空間，靠著建築、古跡等物質媒介承載著英雄人物的人格精神，因而產生感染人心的場所精神，讓詩人在時間之流中，緊緊抓住某種看似消失卻仍存在的力量，強化英雄典範人物與文化集體記憶存在的價值。對越南使節來說，涿州確實是「異地」，然而其所散發出的場所魅力，卻讓其產生文化上的認同，涿州於是變成「我的地方」，是具主觀和情感依附的有意義的區位。而正如諾伯舒茲所言：「我們的環境不只有能夠造成方向的空間結構，更包含了認同感的明確客體。人類的認同必須以場所的認同為前提。」以及「有認同感的客體是有具體的環境特質的，而人與

〔註245〕石守謙：〈由文化意象談「東亞」之形塑〉，收入石守謙、廖肇亨主編：《東亞文化意象之形塑》（臺北：允晨文化實業股份有限公司，2011年3月初版），頁17。

〔註246〕「場所精神」（genius loci）是古羅馬人的信仰，他們相信每一種獨立的本體都有自己的靈魂（genius），神護神靈（guaraian spirit）這種靈魂賦予人和場所生命，自生至死伴隨人和場所，同時決定了他們的特性和本質。而「場所精神」的形成是利用建築物給場所的特質，並使這些特質和人產生親密的關係，因此建築基本的行為是了解場所的使命（vocation）。參見〔挪〕諾伯舒茲（Christian Norberg～Schulz）著，施植明譯：《場所精神：邁向建築現象學》（武漢：華中科技大學出版社，2010年7月第1版），頁18～23。

這些特質的關係經常是在小時候培養的。」〔註 247〕越南使節認同涿州，是因為蜀漢英雄人物與古跡形構的地景空間被散發的場所精神轉化為「地方」，具備其價值認同的「地方」，而此價值認同來自於越南士人養成過程中，經常耳濡目染的漢字華風。身為漢字文化圈成員之一的越南，無法擺脫漢字與中華文化對其思想意識的影響，因為語言與民族之間的關係，通常被建立在一個假設上：語言是人與人之間日常溝通的主要媒介，共同的語言與無礙的溝通是民族感情形成的基礎，但是，這「共同的語言」不一定是母語。〔註 248〕準此，我們可以知道，同文書寫的力量讓越南使節在較為軟性的文化認同上，產生足以與中國地景空間連結為一的可能性。

另外，當研究人類文化的學者對民族的研究已由核心內涵轉移到邊緣，由「真實」（reality）轉移到「情境」（context），由識別、描述「他們是誰」轉移為詮釋、理解「他們為何要宣稱自己是誰」時，〔註 249〕宣稱自己是「華」非「夷」，自詡為中國文化繼承者的越南文人，其實便是以「中國」自居，認為自己是另一個「中華」。李文馥在其著作《閩行詩話．夷辨》裡如此描述越南及他對華夷之辨的看法：「我越非他，古中國聖人炎帝神農氏之後也，……以言乎治法，則本之二帝三王；以言乎道統，則本之六經四書。家孔孟而戶程朱，其學也；源左國而流班馬，其文也；詩賦則昭明文選，而以李杜為依歸；字畫則周禮六書，而以鍾王為楷式。賓賢取士，漢唐之科目也；博帶峩冠，宋明之衣服也。推而舉之，其大也如是，而謂之夷，則吾不知其何如為華也？……通乎華夷之義，但當於文章禮義中求之。」〔註 250〕通過李文馥，我們可以了解越南知識分子在道統、學術、文學、字畫和禮儀文明方面的養成，都和中國知識分子無異，如果我們同意以下的論述：「風景是從閱讀來的，風景的認知是經驗累積而來的。……每個人觀看的眼睛是由過去的經驗與個性所操縱，過去的經驗包括家庭背景、學習與生長的社會環境全體的累積。這

〔註 247〕〔挪〕諾伯舒茲（Christian Norberg-Schulz）著，施植明譯：《場所精神：邁向建築現象學》（武漢：華中科技大學出版社，2010 年 7 月第 1 版），頁 21、22。

〔註 248〕王明珂：《華夏邊緣：歷史記憶與族群認同》（臺北：允晨文化實業股份有限公司，1997 年 4 月初版），頁 28～29。

〔註 249〕王明珂：《華夏邊緣：歷史記憶與族群認同》，頁 21。

〔註 250〕〔越南〕李文馥：《閩行詩話．夷辨》，引錄自陳益源：〈周遊列國的越南名儒李文馥及其華夷之辨〉，收入氏著：《越南漢籍文獻述論》（北京：中華書局，2011 年 9 月第 1 版），頁 233～236。

其中隱藏的文化價值觀頗值得注意。」〔註 251〕那麼以中華文化為內蘊基底的越南文人，面對「他者」（中國）的風景，還是有可能產生「我者」（中華）的內涵，「他者」、「我者」的界限，在滿溢文化色彩的地景及人與建築合一的場所精神中，暫時模糊不明。

還有一點值得再分析的是，「建構記憶的主要方式之一，就是透過地方的生產。紀念物、博物館、特定建築物的保存、匾額、碑銘，以及將整個都市鄰里指定為『史蹟地區』，都是將記憶安置於地方的例子。地方的物質性，意味了記憶並非聽任心理過程的反覆無常，而是銘記於地景中，成為公共記憶。」〔註 252〕準此，涿州古跡遺址、遺物如樓桑村、三義廟、張桓侯祠、劉先主廟、故里碑、井碑、墓碑、蛇矛、古井、遺像、古塚、三國人物故事，及琉璃橋王彥章鐵篙與軼事傳說，諸如此類的建築、物件與人文掌故，都為地景增添歷史記憶，並發揮「記憶地景」的功效，使之成為該地居民的公共記憶，並對行旅而至的遊客發揮或多或少的記憶召喚作用。

接下來談談風景／地景與權力的關係。地景書寫的選擇會透露出書寫者觀看這個世界的方式，作為特殊身分的觀光客，即便紫禁城宮殿與皇家園林因接見外國使臣或進行宴會等政治目的，而開放了部分空間，然天朝皇權威嚴，越南使節依舊無法（似乎也不敢）隨心所欲地凝視與書寫，權力作用對地景書寫的影響如斯，書寫的選擇權亦可見出有主動與被動之分。西方社會學學者 John Urry 指出：視覺經驗是觀光旅遊的重要面向，但他更強調「凝視主體」（gazer）和「凝視對象」（gazee）之間社會權力關係的操作與展演。〔註 253〕仔細分析，越南使節和其所凝視的北京地景，確實存在某種權力展演的身影。以其所記的塞外風光為例，得以橫跨長城來到避暑山莊，甚至參觀山莊園林的某些宮殿景色，這是政治上的恩惠與運作，如何能夠沒有感謝話語？又大清朝藉此達到展現其國家權力意識、東亞區域控制並主導發話權等種種目的，無怪乎越南使節有仙境、繁盛、美好等印象之記與讚嘆。柔懷遠人、帝國永續的政治暗示透過空間的開放展現出來，避暑山莊可謂帝國威

〔註 251〕顏娟英：《風景心境——臺灣近代美術文獻導讀（上冊）》（臺北：雄獅圖書公司，2001 年 3 月），頁 20。

〔註 252〕Tim Cresswell 著，王志弘、徐苔玲譯：《地方：記憶、想像與認同》（臺北：群學出版有限公司，2006 年一版），頁 138。

〔註 253〕葉秀燕：〈凝視、移動和現代性〉，收入 John Urry 著、葉浩譯：《觀光客的凝視》（臺北：書林出版有限公司，2007 年 12 月一版），頁 12。

儀與權力的象徵，而越南使節的相關紀錄，成了書寫大清帝國地景圖象的一頁，是政治地景空間的再現。

事實上，就文化地理學的角度來看，中國熱河承德的避暑山莊是被刻意塑造出來的地景，以便反映宇宙觀且聯繫地緣政治情勢。〔註254〕所謂聯繫地緣政治情勢，Mike Crang 在其書中分析承德位於燕京之北，相對舊明產生了新權勢重心，以滿州和熱河為中心，將疆界擴展至長城兩邊。Mike Crang 又引論者之言，說明承德離宮的建造，顯示了非漢族的皇朝試圖在帝國廣闊多樣的版圖上，宣示其地緣政治的主權，避暑山莊可以視為是複合式的地景，複製了大清帝國的版圖，而其井然有秩的園林，則映照了強加於所征服的版圖上更大的秩序。顯然，熱河行宮的地景是一種表述的媒介，向世人宣告固邊、固防和有效控制的政治權力，地景的美麗與秩序傳達了風景本身以外的訊息，參觀四知書屋和五福五代堂的越南使節，想必感受到了大清天子與帝國的威嚴。至於反映宇宙觀之說，中國風水理論強調山水相伴、互為依存的「山環水繞」之局，山為內氣、水為外氣，內外結合方能陰陽調和，使環境蓬勃有生氣，達到「山明水秀」的境界。〔註255〕Mike Crang 分析避暑山莊的地景時，便指出其山脈與花園、湖泊共構出陰陽具足的和諧平衡，甚至將山莊內開湖設島、以水繞島的八池九島設計，〔註256〕視為呼應佛教九山八海的宇宙世界觀，並認為中央的人造山峰與峰頂的寺廟體現了陀羅神所居住、眾山匯聚的須彌山。Mike Crang 分析的宇宙觀提示了我們：避暑山莊其實營造了一個與仙佛相關的「神聖空間」，行經長城，飽覽南國未見的塞外風光後抵達承德的越南使節，此趟行旅正是為了來「朝聖」，朝大清天子聖顏，並因聖寵

〔註254〕Mike Crang 著，王志弘、余佳玲、方淑惠譯：《文化地理學》（臺北：巨流圖書股份有限公司，2003 年初版），頁 47～48。

〔註255〕劉沛林：《風水——中國人的環境觀》（上海：上海三聯書店，1995 年 12 月第 1 版），頁 233。

〔註256〕避暑山莊湖區共有大小湖泊八處，分別為：澄湖、鏡湖、如意湖、上湖、下湖、銀湖、半月湖、內湖。在避暑山莊湖區修建設計中，有意圍成三個島嶼，包括環碧島、月色江聲島、如意洲島，形成中國傳統的「一池三山」格局。「一池三山」是中國古代宮苑建築中常見的規劃形式，通常表現為在一片水域中佈置三座島嶼。按照中國古代神話傳說，在東海中有蓬萊、方丈、瀛洲三座仙山，為神仙居所。歷代帝王在修建園林的時候，都模仿「一池三山」的做法。詳參中國文化研究院網站——燦爛的中國文明「承德避暑山莊」專題特輯（2017 年 10 月 29 日檢索）https://hk.chiculture.net/index.php?file=topic_content&old_id=20124#https://hk.chiculture.net/20124/b12.html

而得觀如仙境一般的「神聖風景」。雖然，長城建築的雄偉有時會掩蓋了過去是戰場的歷史事實，但是風景的外觀有著非凡的能力，可以揭露一些虛假的奧妙、選擇性的記憶以及自利的神話。〔註 257〕越南使節對避暑山莊的仙境之讚與描繪記錄，只是為這個透過園林造景創造塵俗無染的神聖空間，提供一個隱藏政治權力的美學託辭，使帝國的擴張與控制自然合理化，而其仰望天朝皇權的目光，甚且可能被凝視避暑山莊這個「聖地」所淨化，轉成純粹的審美眼光，讀者閱讀地景紀錄時，豈能不察？

〔註 257〕〔美〕W.J.T.米切爾（Mitchell W.J.T.）：〈神聖的風景：以色列、巴勒斯坦及美國荒野〉，收入 W.J.T.米切爾（Mitchell W.J.T.）編，楊麗、萬信瓊譯：《風景與權力》（南京：譯林出版社，2014 年 10 月第 1 版），頁 286。

第四章　越南燕行使作客北京所記之活動

古代歷史上，北京對外文化交流的途徑主要有兩條：一為民間，如移民、民間貿易和交往等；一為官方，如互派使節、朝貢貿易等。在北京對外文化交流中，因朝貢而引發的經濟、文化交流十分常見，朝鮮、琉球、安南、暹羅與中國長期維持宗藩關係，遇朝貢之期，藩屬國必須派遣使臣至中國的首都向天子朝覲和進貢物品，天子則給予相應的禮遇與回賜，準此，作為元明清三朝都城的北京，自然成為朝貢的重要場所。〔註 1〕清代的中越兩國外交關係，依然建立在宗藩體制之下，因此「朝貢」體制所展演行禮如儀的情景，成為越南使節燕行至北京的固定活動，是越南使節如清最制式不變、卻也最頻繁上演的樣貌。至於緊湊忙碌的公事之餘，使節們在北京有何私人行程，異國生活又記錄了什麼私人活動？本章將就越南使節在北京的官方與私人活動分別進行討論。

第一節　行禮如儀的官方活動

一、履行朝貢儀節

「祥雲澹沲擁千門，紫陌紅塵寂不喧。萬里夢回南極遠，四方星拱北辰尊。名花遶砌侵書案，明月窺窗落酒樽。猶坐焚香講賓禮，早朝待賦叩天

〔註 1〕左芙蓉：《北京對外文化交流史》（成都：巴蜀書社，2008 年 2 月第 1 版），頁 5。

闇。」〔註2〕這是越南使節裴文禩燕行著作《萬里行吟》中的一首詩，詩名為〈抵燕京歇四譯館〉。越南使節抵達北京時，會由禮部通知崇文門監督，在驗明所帶行李、物品後免稅放行，允許進入京城。通常使節到京的第一天，會由禮部安排先行前往四譯館所屬館舍居住，次日再就禮部進獻表文、方物。〔註3〕上引詩文，裴文禩初抵燕京在四譯館館舍歇息時，並未真的就寢安歇，而是「猶坐焚香講賓禮」，努力熟悉繁瑣的禮節儀式，以免「入叩天閽」的大事有所差池。顯然朝聘的賓禮儀節對於越南燕行使頗為重要，因此成為不可忽略的記錄內容，本論文第二章已就中國文獻概略介紹越南使節至北京須恪守遵行的各項朝貢禮儀，以下便對照越南使節燕行文獻的北京書寫部分，引錄重要材料以從中體現使節的北京生活。

（一）北京生活行禮縮影

道光十七年（1837）至北京的范世忠，其燕行之作《使清文錄》中收錄了有關中越兩國朝貢事宜的公文與文書，按其敘述可整理出使節在北京所從事與朝貢儀節相關的日常行程，如下表所列〔註4〕：

時　間（道光十七年）	活　動　行　程	備　　註
七月二十六日	抵達京師，赴禮部堂奉進表文，禮訖回四譯館居歇。	到京即被安置於正陽門外之四譯館館舍。至於表文則遵乾隆五十五年諭旨，交內閣翻譯具題，貢物等項交內務府存貯，禮部查核與定例相符後，繕寫清單上呈御覽。
七月二十九日	就鴻臚寺演禮。	
七月三十日	道光帝自圓明園回鑾進城，使節於神武門外跪迎，瞻仰聖顏。	
八月初三日	道光帝御祭社稷壇，使節於午門前迎送聖駕。	

〔註2〕〔越南〕裴文禩：《萬里行吟》，據越南漢喃研究院所藏抄本 VHv.849／2 影印，〈抵燕京歇四譯館〉，葉 21a。

〔註3〕何新華：《威儀天下——清代外交禮儀及其變革》（上海：上海社會科學院出版社，2011 年 4 月第 1 版），頁 54。

〔註4〕〔越南〕范世忠：《使清文錄》，《越南漢文燕行文獻集成》第十四冊，頁 99～121。

八月初六日	將貢品進奉至內務府大堂，並進呈慶賀詩章，由禮部題達。	八月初十日是道光帝生辰，慶賀詩章乃指萬壽節祝賀詩。
八月初八日	赴圓明園同樂園看戲，並奉領賞詩物件。	公文要求四譯館官員「飭知」越南使節聽戲時「毋得多帶從人以瞻肅靜可也」。
八月初九日	奉領加賞物件。	
八月初十日	拜賀萬壽慶節，再就同樂園看戲並奉領賞項。	
八月二十四日	詣午門前恭領敕書，並例賞各項。	例賞項目主要為緞疋，以及瓷器、玻璃器、絹箋、筆、墨、硯等。其中錦八疋有六疋「穿裂頗多」。
八月二十五日	赴禮部與四譯公館款宴各一次。	按例貢使回國時在禮部筵宴一次，在四譯館筵宴一次，回至原來省分（廣西省城）筵宴一次。
八月二十八日	詣圓明園大紅橋候天子聖駕請安回國。	
八月三十日	使部奉賞秋衣有差。	
九月初一日	認領咨文各通。	
九月初二日	起身回程。	

在北京停留一個多月的范世忠使部，努力從事著進表、進貢、演禮、跪迎瞻聖、迎送聖駕、題寫應制詩作、看戲、領賞、賀壽、赴宴、請安回國等與朝貢之禮相關的活動，既忙碌又有諸多儀節需遵守，若再加上參與朝會隨班覲見，或得大清天子殿堂召見，則更是北京行禮生活的高潮所在，甚至可能由禮節儀式衍生出涉及國家與文化認同，或是屬國地位尊卑之事，越南使節的北京生活實乃責任重大，須得處處謹慎。

（二）進表與演禮

越南燕行使抵京的第一項官方任務便是前往禮部進獻表文和方物，使節對此事之記或有詳略，有仔細記錄進表行禮過程者，亦有禮成記述心得者。李文馥《使程誌略艸》中有如下的進表儀節之記：

> 抵燕京外城，過皇城大清門前，就禮部堂王會館，左行廊所，寺班四員邀接，長送交來表函，轉交主客司，遞於部堂正中間黃案箋式層，陪臣三員，具大朝冠服。中堂右侍郎一員，東立，陪臣三員，就班行三跪九叩禮。寺班一員，奉表交正使員加額，訖，侍郎接領

> 于黃案簽一層，陪臣叩，轉西向，侍郎官一跪三叩，侍郎拱揖如禮，陪臣起立，提督四譯館福典阿立於侍郎官之下，向陪臣拱手請安，陪提拱揖趨出，登車，經皇城西安門，就四譯公館住。〔註5〕

設置黃案、著大朝官服、行三跪九叩禮，進表過程可謂簡單而隆重。又阮思僩《燕軺筆錄》和范熙亮《范魚堂北槎日記》中，亦有較為詳細的行禮過程之記，與李文馥所記相較，對於參與典禮的官員身分及典禮前後準備、寒暄過程之記更詳細，今引范氏所記為例：

> 二十四日。委遞帖就部稟到，尋見長短送來言，部定令午上表。已而館使陳焞到經引，因填表文訖（由進關日，再三改定，至是始填焉），具朝服率行隨等上車，恭齎表函，赴禮部堂。入署門下車，禮司先設黃案于堂中，通事及護貢員捧函置案，主客司邀入司房小憩。頃間，護貢與使臣上堂右階停俟，聞傳呼聲，尚書萬青藜，江西人，自堂後出，立案左；館卿松林，旗人，立其次，隨向案三跪九叩訖，跪，部司恭捧表函後以次加額，禮司接授，交尚書員授置案上，乃起。向尚書員一跪三叩，尚書員答揖，恭問我皇上安好，並附問行路勞苦，隨答訖，尚書入，再向館卿參揖，該員答揖，各退，升車回館。〔註6〕

與李文馥所記對照，進表過程重要的著朝服、置黃案、行三跪九叩禮皆見記述，而尚書萬青藜其人，正好也是阮思僩同治八年（1869）在禮部進表時，參與典禮的尚書官，阮氏書中並記萬青藜乃江西德化縣人，庚子科進士，號藕舲。〔註7〕

阮思僩另有〈三十日午牌，禮部堂進國書，禮成恭紀〉之詩云：「葱葱佳氣接蓬萊，濟濟賓儀講曲臺。劍佩行看春日午，封章聊展彩雲開。奉辭喜就鈞臺禮，觀樂漸非季札才。誰謂今宵明日盡，文犀已共使星來。」〔註8〕阮氏將朝貢外交禮儀與季札觀樂一事相連結，季札品評周樂，寓政教於文學，儼然禮樂教化之代言人，阮氏雖謙稱自己未有季札之才，然從「濟濟賓儀」、「喜就鈞臺禮」之字句，可見出其對禮儀實踐確有認同。無獨有偶，

〔註5〕〔越南〕李文馥：《使程誌略艸》，《越南漢文燕行文獻集成》第十五冊，頁72～73。

〔註6〕〔越南〕范熙亮：《范魚堂北槎日記》，據越南漢喃研究院所藏抄本A.848影印，葉51。

〔註7〕〔越南〕阮思僩：《燕軺筆錄》，《越南漢文燕行文獻集成》第十九冊，頁177。

〔註8〕〔越南〕阮思僩：《燕軺詩文集》，《越南漢文燕行文獻集成》第二十冊，頁113。

早在乾隆年間使抵北京的黎貴惇，其〈到北京詣禮部堂進表恭紀〉詩二首，〔註 9〕第一首詩即提及禮樂文明，「王猷詳率唱，帝典重寅清」之句則說出王道精神與士大夫之言行敬謹、持心清正，似可在禮儀節式中傳達而出，而宗主國天子若能常懷敷德之意，自可收「萬國仰華平」之效。華平乃瑞木也，《宋書．符瑞志下》言「其枝正平，王者有德則生。德剛則仰，德弱則低」，〔註 10〕故黎氏自註「天下平，其樹亦平」，其由禮儀之行而延伸論至禮樂文明的核心精神，顯然禮非徒文，無怪乎其詩第二首在「遠服效山呼，衣冠會上都。受書鋪錦綺，著位藉璮瑜。跪叩通鳴贊，周旋謹步趨」等儀式外，最終要以「巍巍辰極所，天子講唐虞」作結，堯舜時代是禮樂德化的太平盛世，而朝貢禮儀實踐所帶來的美好想像，不正是對禮樂文明戀慕之情的展現！在迢迢九門的皇城之中，朝簪一一就列，「表登金簡香，禮叩黃案設，揖遜奉完公，從容欣中節」，〔註 11〕越南使節行禮如儀的背後，其實是合於禮樂法度的欣喜與從容。

另外較為特別的是，道光二十八年（1848）使抵北京的裴樻，該次出使任務非為歲貢，乃為告哀和求封，其《燕行曲》一書有關「進表」的紀錄，非進朝貢表文，而是告哀與請封的文書。然其詩句只云：「大清門東王會館，琅函捧出雲章燦。春官莊接兩封書，譯館歸來天色晚。」簡單交代進獻文書一事，詩句後的說明才詳述其十月三十日抵燕，先至王會館少憩，再就禮部堂黃案前行三跪九叩禮，並進國書二道，一敘告哀請命事，一敘改至國都富春冊封新君之請求，禮部官員受文後，裴氏等再行三跪九叩禮後趨出。對於更改冊封地一事，乃裴樻使行重要任務，《燕行曲》甚至記有其奉越南國君硃批，要求對清廷「動之以誠，執之以禮，隨宜辨折」，以便能「事濟功成」，使命必達，倘若「空去空回，終無所得，則負委寄多矣」。肩負重任的裴樻，在北京等待一段時日後，終於得到准旨依奏，由廣西按察使勞崇光任冊封使，前往越南國都宣封嗣德帝的成果。〔註 12〕

完成進表儀式的越南使節，在得天子召見之前，需先熟悉並練習各種覲

〔註 9〕〔越南〕黎貴惇：《桂堂詩彙選》，《越南漢文燕行文獻集成》第三冊，頁 231～232。

〔註 10〕〔梁〕沈約撰；楊家駱主編：《宋書．符瑞志下》（臺北：鼎文書局，1980 年，宋元明三朝遞修本），卷 29，頁 861。

〔註 11〕〔越南〕潘輝注：《華軺吟錄》，《越南漢文燕行文獻集成》第十冊，〈曉進京城，赴禮部堂進表，就館即事〉，頁 275。

〔註 12〕〔越南〕裴樻：《燕行曲》，《越南漢文燕行文獻集成》第十六冊，頁 59～62。

見皇帝的禮儀，此即所謂「演禮」，鴻臚寺便是負責訓練外國使臣演習禮儀的主要機構。〔註 13〕有關演禮過程阮思僩《燕軺筆錄》與范熙亮《范魚堂北槎日記》皆有記載，其中阮氏之記較為完整，今引錄如下：

> 初九日巳刻，具品服率臣隨人等，詣鴻臚寺演禮。寺右為習禮所，外門匾「龍亭門」三字，中建六角亭，覆以黃琉璃瓦，匾「習禮亭」三字，內施黃紬帳。大使陳燾邀臣等入門右直舍少憩，一更許，聞傳呼聲，滿卿承繼、漢卿程祖浩等齊到，立于庭左右，屬二三人立于階上，贊唱。初唱「伊脯」(即漢言「排班」)，臣等即于庭外少進二三步排班；繼唱「牙枯離」(即漢言「跪」)，臣等即起立〔註 14〕；再唱「牙枯離」、「馨欺盧」、「伊離」如前，三跪九叩禮畢，唱「再伊絲盧」(即漢言「趨出」)，臣等即趨出，仍向寺卿等員行三揖禮(每揖該各員回答亦然)，升車並回公館休歇。〔註 15〕

阮思僩概略介紹鴻臚寺習禮的環境後，便記錄實際操演禮儀的過程，而透過此描述，我們可知越南使臣以「記音」的方式記下司儀所唱之滿語號令，「伊脯」為「排班」，「牙枯離」為「跪」，「再伊絲盧」為「趨出」，而其未註記說明的「馨欺盧」與「伊離」，對照阮輝僅《奉使燕京總歌並日記》所錄，「馨欺盧」為「叩頭」、「伊離」為「起立」，越南使節赴鴻臚寺演禮即演練朝覲天子時所需進行的排班、跪叩興之三跪九叩禮、以及禮成趨出等儀節。

（三）覲見天子

外國貢使朝見大清天子是其作客北京最重要的官方活動，據學者研究歸類，朝覲又可區分為隨班覲見、便殿覲見、道旁瞻覲、和前往京城之外的巡幸地區覲見等幾種。順治八年（1651），定元旦、冬至和皇帝生辰的萬壽節為三大節，貢使在京若遇三大節之大朝，則須至太和殿參加朝賀典禮，隨班覲見；若值每月逢五日之常朝，亦允許前往太和殿入班行禮。至於未遇大朝與

〔註 13〕何新華：《威儀天下——清代外交禮儀及其變革》(上海：上海社會科學院出版社，2011 年 4 月第 1 版)，頁 56。

〔註 14〕對照作者自註「牙枯離」為「跪」，則聞「牙枯離」應「跪」，聞「伊離」方起立。此處原文記述唱「牙枯離」後「臣等即起立」，初看似有誤，然後文又有「再唱『牙枯離』、『馨欺盧』、『伊離』如前」，則作者阮思僩對於行禮過程或簡便記之，將首次三跪九叩禮中的「馨欺盧」、「伊離」二贊唱口號省略，因此便成唱「牙枯離」後「臣等即起立」之看似矛盾之記。

〔註 15〕〔越南〕阮思僩：《燕軺筆錄》，《越南漢文燕行文獻集成》第十九冊，頁 190～191。

常朝，則由禮部奏請皇帝於便殿召見來朝貢使。另外，清朝亦規定凡貢使至京，恭遇聖駕至圓明園或前往南苑等處，則令貢使於道旁瞻覲，此即「恭遇皇帝出入，帶使臣瞻仰天顏，並迎送聖駕」，而這些瞻覲天顏的地方，包括午門、西華門、東華門、神武門等紫禁城四門，及其他皇帝出入之地。又若皇帝駕幸熱河或巡幸他處而貢使適至，則下旨召至行在，由禮部堂官帶領該貢使，前赴熱河等處瞻仰天顏。〔註 16〕以下則就越南使節實際覲見清朝皇帝所留下的紀錄，分項舉例說明。

1. 隨班覲見

在越南使節的紀錄中，有元旦至太和殿參與朝賀，因此「隨班覲見」大清天子者，如乾隆時期黎貴惇有〈元旦四更趨朝〉詩：「禁鼓初嚴雪正漫，午門庭燎集鵷鸞。仙香濃遶黃金輅，朝帽光浮碧玉玕。候轉東風占入律，祥徵南海奏安瀾。鈞天動盪中和樂，恍似陪遊到廣寒。」〔註 17〕另外阮偍亦有〈元旦趨朝〉詩云：「沆瀣初晴曉漏催，閶門洞蕩九重開。百官珩佩朝金陛，萬國共球獻玉臺。宮殿影扶紅日上，簫韶聲落紫雲來。觀光竊預衣裳會，攜得天香滿袖回。」〔註 18〕再如道光年間范芝香有〈元旦太和殿早朝〉之作：「萬家桃竹報元朝，五夜鳴珂赴早朝。螭陛香烟浮劍珮，龍樓鐘響動鈞韶。祥風驗律遙傳漢，瑞日開蓂共祝堯。朱邸歸來春色滿，南山還見彩雲飄。」〔註 19〕天色未亮就得穿戴整齊趕赴似廣寒仙宮的太和殿參加早朝，中正平和的簫韶樂聲與鐘樓響聲揭開了新年氣象的帷幕，對於和大清文武百官及其他藩屬國使臣共同參與元旦朝會，詩人們雖未明說喜悅之情，然而天香滿袖、春色滿園、彩雲飄盪之寫，都在在顯示其迎接新年的明朗心境。而對於參與元旦朝會，越南使節最在意的便是朝覲天子時的班次序位。朝覲之儀有其規範，包括各級官員、人臣及外國貢使，都有相應之固定序位。太和殿內是第一層，有前引和後扈等內大臣侍立；第二層則是殿門外的丹陛上，列有親王、郡王、貝勒、貝子等四排宗室王公；第三層是指丹墀，即丹陛下的太和殿廣場，文武百官分立御道左右兩側，而為保持秩序，御道兩側分別安置了東西相對的

〔註 16〕何新華：《威儀天下——清代外交禮儀及其變革》（上海：上海社會科學院出版社，2011 年 4 月第 1 版），頁 56～67。

〔註 17〕〔越南〕黎貴惇：《桂堂詩彙選》，《越南漢文燕行文獻集成》第三冊，頁 234。

〔註 18〕〔越南〕阮偍：《華程消遣集》，《越南漢文燕行文獻集成》第八冊，頁 229。

〔註 19〕〔越南〕范芝香：《郿川使程詩集》，《越南漢文燕行文獻集成》第十五冊，頁 177。

十八座品級山，自正一品、從一品到正九品、從九品，所有官員皆以品級為序列班站立。至於外國貢使，按例由禮部事先派人接引至貞度門等候，待王公百官朝賀完畢，再行覲見之禮。〔註 20〕

關於越南使節的元旦隨班覲見過程，阮輝僅《奉使燕京總歌並日記》有詳細的記載：

> 二十九日赴鴻臚寺演禮，使臣呈稱願與高麗一體，禮佐侍諾報云候旨。丁亥乾隆三十一年正月初一日，子時造飯，仍燒煉炭入手爐，車駕佇候門前六輛。五更初進朝，至西長安門下車步行，經天安門到端門內，沿右自石橋進至午門外，大使引入右廊候直。五鼓半，皇帝御太廟殿，出列軹道旁，聞鐘聲，密叩跪於道右，車駕過，復起。一辰許，遙聞鼓樂，復跪迎駕，是刻提督欽旨許我使進四品山與高麗同拜候。曉由午門右闕到太和門，轉從右貞度同入丹墀，立辰刻，聞樂器三聲，皇帝升御，百官排班，進表行禮，退班。鴻臚少卿富昆等，引我使就丹墀正中之右，與高麗使橫列，聞堦上贊曰「伊脯」，伊官即導我，直到品山上立，天樂齊奏，再贊云「呀枯離」，我即跪下；贊云「馨欺盧」，我即叩頭至地，即起仍跪；再贊「馨欺盧」，我再叩頭；又贊「馨欺盧」，我三叩頭。又贊「伊離」，我起立，先右足上；又贊「呀枯離」，我三跪；又贊「馨欺盧」者三次，贊「伊離」我起立。重贊「呀枯離」，我三跪；又贊「馨欺盧」三次。九跪九叩訖，重贊「伊離」，我起立；贊「脯絲盧」，少卿官導我少卻一步，橫出侍立，鳴鞭擊磬，駕回歸。〔註 21〕

據阮氏所記，元旦隨班覲見的朝賀禮，越南使節五更進朝，在午門外跪送帝駕御「太廟殿」，再跪迎聖駕回鑾。此處的「太廟殿」究竟為何？考《清實錄》乾隆三十一年（1766）正月初一日之記載：「上詣奉先殿行禮。詣堂子行禮。率王以下文武大臣，詣壽康宮，慶賀皇太后。禮成，御太和殿受朝，作樂宣表如儀。」〔註 22〕在太和殿接受百官朝賀前，乾隆皇帝先至「奉先殿」

〔註 20〕何新華：《威儀天下——清代外交禮儀及其變革》（上海：上海社會科學院出版社，2011 年 4 月第 1 版），頁 57。

〔註 21〕〔越南〕阮輝僅：《奉使燕京總歌並日記》，《越南漢文燕行文獻集成》第五冊，頁 140～142。

〔註 22〕《清實錄．高宗實錄》（北京：中華書局，1986 年 3 月第 1 版），第 18 冊，卷 752，「乾隆三十一年正月辛未朔」條，頁 272。

與「堂子」行禮，阮氏所記「太廟殿」，當指紫禁城內廷東側，清皇室祭祀祖先的家廟「奉先殿」，殿內供奉着清帝列祖、列后神牌，每年元旦皇帝都要在此祭祖。皇帝於寅正時刻祭祖，一時許後回鑾御太和殿，此時也已天亮，阮氏由貞度門入太和殿丹墀立，待文武百官進表行禮後，按滿語鳴贊口令，在音樂聲中向天子行三跪九叩禮。

此外，由阮氏之記可看出，朝覲前的鴻臚寺演禮，越南使節已提出有關朝覲的班次序位問題，希望可以與朝鮮之次位相同，而元旦朝賀覲見時，其果然位列四品，與朝鮮使節一同拜候、同列行禮。事實上，前引范芝香〈元旦太和殿早朝〉詩作，范氏特在詩前註明「班在玉墀三品之次」，足見越南方面重視班次高低所象徵的國家地位，尤其是有許多屬國同朝行禮的場合。《大南實錄》便曾記載，明命帝針對越南使節在清朝的行禮班次問題有以下看法：

> 帝曰：班次一事，是年前清國禮部失于排列耳！初豈有我使班在高麗、南掌、暹羅、琉球之次之例乎？且高麗文獻之邦，固無足論。若南掌，則受貢于我，暹羅、琉球並是夷狄之國，我使班在其次，尚成何國體哉？儻復如此排列，寧出班而受其責罰，不寧立在諸國之下。這事最為要著，此外則隨事應答，不必印定。阮廷賓奏請抵燕京日，先納貢賀表文，即將班次事稟到禮部辯說，以觀其意。如或不許，則具表候旨。〔註 23〕

雖然同為清朝之藩屬國，越南顯然自認其地位高於琉球、暹羅和南掌〔註 24〕，而以「文獻之邦」和「夷狄之國」來區分朝鮮與琉球、暹羅等國，可見其思想深處的夷夏之防，及以禮樂文明教化的華夏中國心態自居。只不過明命帝寧願出班受罰、不立諸國之下的強硬言論，與向清朝禮部辯說甚至上奏大清天子裁決的指示，隨著其向生命舞臺告別謝幕而只能不了了之。從乾隆三十二年（1767）阮輝㑯在北京要求與朝鮮使臣同列行禮，至道光二十一

〔註 23〕許文堂、謝奇懿編：《大南實錄清越關係史料彙編》（臺北：中央研究院東南亞區域研究計畫，2000 年 11 月初版），《大南實錄．正編第二紀》卷二二〇，頁 220。

〔註 24〕南掌，舊稱「老撾」，即今「寮國」，位於中南半島北部。雍正七年，南掌國王島孫遣使求入貢，帝允之；翌年二月，遣使表貢，並請定五年一貢；乾隆八年二月，帝以南掌遠道致貢，改為十年一次。參見〔清〕趙爾巽等撰，楊家駱校：《清史稿》（臺北：鼎文書局，1981 年，關外二次本），卷 528，列傳 315，〈屬國三．南掌〉，頁 14699。

年（明命帝二十一年十二月，1841）明命帝主張使班行禮只能次於朝鮮，越南使節們在北京的官方行禮活動中，必須保持高度的政治敏感度，因為紫禁城裡的儀節、衣冠、叩拜，皆是建立中華朝貢圈上下、親疏、遠近之類等級關係的某種象徵，並由此確立出華夷、內外等國際秩序，〔註 25〕豈可等閒視之。

而除了參與元旦大朝的祝賀之典，越南使節在北京也有機會參與每月逢五日之常朝，如乾隆三十八年（1773）抵京的武輝珽，其〈午門待曙〉〔註 26〕一詩的詩前序言便記：「十二月十五日，乃恭遇皇上升殿，禮部官傳是日五更預入午門外右邊朝房待漏，候進朝拜，次在百官之末」。和武輝珽一樣「朝衣夙整早催軿，候覲光臨午闕邊」的還有阮宗窐，乾隆初年抵京的他也有〈午門待曙〉〔註 27〕詩，乃「五更趨朝停待午門西廊偶作」。在等待朝覲天子的夜色中，阮宗窐數著更籌、看著仍然明燦的燈燭，此時斗柄低垂、微垣高映，猷環依舊深鎖重門之月，朔風不斷襲吹眾人袖裘，終於聽到催日而出的曉鐘聲，趕緊「趨蹌丹陛拜宸旒」。至於同治十年抵達北京的范熙亮，亦有「初五日武試傳臚，大皇帝升殿，准就太和殿拜賀」的參與常朝紀錄：

> 初五日寅刻，具朝服由館使等經引由東安門進天安、端、午諸門，轉西經熙和門，至右翼門吏房，護貢繼至。昧爽門啟，趨入殿庭，百官陸續齊到，各東西面侍班，貢士於東西班末侍立。卯初，聞鳴鐘鼓，大樂作，大皇帝從內出。御殿上，香爐薰陛下，庭前三鳴鞭，百官聽贊排班，護貢與使臣於西班北面而行三跪九叩，禮畢，出原位立。頃聞贊，諸貢士跪，宣制，唱第一甲第一名至第三名，鴻臚遞引三名出跪（東二西一）；又傳唱二甲等名，不出班，聽贊，行三跪九叩禮，禮官捧榜降自中階，由太和中門出。樂作，御駕還宮，百官散，乃從右黌門回館。〔註 28〕

透過范氏所記，正好將清代科舉制度下，殿試揭曉唱名的「傳臚」儀式過程

〔註 25〕葛兆光：〈朝貢、禮儀與衣冠——從乾隆五十五年安南國王熱河祝壽及請改易服色說起〉，《想像異域：讀李朝朝鮮漢文燕行文獻札記》（北京：中華書局，2014 年 1 月第 1 版），頁 228。

〔註 26〕〔越南〕武輝珽：《華程詩》，《越南漢文燕行文獻集成》第五冊，頁 331～332。

〔註 27〕〔越南〕阮宗窐：《使華叢詠集》，《越南漢文燕行文獻集成》第二冊，頁 258。

〔註 28〕〔越南〕范熙亮：《范魚堂北槎日記》，據越南漢喃研究院所藏抄本 A.848 影印，葉 55b、56。

現場還原，同時也了解到外國使臣參與常朝隨班覲見的行禮活動面貌。對於「御殿傳臚」觀禮一事，范熙亮著重在禮儀過程之描述，光緒三年至北京的裴文禩則寫下觀禮體悟：「曉漏風催啟九閽，名花長放上林春。曲江故事醒殘夢，十載猶驚萬里人。」〔註 29〕雖是萬里而來的異國遠人，然而同為科舉出身的裴文禩，對於「榜前潛制淚，眾裡自嫌身」（唐・李廓〈落第〉）的落第故事必然熟悉，十年寒窗苦讀努力要將「昔日齷齪不足嗟」的人生，逆轉成「春風得意馬蹄疾，一日看盡長安花」（唐・孟郊〈登科後〉）的進士榮耀，而得天子於曲江賜宴，再遊街三日、雁塔題名，這樣的「曲江故事」實在令人心驚不已，以致身入九重宮殿行禮，觀看傳臚唱名儀式的裴文禩，頗有榮華背後的深刻感懷。

2. 道旁瞻覲

迎送皇帝聖駕而於道旁瞻覲的例子不少，以阮思僩《燕軺筆錄》一書所記為例，便有下表六次之記錄：

時　間 （同治八年）	瞻　覲　事　由	瞻覲地點	備　註
二月初六日	皇帝詣大高元殿拈香	神武門外	得賜羊肉等饌食
二月十八日	皇帝詣大高元殿拈香	神武門外	
二月二十四日	皇帝詣壽皇殿行禮	神武門外	得賜羊肉各項餅
三月初四日	皇帝詣大高元殿行禮	神武門外	
三月十三日	皇帝詣大高元殿拈香請雨，惇親王奕誴、恭親王奕訢分詣靈祠祈禱	神武門外	得賜羊肉餅餌
三月三十日	享太廟前一日皇帝親詣行禮	午門	順道請安回國。 得賜羊肉餅餌。

皇帝因禮儀性朝政而移駕出入時，外國使臣往往被通知前往特定地點瞻覲。以三月三十日享太廟前行禮為例，阮思僩《燕軺筆錄》有如下之記：

> 三十日丑刻，各具朝服，由大使陳熿經引過東長安門、天安門、端門，入午門右朝房直候。辰初刻午樓嚴鼓，禮部右侍郎尊室綿宜帶引臣等于甬道左跪迎，駕過，起立。是日大皇帝御祭服，前導曲柄黃繖一，豹尾旗旄弓綳矢箙御鎗後扈，闕左右陳五輅，兩邊朝房陳

〔註 29〕〔越南〕裴文禩：《萬里行吟》，據越南漢喃研究院所藏抄本 VHv.849 / 2 影印，〈燕臺瞻拜恭紀四首〉之一，葉 23b。

列旌麾幟華蓋，扈從親王大臣，至午門皆上馬從。辰末刻駕回，嚴鼓如前，臣等跪于道左，侍郎綿宜，跪奏越南國使臣恭詣請祝聖安回國。大皇帝寄問國王安好，臣等叩首謝恩，駕過起身回館。〔註 30〕

清代太廟祭祀的活動中有所謂的「時享」，即「四孟時享」，源於古人感慨時序的交替，隨氣溫變化，而追懷故去親人，按季節所舉行的祭祀。順治元年九月規定：每年春、夏、秋、冬四季之孟月（第一月），由皇帝親詣太廟祭祖（如有事可遣官代祭）。〔註 31〕同治八年（1869）三月三十日「上以孟夏時享太廟，前期親詣行禮」〔註 32〕，該日丑時，越南使節已身著朝服至午門右之朝房等候。辰時鼓聲響起，跪於甬道迎駕，阮思僩所見的同治帝著祭服，在黃傘前導與豹尾旗後扈等儀仗，和親王大臣扈從下前行。待鼓聲復響，帝駕歸來，由禮部侍郎代奏問安，天子則依禮回應，問候越南國王安好。

而除夏享之例外，范熙亮《范魚堂北槎日記》中則有冬享前一日在午門瞻拜皇帝的行禮紀錄：

三十日，館使陳焞、序班翟作霖等到館，具朝服升車，行至東安門下車，入進天安門、端門，過太廟至午門前右朝房，辰禮部侍郎陳館卿松林先在，因同揖，相見答揖訖，通報謂俟回鑾准瞻仰。寅初刻（輦道左右陳列傘蓋麾幟數十而已），駕出（御轎色以黃布，前道曲柄，黃傘一，佩刀及弓騎十餘人後扈，豹尾旗數十而已。王公大臣百官，多上馬，餘前後百官皆馬蹄衣，垂手揮臂而行），約數刻，駕回，乃就午門前御道左預跪（護貢諸員跪于南，御道不遠），禮部侍郎跪奏越南陪臣，瞻仰天顏。駕少停，奏大皇帝寄問我皇上安好，叩首謝訖，仰面恭瞻，禮部代奏安好。駕過起回，午刻接尚膳遞將羊肉各項饑頒給，具普服拜領。〔註 33〕

同治十年（1871）九月三十日「上以孟冬時享太廟，前期親詣行禮」，《同治實錄》還記述「越南國使臣阮有立等三人於午門外瞻覲」，〔註 34〕而整個瞻覲過

〔註 30〕〔越南〕阮思僩：《燕軺筆錄》，《越南漢文燕行文獻集成》第十九冊，頁 216～218。

〔註 31〕李中路：〈清代太廟與祭祀〉，《紫禁城》第 134 期（2006 年 1 月），頁 65。

〔註 32〕《清實錄．穆宗實錄》（北京：中華書局，1987 年 3 月第 1 版），第 50 冊，卷 255，「同治八年三月壬寅」，頁 560。

〔註 33〕〔越南〕范熙亮：《范魚堂北槎日記》，據越南漢喃研究院所藏抄本 A.848 影印，葉 54、55a。

〔註 34〕《清實錄．穆宗實錄》（北京：中華書局，1987 年 4 月第 1 版），第 51 冊，

程即如上引文。一樣是著朝服至午門右朝房等候，觀見黃轎帝輦在曲柄黃傘前導及豹尾旗後扈之儀仗下前行，王公大臣則多騎馬隨從，另有百官著馬蹄袖官服，於後垂手擺臂而行。越南使節獲准於帝駕回鑾時跪於午門御道旁瞻仰天顏，仍由禮部侍郎代奏代答，皇帝御駕為此稍作停留，依禮問候越南國王安好，使臣則叩頭謝恩並「仰面恭瞻」，行瞻覲之禮。整個儀式就在皇帝輦駕離開後結束，而通常使臣會獲賜羊肉等各項餽賚。另外范熙亮《北溟雛羽偶錄》中亦有〈午門行瞻仰禮回館恭紀〉詩，記錄冬享禮道旁瞻覲一事可相對照，其詩云燭影參差、漏聲依約之時，在輦道旁、露花間觀看「五雲曉闕開仙杖」、「豹尾旗飄儀術簡，馬蹄衣展駿奔閒」，因此「萬里微臣識聖顏」，而有「梯航何幸叨榮寵」之感！〔註35〕

至於阮思僩使團作客北京期間，何以同治帝如此頻繁至大高元殿拈香行禮，因此連帶讓外國使節必須多次至道旁行瞻覲禮，阮思僩還曾因「偶感風寒，嗽咳頭疼，身痛難堪趨候」，而告假缺席三月十三日的神武門跪迎送。〔註36〕這個答案在阮思僩《燕軺詩文集》的〈二月初六日，神武門瞻仰天顏恭紀〉一詩可以找到：

> 五更三點整朝冠，神武門前候聖安。
> 豹尾近瞻仙杖肅，龍顏特許遠臣看。
> 共傳雲漢憂勤切，重念梯杭〔註37〕道路難。
> 珍重肴胥叨異賜，春風湛露降雲端。〔註38〕

阮氏在「共傳雲漢憂勤切」此句加註說明「辰因久旱，大皇帝詣大高殿拈香祈雨，因令使臣候駕瞻仰」，亦即同治帝勤政憂國，因久旱不雨，而親至大高殿祭拜祈雨。瞻覲禮結束後，阮氏等人回到館舍，「接尚膳遞到羊肉各餅餌，傳稱大皇帝回宮御膳，念使臣勞苦，特命宣賜，拜賜感悚，莫知所云」，賜饌之恩讓越南使節如沐春風、如得甘露沾溉。再對照《清實錄》所記，同

卷320，「同治十年九月丁巳」條，頁241。

〔註35〕〔越南〕范熙亮：《北溟雛羽偶錄》，《越南漢文燕行文獻集成》第二十一冊，〈午門行瞻仰禮回館恭紀〉，頁82～83。

〔註36〕〔越南〕黎峻、阮思僩、黃竝：《如清日記》，《越南漢文燕行文獻集成》第十八冊，頁192～193。

〔註37〕亦作「梯航」，「杭」通「航」，「梯山航海」的省語，謂長途跋涉。唐玄宗〈賜新羅王〉詩：「玉帛遍天下，梯杭歸上都。」

〔註38〕〔越南〕阮思僩：《燕軺詩文集》，《越南漢文燕行文獻集成》第二十冊，頁115～116。

治八年二月初六（戊申），「以京畿雨澤愆期，上詣大高殿祈禱行禮」，以及二月十八（庚申）、三月初四（丙子）、三月十三（乙酉）「上復詣大高殿祈雨行禮」，準此，則前表除二月二十四（丙寅）因清明節之故，皇帝「詣奉先殿、壽皇殿行禮」外，其他至大高殿行禮皆因京師雨期延誤以致乾旱，〔註 39〕符應《嘯亭續錄》所言：「本朝列聖，憂勤民瘼，每於雨澤愆期，必敬謹設壇祈禱」。〔註 40〕

大高殿原稱大高玄殿，建於明嘉靖二十一年（1542），因避康熙皇帝名諱，改稱大高元殿，後又更名為大高殿，是明清兩代皇家御用道觀。清朝皇帝每年元旦及每月初一、十五日，照例會到大高殿拈香行禮，尤其是天氣大旱、大澇時，皇帝會在大高殿舉行祭天禮，祈求天晴、下雨或降雪。〔註 41〕越南使節因同治帝至大高殿拈香祈雨而至神武門外行瞻覲禮，行禮過程據阮思僩《燕軺筆錄》所記，丑正著朝服出發至神武門外等候，黎明時就御道右跪，不久「見二人相繼持木牌傳呼畢，奉御輦由正中門出，前武官四人帶劍行，繼扶輦數十員，分左右前導，皆藍綫綠石珊瑚紅寶石頂。」待御駕經過，由禮部侍郎跪奏越南使臣請瞻仰天顏，方「仰面恭瞻」，其後便如前文所引之例：御輦稍停，天子依禮問候越南國王安好，禮部官員代為奏好，使臣謝恩並跪送御駕離去，儀式結束起身回館。又阮氏二月初六日之記：「午刻接尚膳司將羊肉各項饌，就館傳稱大皇帝回宮御膳，念臣等一路勞苦，特命宣賜」，故其「具朝服拜領」並「給賜來使土物」，〔註 42〕正與其詩「重念梯杭道路難」、「珍重肴胥叨異賜」相呼應。另外，道光五年（1825）至北京的潘輝注，其《華軺吟錄》有〈三座門瞻仰絕句〉〔註 43〕云：「五更燈下整朝冠，紫陌驅車踏曉寒。黃道邇瞻儀衛肅，祥雲馬上見天顏。」詩前小序說明：「八月初一日

〔註 39〕《清實錄．穆宗實錄》（北京：中華書局，1987 年 3 月第 1 版），第 50 冊，卷 252、253、254，「同治八年二月戊申、庚申、丙寅」及「三月丙子、乙酉」等條，頁 513、522、526、537、541。

〔註 40〕〔清〕昭槤撰，何英芳點校：《嘯亭雜錄》（北京：中華書局，1980 年 12 月第 1 版），《嘯亭續錄》卷一「大雩」，頁 371。

〔註 41〕高換婷：〈清代大高殿維修與使用的文獻記載〉，《故宮博物院院刊》第 4 期（2003 年），頁 85～91；張先得：〈北京大高殿門前的一組古建〉，《古建園林技術》第 4 期（1986 年），頁 47～48。

〔註 42〕〔越南〕阮思僩：《燕軺筆錄》，《越南漢文燕行文獻集成》第十九冊，頁 185～188。

〔註 43〕〔越南〕潘輝注：《華軺吟錄》，《越南漢文燕行文獻集成》第十冊，頁 276～277。

五更，詣三座門候駕，平明見弓矢傘蓋騎軍前導，即出佇立。少頃駕至，跪迎道左，禮部跪奏越南使臣瞻仰，仰見大皇帝服五花青袍，騎馬，顧盼者久之。」考察《清實錄》記載，道光五年八月初一，皇帝至大高殿行禮，有「越南國使臣黃文權等六人於西安門內瞻覲」，〔註 44〕顯然潘氏〈三座門瞻仰絕句〉寫的便是道光帝按例於每月初一至大高殿拈香行禮時，越南使臣包括黃文權等及潘氏本人在內，至帝駕出入處行跪迎送之道旁瞻覲禮。

越南使節參與的禮儀性朝政，除了帝駕詣太廟和大高殿行禮的道旁瞻覲外，還有如道光五年（1825）八月初四（戊午）日皇帝至社稷壇「祭大社大稷」，〔註 45〕潘輝注五更便就午門佇候，見「兩邊鹵簿儀仗排列」，黎明則「見水晶燈籠數十前導出門」，其跪甬道左，「奉御轎過起立仍候」。不久駕回，鐘鼓笙樂並作，其再跪迎道左，「奉御轎入午門內，侍衛官軍罷退回」，並「奉頒送食品出館」。關於此次瞻覲其有詩曰：「霓旌翠蓋耀葳蕤，金燭行行出玉墀。法駕雲巡維穆馭，閶門霜肅太平儀。嚴更鐘鼓傳清蹕，仙杖笙簫動曉吹。秋社壇香隨路惹，海臣咫尺邇瞻依。」〔註 46〕鐘鼓笙簫伴奏下，大清天子隨隆重肅穆的儀仗一同出現，欲向社稷之神表達崇敬之意，在此同時卻也有異國遠臣咫尺近瞻龍顏，仰望人間最高統治者所展現的權力與威嚴。不過，除去與宗廟祭祀相關的原因，越南使臣還曾因皇太后聖壽日，皇帝移駕慈寧宮，而至午門前行禮。同治十年（1871）十月初十日（丁卯）乃慈禧皇太后聖壽節，同治帝「率王以下文武大臣詣慈寧門行慶賀禮，眾官於午門外行禮」〔註 47〕，越南使臣范熙亮亦著朝服至午門前，見「文武約七八十人，具朝服于門前，分左右排班，不聞贊唱」，待各官行禮完畢後，其與護貢等員在右班行完三跪九叩禮而退。〔註 48〕

事實上，越南使節對於展現天子威嚴的道旁瞻覲之禮，多有候駕、迎駕、瞻仰、送駕等詩歌，神武門則是其最常行瞻仰禮之處。光緒初年裴文禩〈燕

〔註 44〕《清實錄．宣宗實錄》（北京：中華書局，1986 年 10 月第 1 版），第 34 冊，卷 87，「道光五年八月乙卯」條，頁 385。

〔註 45〕《清實錄．宣宗實錄》，第 34 冊，卷 87，「道光五年八月戊午」條，頁 387。

〔註 46〕〔越南〕潘輝注：《華軺吟錄》，《越南漢文燕行文獻集成》第十冊，〈午門奉迎皇駕詣社壇，駕回，奉送恭紀〉，頁 277。

〔註 47〕《清實錄．穆宗實錄》（北京：中華書局，1987 年 4 月第 1 版），第 51 冊，卷 321，「同治十年十月丁卯」條，頁 253～254。

〔註 48〕〔越南〕范熙亮：《范魚堂北槎日記》，據越南漢喃研究院所藏抄本 A.848 影印，葉 57b、58a。

臺瞻拜恭紀四首〉之二曰：「日扶翠蓋上梅山，風度荷花十里間。惹得清香三萬斛，平橋咫尺識龍顏。」〔註 49〕是少數觀注到神武門御道旁荷花池盛開景象者，大部分的越南使臣都全神貫注於瞻覲禮中，描寫典禮過程、等待面聖心情與瞻仰天顏之喜悅，如咸豐初年潘輝泳的〈神武門迎駕瞻仰喜作〉：「蓬萊宮闕藹祥雲，遠价初來覲大君。清蹕傳籤明簡肅，詰朝命駕仰憂勤。此回日月瞻依近，幾度關河企望殷。拜領玉音歸館後，香煙袖裏尚騰芳。」〔註 50〕對於能夠近瞻天顏，一圓心中企盼已久之夢，潘輝泳很是喜悅，歸館後尚能感受到袖裡騰芳的美好。又如光緒七年（1881）阮述的〈六月二十八日奉于神武門瞻仰聖顏回館恭紀〉：「萬歲山光曙，重門禁籞開。晨儀嚴世室，仙杖列城臺。聽漏隨班早，鳴鑾識駕來。煌煌瞻日表，比比拱星台。近惹天香滿，頻叨睿睠迴。拜嘉心更惕，柔遠量弘恢。雉譯光前事，鸞坡憶舊陪。慙非枚乘翰，拜手頌明哉。」〔註 51〕雖然此時的清朝與越南已深受洋人勢力威脅，阮述此行亦是數百年來越南歲貢的尾聲，但瞻覲之禮依舊持續進行，且肅穆而嚴整有儀，越南使臣亦仍如前感念聖眷恩寵、柔懷遠人，大清朝和其屬國越南，似乎仍努力想維繫宗藩體系的應對模式，以一同面對時代的變局，至少在北京紫禁城是上演如此戲碼。

3. 至圓明園或熱河行宮謁駕與行禮

自乾隆初年擴建圓明園，此後百餘年間，有清歷代帝王居園時間，幾乎多於北京城內的皇宮紫禁城，圓明園儼然成為具實質意義的新政治中心，畢竟天子所在便是紫微禁地。〔註 52〕前述提到皇帝聖駕至圓明園時，貢使須於

〔註 49〕〔越南〕裴文禩：《萬里行吟》，據越南漢喃研究院所藏抄本 VHv.849／2 影印，葉 23b。

〔註 50〕〔越南〕潘輝泳：《駰程隨筆》，《越南漢文燕行文獻集成》第十七冊，頁 303。

〔註 51〕〔越南〕阮述：《每懷吟草》，據越南漢喃研究院所藏抄本 VHv.852 影印，葉 46b～47a。《集成》版第二句「籞」作「御」，第六句「鑾」作「鸞」，第十句「睿睠」誤為「霄睠」。見阮述：《每懷吟草》，《越南漢文燕行文獻集成》第二十三冊，頁 105～106。

〔註 52〕據學者趙連穩所述：「雍正至咸豐五代皇帝的 150 年間，有 138 年在圓明園理政，每年的春、夏、秋三季皇帝都在圓明園，冬季有一個月左右的時間在紫禁城。每年的元宵節前夕，皇帝、宮眷和大臣從紫禁城前往圓明園，隨同前往的還有象徵皇權的 25 方玉璽和皇帝的金椅等。清朝的軍機檔案也存於圓明園。除了每年的重大祭祀、節日活動外，皇帝已不再回到紫禁城居住。圓明園成為清朝的實際政治中心。」見趙連穩：〈三山五園是清帝「視事之所」〉，《北京日報》第 19 版（理論週刊・文史），2015 年 05 月 11 日。

道旁瞻覲，潘輝注〈西直門再奉送駕恭紀〉〔註 53〕便記錄此事：

> 初五日駕幸圓明園，使臣再奉於西直門候送。平明弓矢數十騎，並傘蓋杖旄前導出城。皇帝服五花袍，天青色，御黃轡烏騍。駕至，使臣並朝臣跪送，奉頒食品，禮部領送，出館。
>
> 曙色啟天衢，弓旄列騎趨。龍章初日耀，駿糊彩雲驅。
>
> 霓羽隨仙杖，冠紳仰帝途。邇瞻旦復旦，下价慰操觚。

潘輝注操觚記下其與眾冠紳近瞻天顏，乃由於道光帝該日移駕圓明園，故其於西直門送駕。若是皇帝已駐蹕圓明園，在園內處理政事或自園內移駕出入，則越南使節亦得前往圓明園謁駕或行跪迎送之瞻覲禮。如李文馥於道光二十一年（1841）七月二十七日（庚辰）夜四更，自驛館車行赴圓明園，於大紅橋佇候帝駕。當時道光帝已駐蹕圓明園，該日欲至綺春園向皇太后問安，因此李文馥等三人至大紅橋迎駕，〔註 54〕道跪瞻仰、叩拜送駕，「奉傳旨詢問，具以事奏訖」便驅車回館，後得賜尚方食品。其有詩曰：「五城燈燭九門開，車馬聯翩趁夜催。北極雲邊瞻日月，西園花裡認樓臺。晴溪綠遶霓旌仗，曉露清啣玉液杯。悚愧交深還顧影，衣冠曾染御香來。」〔註 55〕

趁夜乘車出北京城，至西郊園林行道旁瞻覲禮，雖然辛苦，但御香滿身非是尋常人可得，更何況是在優美的皇家禁苑圓明園內朝見天子？梯航遠涉、關山屢度方至燕臺，「萬壽樓前迎鳳輦，九重殿裡拜龍顏」實乃莫大榮耀，得賜金盤、承頒玉諭，朝覲禮儀之下是「國事鄰情雙好得」的外交成果。〔註 56〕道光十一年（1831）二度來華的潘輝注，有〈圓明園瞻仰早朝〉〔註 57〕之作，言其就在「紅橋溪上柳依依」的圓明園裡瞻仰天顏、聆聽玉旨。「龍衮望中紅日近，絲綸宣處彩雲輝。趨蹌曾是年前地，咫尺威顏又一辰」，潘氏步趨中節地朝拜天子，圓明園對他來說已屬舊地重遊，其記錄道光五年（1825）燕行經過的《華軺吟錄》中有〈赴圓明園途中記見〉、〈夕就圓明園次三絕〉詩作可

〔註 53〕〔越南〕潘輝注：《華軺吟錄》，《越南漢文燕行文獻集成》第十冊，〈西直門再奉送駕恭紀〉，頁 279。

〔註 54〕《清實錄．宣宗實錄》（北京：中華書局，1986 年 10 月第 1 版），第 38 冊，卷 354，「道光二十一年七月庚辰」條，頁 395。

〔註 55〕〔越南〕李文馥：《周原襍詠草》，《越南漢文燕行文獻集成》第十四冊，〈圓明園瞻仰〉，頁 214～215。

〔註 56〕〔越南〕佚名：《使程詩集》，《越南漢文燕行文獻集成》第八冊，〈圓明殿夜直謁見〉，頁 57～58。

〔註 57〕〔越南〕潘輝注：《華程續吟》，《越南漢文燕行文獻集成》第十二冊，頁 73～74。

為證。〔註58〕至於道光帝，潘氏早前亦曾仰望瞻覲過，只不過現在再次瞻仰，天子的容貌似乎又更具威嚴了。道光二十八年（1848）亦至圓明園謁駕的阮攸，有詩云：「爛燦祥光碧漢間，明堂王會預隨班。簪袍濟濟瞻仙杖，天日煌煌仰聖顏。柔遠隆霑歌湛露，望雲忱悃祝南山。此生已慰桑弧願，翹佇軿車早錫還。」〔註59〕在圓明園隨班觀見瞻仰聖顏，感受天子柔遠隆恩的阮氏，認為此生已達男兒志在四方的桑弧蓬矢大志，可以歸國無憾了！

除上述諸使節曾在圓明園朝觀瞻仰天子並留下紀錄外，乾隆晚年至北京的吳時任更有三首關於在圓明園上朝與候駕、送駕的詩，〔註60〕今引錄於下：

〈圓明候駕〉

萬壽山前萬樹深，閶門晨啟翠華臨。
雀翎雲擁開蓮瓣，狐尾風高拂柳陰。
北陸昭回仙仗蹕，東珠交映使華簪。
邇瞻睟表明輝遍，葵藿彌處向日心。

〈便殿趣朝〉

雲高黼座仰垂衣，咫尺威顏凜不違。
簡約土階觀大樸，周諄天語見洪慈。
日晡久挹猊香暖，月選親陪鳳楮揮。
朝罷尚方承湛露，宸綸宣到鳳凰池。

〈行宮送駕〉

圍圍精騎出關東，辨色閶門駕六龍。
錦襖穿珠環八額，金韉按轡盼重瞳。
殷勤天語宣恩重，款曲春官道意濃。
駕過起來瞻蹕路，薊門煙樹鬱千峰。〔註61〕

〔註58〕〔越南〕潘輝注：《華軺吟錄》，《越南漢文燕行文獻集成》第十冊，頁278、285～286。

〔註59〕〔越南〕阮攸：《星軺隨筆》，《越南漢文燕行文獻集成》第十六冊，〈圓明園謁駕〉，頁143。

〔註60〕此三首詩見於吳時任《皇華圖譜》及雜抄武輝瑨、吳時任與潘輝益詩作的《燕臺秋詠》中，因《燕臺秋詠》中的詩作和註解較為完整詳盡，故以該版本為主，如有需要再以《皇華圖譜》之版本對校。

〔註61〕〔越南〕武輝瑨、吳時任、潘輝益：《燕臺秋詠》，《越南漢文燕行文獻集成》第七冊，頁279～280、328。

上引詩歌再配合詩註內容可以知道，越南使節吳時任曾於圓明園候駕，遠眺園西的萬壽山，近觀天子華麗的車駕，以及身後戴著單、雙或三眼孔雀翎朝帽的文武百官，和金鎗毛頭懸掛白狐尾且垂下結旄的御前侍衛。能夠近瞻皇帝溫和慈祥的儀容殊屬難得，自然要如向日之葵般懷抱赤心以效忠天子。吳時任也曾於圓明園勤政殿隨班覲見，觀天子主持文武月選，御點宸翰。吳氏眼中的行宮便殿「制甚樸古，匾題『勤政親賢』，不施丹漆，屏瓦粘紙。錦繡殿階雖砌石，卻卑陋與土階相似」，而乾隆皇則「天顏溫和，辭甚諄切，望之活袄說法」。侍立御階前的吳時任，由辰初立至近午，中堂官以次經引文武官員面聖的冗長過程終於結束，退朝後其承聖恩得尚方官廚頒賜食品。至於在圓明園的送駕，吳時任注意到「錦襖穿珠」打扮、滿語稱之為「固山額真」的八旗都統，並特別加註說明「固山額真乃親勳大臣滿官也」，而乾隆皇帝則「金韉按轡」御馬與諸大臣聯轡而行。吳氏在禮部官員的引導相陪下，於蹕路旁跪送，皇帝按轡宣諭，待皇帝策馬而過吳氏即起身。行禮結束，遠瞻蹕路，吳時任的眼前就只是重重芳樹環薊門、蒼茫煙翠繞千峰之景。

關於朝覲天子的地點，皇帝在何處，越南使節便可能出現在何處。皇帝離開紫禁城至圓明園視事，越南使節便至圓明園覲見；皇帝出京巡幸木蘭，駐蹕熱河行宮，越南使節便前往避暑山莊見駕。不過，越南使節至熱河覲見清帝，筆者爬梳目前所見燕行文本，未有朝覲及行禮過程之記，只有武輝瑨《華原隨步集》中有〈朝回喜賦〉詩，其他則多是奉和御製詩等應制之作。武輝瑨於乾隆五十四年（1789）代表取代後黎朝的西山政權至清朝謝罪、請封，其〈朝回喜賦〉詩二首如下：

書生幾得面君王，愧我遠來偏近光。
墀下趨蹌陳賀表，御前揮灑和宸章。
恩綸驚接龍文筆，朝袖欣沾獸鼎香。
公驛歸來清不寐，滿窗風月又相將。

欽承賜覲鳳書宣，晨夕馳驅路十千。
海不波辰知有聖，山從梯後喜瞻天。
翠花日煖濃春色，御鼎香浮靄瑞煙。
歌宴侍陪無別頌，願賡周雅九如篇。

書生難得識君王，更何況是外國書生要朝覲宗主國天子！武輝瑨依禮於大殿進陳賀表，有御前薰香滿朝袖之喜。早前其曾奉於御前欽和御製詩章，有「伊昔海瀕猶附國，如今藩服屬皇清」之語，其詩頗蒙乾隆帝稱讚，甚至欽賞奎藻龍章筆一函十枚。〔註 62〕迢迢遠路、萬里而至，賜覲瞻天、歌宴侍陪，武輝珸認為這是莫大的榮耀，因此以願續《詩經．小雅．天保》:「如山」、「如阜」、「如岡」、「如陵」、「如川之方至」、「如月之恒」、「如日之升」、「如南山之壽」、「如松柏之茂」等祝願君王事事興旺、萬壽如疆、福祿永續傳承的「九如」祝頌之語，表達祝賀乾隆帝福壽延綿不絕之意。

（四）參加例行宴會

外國貢使在京，按規定禮部必須舉行招待宴會，由禮部賜宴一次，俗稱為「下馬宴」；至於貢使回國前，則通常會再賜宴兩次，一次在禮部舉行，一次在會同館舍舉行，俗稱「上馬宴」。〔註 63〕越南使節關於禮部例行宴會的紀錄，皆是回國前在禮部舉行的踐別宴，如乾隆時期阮輝僅記云：

> 堂前右設桌陪宴，禮部官並我等，共行九叩禮，仍入坐堂正中。版上宴具三十六，先乳茶一巡，陪宴官奉手加敬，我使隨之。又有黃酒三巡，並用銀盞。宴訖，並循桌前行一跪三叩禮。欽差禮部精膳司郎中良格，就講車輛夫馬事、庸車：定例二套者，銀二兩五錢；三套者九兩五錢，四套者十二兩，限至濟寧。〔註 64〕

就阮輝僅所記，禮部上馬宴在乳茶一巡、黃酒三巡後，以一跪三叩禮結束，接著便是禮部精膳司官員向越南使節說明回程的交通安排事宜。至於同治年間的阮思僩所記上馬宴過程則如下：

> （四月）初九日，辰刻，臣等各具朝服赴禮部，先于主客司佇候，至巳刻同伴送李道臺就部堂庭前行領宴禮。是日早，部司于部堂庭右邊張青布幙，于中間設案一南向，禮部萬尚書拜位第一，李道臺拜位第二，使臣拜位第三，皆用棕薄藉地上，鴻臚寺序班鳴贊，三跪九叩畢，序班贊請大人升堂。堂中間列板，上施棕薄，正中為尚書官宴桌，右邊為陪臣宴桌，凡三；右一間為伴送官宴桌，凡四。既就坐，先奶茶，次酒三行，畢。起趨青幙次行謝燕

〔註 62〕〔越南〕武輝珸：《華原隨步集》，《越南漢文燕行文獻集成》第六冊，頁 318～319。

〔註 63〕何新華：《威儀天下——清代外交禮儀及其變革》（上海：上海社會科學院出版社，2011 年 4 月第 1 版），頁 68。

〔註 64〕〔越南〕阮輝僅：《奉使燕京總歌並日記》，《越南漢文燕行文獻集成》第五冊，頁 146～147。

禮畢，向尚書官行揖禮，並呈遞辭行回國帖子訖，回館。〔註 65〕

阮氏所記具體提及上馬宴前有所謂的「領宴禮」，乃於禮部堂庭中設南向桌案，禮部尚書、伴送官員和越南使節依序就位，行過三跪九叩禮後，方升堂開宴。宴會仍供奶茶與酒，並在飲酒三巡後告一段落，此時越南使節須再行謝燕（宴）禮，並將辭行回國之帖呈予禮部尚書後離席。對照一樣是同治年間在北京的范熙亮所記禮部上馬宴：

> 初二日，具朝服由館使引就禮部堂右南向，先張青幕，設黃案，以壇設拜位三，堂中設宴桌四（一正三右，南向，又一桌右邊亦南）。頃間，傳呼，尚書萬青藜從後堂出，聽贊（用漢音），各就位，向案北面行禮（尚書官一，□護二，使臣三員）。贊大人升堂，乃各入，分坐領宴。先奶茶、次茶、次酒三巡，各起立出就拜位。聞贊行謝恩禮（一跪三叩）訖，向尚書三揖，寄問我皇上安好，答訖回館。未後館使與內務員人遞宴品（均菓餅而已）十五單頒給（部宴畢出後，聞此嘈雜聲，問係此中人珍玉物也，此刻宴乃內務尊例頒給），具朝服拜領。〔註 66〕

綜合阮思僩與范熙亮所記，基本上禮部宴開首便是在青幕黃案前行三跪九叩領宴禮，之後分坐入宴，筵宴飲食必有奶茶、黃酒，酒過三巡行謝禮後結束。范氏之記另提及宴會食物在使節離席後，基於珍惜朝廷宴品之心理，由內務人員整理打包，並將菓餅等乾料遞交至使節所居館舍，頒予越南使節，使節則須著朝服拜領。

（五）請安回國與午門領賞

「午闕雲晴拜寵光，秋風早促雁南翔。溫存親捧天家語，遙寄平安問我皇。」〔註 67〕寫出越南使節午門領賞恭候聖安回國的情景。一般來說，貢使完成朝貢任務準備離京之前，須先請安回國，並至午門領取賞賜。據李文馥所記，按例使臣抵京遇聖駕出入須行瞻仰禮，逮事竣若再逢聖駕出入，則亦行瞻覲禮，並利用機會跪請聖安回國。〔註 68〕如其〈大紅橋候駕請安回國〉

〔註 65〕〔越南〕阮思僩：《燕軺筆錄》，《越南漢文燕行文獻集成》第十九冊，頁 231～232。

〔註 66〕〔越南〕范熙亮：《范魚堂北槎日記》，據越南漢喃研究院所藏抄本 A.848 影印，葉 59。

〔註 67〕〔越南〕裴文禩：《萬里行吟》，據越南漢喃研究院所藏抄本 VHv.849／2 影印，〈燕臺瞻拜恭紀四首〉之四，葉 24a。

〔註 68〕〔越南〕李文馥：《周原襍詠草》，《越南漢文燕行文獻集成》第十四冊，〈圓

一詩，云：「曉漏仙宮五度磚，大紅橋畔肅班聯。舉頭不覺天顏近，垂盼親承玉諭宣。問訊人圜雙闕外，徘徊身在五雲邊。歸來重認庭磚午，僚友相看已隔年。」〔註 69〕初抵北京曾至圓明園大紅橋佇候帝駕行瞻覲禮的李文馥，回國前再次至大紅橋候駕並請安回國。舊地重臨，時光匆逝，在司路者五次持籤高呼以肅道路後，〔註 70〕帝駕終於現身，舉頭便可瞻見天顏，而行禮恭請聖安回國，並得天子停駕問訊後，出使任務終於要告一段落。

另外，兩度使華的潘輝注在《華軺吟錄》與《華程續吟》中，皆述及候駕請安回國，一次是在萬壽山下，一次是在圓明園。就清漪園候駕請安回國的潘氏，「是日五更，自園次就山下，古松行邊佇候與諸朝紳接見。移時御駕至，跪道左，禮部汪尚書跪為奏請，仍行叩拜禮。駕過，起立，時殘月尚明，天色初曉，遙望松叢樹中，山景湖光，滄茫極目，恍如在蓬瀛境界間也」。在臨行之前，潘氏因請安回國之例行禮，而發現「樓閣光開前嶺曙，霓旌彩耀太湖秋」的湖光山色美景，萬壽山與昆明湖之美讓人如置蓬萊仙洲，對一飽眼福的潘氏來說，這也算是令人驚喜的意外收穫。〔註 71〕而另一次夜半赴圓明園候駕請安回國的潘氏，回到譯館後有詩如下：

九門玉繩低，重上西園躋。高梧掛明月，蓼柳搖清露。
夜景一以曠，病思渾忘苦。迢迢三千里，輕車快馳騖。
曉風見樓臺，至止紅橋渡。霓旌候宸遊，冠簪循故步。
跪迎仰垂盼，□歸謝趨赴。園外此旋車，蓬瀛杳煙霧。
宮花染朝裾，天香留客袖。勝觀悅夢寐，浮生感遭遇。
再遊嗟倏翮，華原重回首。秋風歸去來，長憶薊門樹。〔註 72〕

明園瞻仰〉，頁 214。

〔註 69〕〔越南〕李文馥：《周原襍詠草》，《越南漢文燕行文獻集成》第十四冊，頁 215～216。

〔註 70〕李文馥《使程遺錄》有註「例御幸日，內發籌籤五次，司路者挨次持呼，以肅道路，至第五籤大駕出。」見〔越南〕李文馥：《使程遺錄》，《越南漢文燕行文獻集成》第十四冊，頁 325。

〔註 71〕〔越南〕潘輝注：《華軺吟錄》，《越南漢文燕行文獻集成》第十冊，〈萬歲山下候駕請安回國恭紀〉，頁 286。此處「萬歲山」為「萬壽山」之誤，由「奉駕幸萬歲山，禮部移報就園候迎請安回國」之語，可知天子駕幸以萬壽山為園景的清漪園。

〔註 72〕〔越南〕潘輝注：《華程續吟》，《越南漢文燕行文獻集成》第十二冊，〈十六日夜半赴圓明園候駕，請安回國，曉歸譯館書事〉，頁 78～79。

或許是二度出使的緣故，潘氏顯然頗有感觸。重回紫禁城西郊優美的皇家園林圓明園，清曠的夜景令人忘卻思國懷鄉之苦；在大紅橋瞻覲請安、謝恩歸國，朝服衣袖沾染的宮花、天香，和使行發生的一切種種，都是潘氏的浮生際遇、夜夢之影，薊門煙樹環繞的北京，會是行人歸去後長相回憶的難忘之地。

越南使節「迎鑾辭至尊」請安回國，臨行前再次感受「聖顏迴日照，天語暢春溫」的情景，雖然內心希冀「早蒙錫軿乘，歸夢戀君門」，不過展現「朝聘鄰邦興，柔懷上國恩」的午門賞賜更是回國前之重頭戲，〔註 73〕因此「秋清廬衛瞻辰斷，日煦冠紳拜午門」〔註 74〕的場面，在宗藩朝貢體系尚未瓦解前，不斷上演。關於午門領賞，乾隆時期的阮輝僅有如下記載：

> 二月十五日，禮部官於午門御道左，列桌上陳該賞各色。巳刻堂官引我使就御道右，行三跪九叩禮畢，退班卻立八九步，使臣跪下，賞賜科欽頒國王大蟒緞五疋，粧緞五疋，錦五疋，倭緞五疋，閃緞六疋，表緞二十七疋，裏緞二十七疋，共八十疋，陪臣接手加額，行人領取出御道邊歸箱。再唱頒賞陪臣，科吏再將表緞各六疋，裏緞各六疋，紗各二疋，羅各二疋，絹各八疋，每員二十四疋，陪臣加額付隨人以包袱包裹。又有賜拎從者，頒訖，再行九叩禮，趨出，仍就禮部堂會宴。〔註 75〕

禮部官員預先在午門陳列好賞賜品項，越南使節在行完三跪九叩禮後，跪領大清天子賞賜給越南國王的禮物，再轉交行人歸箱。接下來則由使節領受天子之賜，待正副使、從官、從人皆受賞完畢，便行禮退出。而據阮氏所記，受賞之物多是緞、錦、紗、羅、絹等織品。

同治年間的阮思僩亦就午門領賞一事詳加記錄：

> （四月）初五日，辰刻，臣等具朝服，率行隨人同大使、序班人等，並文武長送官、內通事等，前就午門領賞。照見午門前正中間，設敕書黃案，左邊稍南設賞項，黃桌子弁兵排列整肅。巳刻，禮部右

〔註 73〕〔越南〕潘輝泳：《駰程隨筆》，《越南漢文燕行文獻集成》第十七冊，〈午門請安回國恭述〉，頁 304。

〔註 74〕〔越南〕李文馥：《使程遺錄》，《越南漢文燕行文獻集成》第十四冊，〈午門領賞〉，頁 325。

〔註 75〕〔越南〕阮輝僅：《奉使燕京總歌並日記》，《越南漢文燕行文獻集成》第五冊，頁 145～146。

> 侍郎溫葆深、館卿裕長及鴻臚寺卿、禮部司員侍儀科道，各于甬道東立班，文武長送、內通事與臣等于甬道西排班。鴻臚寺滿序班鳴贊，長送及臣等行三跪九叩禮訖，臣等再跪，主客司員外松林捧將敕書筒交大使陳熔，轉授臣黎峻奉捧加額，轉交行人吳文貴祗領。臣等起前進數十步跪下，禮部屬人等捧將賞項交臣等照認事清，起退復原班立，鴻臚鳴贊，文武長送並臣等及通事等行謝恩禮，三跪九叩禮畢，趨出。〔註 76〕

阮思僩將領賞禮過程和與會人員敘述得更為仔細。越南使節辰時就午門領賞，午門正中間設有敕書黃案與賞項，待巳時一到，禮部、四譯館、鴻臚寺官員與文武長送、通事、越南使節東西排班就位，聽候鳴贊行三跪九叩禮畢，接著進行頒賞。越南使節先受敕書，再領賞項，俟點交清楚便行三跪九叩謝恩禮以結束領賞儀式。至於賞項內容，阮氏書中附錄清廷敕書，且詳記賞項事物，包括清廷給越南國王的例賞與兩次加賞，以及陪臣、行人、從人和伴送、通事受賞之品項，大多是綢緞、布匹、瓷器、漆盒、鼻烟壺、筆、墨、茶葉等衣食與文書用具，其中阮氏還註明敕書有滿、漢二種文字，右漢字、左滿字，滿字「同前倒看」，亦即滿字雖亦直行書寫，但先由左行讀起而後右行，與漢字不同。〔註 77〕而比阮思僩使團晚兩年至北京的范熙亮，亦記敘午門領賞過程。其於同治十年（1871）十一月初一日就午門領賞，是日亦一併傳旨請安回國，因此其行完領賞禮後，又跪見皇叔惇親王，與之通答，話語寒暄。〔註 78〕

二、參加宮廷宴會

越南使節在北京除了參加禮部的例行宴會外，若逢除夕、新年與元宵等

〔註 76〕〔越南〕阮思僩《燕軺筆錄》，《越南漢文燕行文獻集成》第十九冊，頁 219～221。

〔註 77〕〔越南〕阮思僩《燕軺筆錄》，頁 222～229。

〔註 78〕此部分之原文引錄如下：「十九日，移付以十一月初一日，就午門領賞，且傳謂是日傳旨，請安回國。……十一月初一日，具朝服讚館使引就午門前，御道中，中設敕書黄案一，左設桌二，置賞項。禮部侍郎陳姓，及司員左右立班，乃與護貢員行隨于右排列。唱贊，行三跪九叩訖，進數十步，跪，禮官捧敕書授捧加額，交錄事陳清楨接領賞項，以次遞交畢，退原班，行謝恩禮。頃間，禮官再引進，跪，禮官同親王一位（皇叔惇親王），向黄案前傳旨，問我皇上安好，叩首起立。親王通問官爵，慰勞辛苦，通答訖，親王入，始飭認遞賞項回館，恭瞻敕書照檢，御用各項尊置後照單認領。」見〔越南〕范熙亮：《范魚堂北槎日記》，據越南漢喃研究院所藏抄本 A.848 影印，葉 58a、59b。

年節，或皇帝恩寵厚待等其他特殊原因，多有機會前往宮廷，與清朝官員一同參加慶祝宴會，保和殿、紫光閣及圓明園之山高水長閣，則為賜宴外藩之主要場所。如兩次擔任燕行使的阮偍（1761～1805），在經過「引徑燈花傳點點，催人爆竹響聲聲」的「除夕趕程」，及「佳節易令鄉思動，長途不禁旅情牽」的「旅中元旦」後，於乾隆五十五年（1790）正月抵京，展開首次客居北京的生活。駐京期間，阮氏有〈紫光閣侍宴〉之作，寫下他得以深入宮廷成為座上賓的心情：「風和日暖景陽天，五色祥雲映玉軒。紫閣焜煌開綺席，金爐拂鬱惹香烟。喜瞻王命森冠帶，恍訝仙門落管絃。花宴幸陪知分外，精神爽朗思飄然。」〔註 79〕管絃聲響的大內宮廷如仙人居所，而履命赴宴儀式隆重森嚴，有幸陪侍皇宮之宴的阮偍，思緒正是輕快飄然，而精神則倍覺爽朗。

阮偍於乾隆六十年（1796）再度來到北京，留下〈旅中除夕即事〉、〈應制侍元宵宴于圓明園之山高水長閣〉和〈朝罷喜賦〉等詩，記錄自己「太和絕早陪賓席」，除夕一早在太和殿參加除夕宴之事，還有在圓明園山高水長閣參加元宵宴，禁園元夜、綺羅御宴中，阮偍所作「遠臣兩度叨陪侍，德並山高與水長」之應制詩，為自己贏得「大緞一端及文房四寶物」之賞賜；而於元宵夜陛辭準備回國的阮偍，仍獲侍宴看戲，在「獻戲滿庭霓羽燦，懸燈夾岸斗星陳」的熱鬧場景中，生發「逾涯起格知殊遇，不負馳驅萬里身」的感受。〔註 80〕不過，最為特別的是，阮偍還曾參加過清朝宮廷大宴之一的「千叟宴」。所謂「千叟宴」乃指邀請「耆老」（叟）參加御宴的大型尊老、敬老活動，據《嘯亭續錄》所載：康熙五十二年（癸巳，1713）為慶祝皇帝六旬大壽，故開千叟宴於乾清宮，預宴者凡一千九百餘人。乾隆五十年（乙巳，1785），以其御極五十周年亦開千叟宴於乾清宮，預宴者凡三千九百餘人，並各賜鳩杖。嘉慶元年（丙辰，1796）已屆八十五高齡而躋登九旬的乾隆，傳位給皇十五子顒琰，適逢內禪禮成，於是開千叟宴於皇極殿，六十歲以上預宴者凡五千九百餘人，百歲老民至以十數計，皆賜酒聯句。〔註 81〕千叟宴的舉辦次數並不多，有清一代共僅四次，而阮偍能親自與會，乃因其使行任務之一即為慶賀嘉慶帝登極，因此得以親眼見證乾隆退位為太上皇的「授受

〔註 79〕〔越南〕阮偍：《華程消遣集》，《越南漢文燕行文獻集成》第八冊，頁 136。

〔註 80〕〔越南〕阮偍：《華程消遣集》，頁 227～228、232～233。

〔註 81〕〔清〕昭槤撰，何英芳點校：《嘯亭雜錄》（北京：中華書局，1980 年 12 月第 1 版），《嘯亭續錄》卷一「千叟宴」，頁 385～386。

大典」，並參加「黃髮鮐背者歡飲殿庭」、「實熙朝之盛事」的千叟宴。

阮偍《華程消遣集》中有應制詩〈太上皇帝紀元週甲授受禮成恭紀二首〉〔註82〕，讚美即位治國一甲子又得五代同堂之慶的乾隆皇帝，「盛德隆功古所稀」、「光前裕後啟昌辰」，舉辦授受大典而退位為太上皇，是「崇禧修福超今古，舞蹈群方頌至仁」的決定，讓人重新感受到堯舜禪讓時代的仁聖之光，因而心生「萬方朝覲共依歸」之感。阮偍進獻的歌頌詩篇讓他受賞錦緞十端、大荷色一對、小荷色二對，而其贊「昌明景運自天開，盛事希奇冠古來」的〈應制侍千叟宴〉〔註83〕詩，更是讓他得到「壽杖一根、玉如意一把、錦緞六端，及石硯、硃墨、水筆、緍箋、鼻煙等物，并御製詩一幅」等賞賜。關於嘉慶元年的千叟宴，《養吉齋叢錄》記載：「與宴者三千五十六人，賦詩三千餘首。列名邀賞而未入宴賦詩者五千餘人。是日官一品及年九十以上者，手賜卮酒。高宗恭和聖祖原韻七律一章，仁宗聖製恭和，內廷諸臣俱許依韻。又選文武臣九十六人，仿柏梁體聯句。兩聖一堂，恩隆禮洽，萬古未有之盛舉也。是年與宴老民熊國沛，年一百六歲；邱成龍，年一百歲，賞六品頂帶。九十以上老民八人，賞七品頂帶。」〔註84〕耆老滿堂、椿齡高壽，詩歌歡頌、熱鬧異常的千叟宴，阮偍尚有〈侍皇極殿千叟宴預頒壽杖喜賦〉與〈賀文護送朱大老爺預千叟宴〉二詩作〔註85〕如下：

皇極階前叩上皇，鬚眉勝會恰韶陽。
御珍分賜玻璃器，法醞盈斟瑪瑙觴。
簫鼓驚聞天上樂，衣冠喜襲禁中香。
□齡叨得頒仙杖，錫慶先徵壽等長。

堯舜乾坤開盛會，喬彭歲月值嘉辰。
丹墀紳笏朝良佐，壽宴鬚眉國老臣。
仙杖光搖瓊苑色，宮袍香惹鳳城春。
年尊德劭沾恩重，竊□分榮慰遠人。

就阮偍詩作所述，皇極殿千叟宴的主角是八十五歲的太上皇乾隆，與一眾白

〔註82〕〔越南〕阮偍：《華程消遣集》，《越南漢文燕行文獻集成》第八冊，頁229～230。

〔註83〕〔越南〕阮偍：《華程消遣集》，頁230～231。

〔註84〕〔清〕吳振棫撰，童正倫點校：《養吉齋叢錄》（北京：中華書局，2005年12月第1版），卷十五，頁200。

〔註85〕〔越南〕阮偍：《華程消遣集》，頁231～232。

鬚高壽、年尊德劭的老人家，而設於皇宮禁苑的宴會不僅簫鼓樂音悠揚奏響，還有以玻璃器盛裝的御賜珍饈，及斟滿瑪瑙杯的御賜美酒，更有御頒之壽杖、袍服，慶賀人間難得之仙壽遐齡。而據學者研究，嘉慶元年正月初四在寧壽宮皇極殿舉行的千叟宴，由嘉慶帝率天下耆民、王公大臣並蒙古、回部、朝鮮、安南、暹羅等國賀正使臣為太上皇祝壽，高壽百歲的老民准許著禮服赴宴。該日宴會共布列八百張宴席，外國使臣席位在殿廊下，各宴桌按等級和規定擺上各種珍餚，外國使臣與王公、一二品大臣在一等桌入宴，每席擺設膳品有火鍋二個（銀製和錫製各一），豬肉片一個、煺羊肉片一個，鹿尾燒鹿肉一盤，煺羊肉烏一盤，葷菜四碗，蒸食壽意一盤，爐食壽意一盤，螺螄盒小菜二個，烏木筋二只，及肉絲燙飯。另據《內務府奏銷檔》記載，千叟宴每席用玉泉酒八兩。此外，皇極殿東西檐下設中和韶樂，寧壽門內設丹陛大樂，甬道左右則陳置各種恩賚賞物。行禮完畢、酒宴開始後，乾隆召一品大臣和年屆九十以上者至御座前下跪，親賜卮酒，飲畢酒鍾俱賞，待宴會結束，由管宴大臣分頒恩賚詩刻、如意、壽杖、朝珠、繒綺、貂皮、文玩、銀牌等物。〔註 86〕

再回到慶祝年節的宮廷筵宴來討論，據《嘯亭續錄》「除夕上元筵宴外藩」條目所記：「國家威德遠被，大漠南北諸藩部無不盡隸版圖。每年終，諸藩王貝勒更番入朝，以盡執瑞之禮。上於除夕日宴於保和殿，一二品武臣咸侍座。新歲後三日，宴於紫光閣，上元日宴於正大光明殿，一品文武大臣皆入座，典甚鉅也。」〔註 87〕清廷展現「威德遠被」的範圍，不僅止於蒙古等外藩，對照道光二十五年至北京的越南使節范芝香其〈歲除保和殿侍宴恭紀〉、〈紫光閣蒙賜宴賚恭紀〉、〈元宵後一日圓明園侍宴恭紀〉三詩〔註 88〕，顯然藩屬國越南亦是皇恩德布的對象之一，故准許其使節入宴觀禮，而透過越南燕行使節的記錄，某種程度也還原了越南使節在北京作客時所參與的新年活動。「斗城鐘漏逼殘年，閶闔祥開瑞旦先」的除夕日，范芝香於保和殿

〔註 86〕劉桂林：〈千叟宴〉，《故宮博物院院刊》第 2 期（1981 年），頁 49～55；林京：〈為太上皇舉行的千叟宴〉，《紫禁城》第 1 期（1991 年），頁 29；衣長春、黃韶海：〈清代千叟宴的歷史意義〉，《文化學刊》第 3 期（2016 年 3 月），頁 205～215。

〔註 87〕〔清〕昭槤撰，何英芳點校：《嘯亭雜錄》（北京：中華書局，1980 年 12 月第 1 版），《嘯亭續錄》卷一，頁 375。

〔註 88〕〔越南〕范芝香：《郿川使程詩集》，《越南漢文燕行文獻集成》第十五冊，頁 176～180。

參加「花外旌旗環綵仗，雲中歌舞落瓊筵」的宮廷宴會，其宴位列於王公三品之末，在禮部奉敕經引下，至御座前跪奉賜酒，領飲完畢一叩首，回就宴位，坐看太和、中和二殿之後。對於參與除夕宮廷宴會，「曳纓初拜玉樽前」，范氏將之視為親覲邦交盛典，如同昔日傳誦四夷、藩屬朝貢天子的「王會」榮景，能得此機緣實為曠罕。

而紫光閣之宴，范芝香平明與百官在御橋上跪迎聖駕後，入閣侍宴，受賞錦綺諸物，因而有詩記云：「聖朝多雨露，春宴日初陽。雪散龍池曉，風飄禁苑香。長橋迎翠輦，高閣闢金閶。珩珮花間響，旌旗柳外颺。羽仙調帝樂，星弁捧天漿。既奏九成曲，還稱萬壽觴。……暨南遙仰德，拜手頌無疆。」至於元宵後的圓明園之宴，在園中的正大光明殿舉行，「王公一品列坐殿上，使臣坐于殿階，侯伯二品坐于殿廷。」宴間歌舞迭作，且與上述二宴相同，范芝香再得道光帝宣召賜酒。「雲移樹影龍旂動，雷響鞭聲寶扇開」的宴會大典，龍旗飄動，鞭門三聲，御駕陞座；「雅奏九聆天上曲，隆霑三捧御前盃」，宮樂悠揚，聖恩賜酒，如此皇家盛宴，終是讓遠道而來的范氏「攜得香烟滿袖回」。事實上，清代的宮廷筵宴不論名目為何，多有其相應的政治目的，越南使節武輝瑨《華原隨步集》中便記下「是月二十八日早朝，奉御駕獵回，射獲文鹿一頭，分肉于使臣，且以天子年高，猶能命中誇示，回即宴」一事，寫清高宗在乾隆五十四年（1789）八月辛巳日的木蘭秋獮中，憑藉已近八十之高齡，卻尚能行圍狩獵，且騎射之術精湛，獵得文鹿而後分肉賜食、宴請群臣。就武氏的說法，此宴之設乃為誇示天子年高卻仍能精準命中獵物，因此他才能在「獮禽古禮正秋佳，天子躬身射獵回」時，以一遠价使臣身分而幸霑分豆之惠。〔註 89〕

另外，越南使節至皇宮御苑參加宴會，有時會在流經宮苑的河道（亦即「御溝」）中泛舟往來，而對於深宮泛舟這樣的特殊經驗，或有提筆記之者。如乾隆時期的阮偍，有詩〈扈駕泛龍舟于圓明溝中〉，寫其隨天子聖駕在圓明園河道泛舟，眼前群山環拱、禁樹參差，春景艷麗、微風習習；龍舟蕩漾在倒映月影的澄凝御水上，樓臺音樂飄揚，燈燭星辰並在水澗之中。阮偍頗有「身在廣寒神欲舉」之感，對於得以扈駕泛龍舟一事，他是「高深長記聖恩洪」。

〔註 89〕〔越南〕武輝瑨：《華原隨步集》，《越南漢文燕行文獻集成》第六冊，頁 320；《清實錄·高宗實錄》（北京：中華書局，1986 年 5 月第 1 版），第 25 冊，卷 1337，「乾隆五十四年八月辛巳」條，頁 1133。

〔註 90〕另外，道光時期兩度使華的潘輝注，兩次皆留下有關御溝泛舟的紀錄。先是道光五年某日奉旨前往圓明園中的大戲臺「同樂園」看戲，慶賀禮畢，在禮部官帶領下，隨親王、大臣入閣內，由御溝泛舟。御溝左右多花樹亭榭，縈遶山崗之間，約一里許便至宮門登岸，對於此趟泛舟過程，其有〈同樂園御溝泛舟二絕句〉為記：「禁園萬樹瑞光浮，紅蓼溪邊泛小舟。亭榭參差山歷亂，曉風吹送上仙洲」、「路入琪園草樹香，山容水色曉蒼蒼。輕刁棹出松林外，步上紅雲白玉堂。」草樹亭榭、山容水色，自是美景一片，因此當其隔幾日再奉詣同樂園，於凌晨泛溝時，又寫下：「禁籞秋涼曉霧濃，山光樹色半朦朧。寒流一棹縈迴遠，冠珮重登紫翠宮。」〔註 91〕秋天清晨曉霧繚繞的圓明園，山樹朦朧，一棹扁舟迴繞溝中，承戴著一身隆重的使臣，緩緩迎向皇恩浩蕩的華麗宮殿。

道光十一年第二度燕行至北京的潘輝注，又留下〈同樂園泛溝登宮筵戲即事書興四絕〉：

瓊苑瑤林向碧霄，松雲溪裡路迢迢。
五年前景渾如昨，秋棹重來玉蝀橋。
水色山光一望秋，滄波綠樹送輕舟。
登瀛不礙重來路，霓羽聲中向玉樓。
五雲深處見樓臺，急管繁絃曲曲催。
冠珮筵前聽不盡，渥霑辰荷上方來。
繚繞笙歌徹晚暉，御園花柳送將歸。
蓋知重憶文紳誼，款晤相看老鬢眉。〔註 92〕

相隔五年再度來到大清皇宮和御苑，玉蝀橋依然屹立，景色熟悉如昨。舊地重遊，一樣的水色山光、滄波綠樹，仍是泛舟至同樂園聽戲，管絃聲聲、冠蓋雲集的筵宴，潘輝注再次蒙受上國的恩典。而再度泛舟御溝以赴宴，為潘氏帶來的不只是笙歌筵宴的歡快，還有異國文紳的敘舊之誼，潘氏自註其出宮門時，多遇舊紳員款問，雖然各人鬢眉已老，但是情誼仍在，歷久彌新。至於和潘輝注一同使行的張好合，亦有〈泛御溝〉之作，「朝罷光明到御溝，傳宣有宦闢門樓」，言其萬壽節時在圓明園正大光明殿外行慶賀禮，

〔註 90〕〔越南〕阮偍：《華程消遣集》，《越南漢文燕行文獻集成》第八冊，頁 137。
〔註 91〕〔越南〕潘輝注：《華軺吟錄》，《越南漢文燕行文獻集成》第十冊，頁 282～284。
〔註 92〕〔越南〕潘輝注：《華程續吟》，《越南漢文燕行文獻集成》第十二冊，頁 75～76。

後蒙賜入同樂園侍宴聽戲;「柳邊泛盡隋堤棹,知是宮深葉不流」,入同樂園門之後,即有御溝,溝旁有金鰲玉蝀橋,景致清雅,過此便抵宮門,御溝由圓明園、同樂園連接至皇宮院落,泛舟其上兩岸堤柳雖美,仍無法隱去九重宮門的幽深之感。〔註 93〕

三、朝賀萬壽聖節

「萬壽聖節」即「萬壽節」,指的是封建帝王之誕辰日,取其萬壽無疆之義。清代沿襲明朝禮制,將萬壽節與元旦、冬至定為三大節,因此為皇帝祝壽可謂清代宮廷中重要的典禮活動。而越南使節或為天子賀壽而來,或在京適逢萬壽慶典,不論是為完成使行任務,或是恰好躬逢其盛,既是「南來有幸親桃宴」,自然「願把莊椿獻玉墀」,〔註 94〕因此前往皇宮朝覲慶賀可說是其作客北京的重要行程之一。

(一)賀乾隆皇帝八旬萬壽

首先就來談談安南使節對乾隆皇帝萬壽節的相關書寫。按《嘯亭續錄》所載:「本朝萬壽節,王公大臣文武職官等,咸蟒袍補服,於黎明時排班圓明園之正大光明殿前,三品以下者,排班於出入賢良門外。上龍袍珠冠入座,鴻臚官唱排班,引導宣贊,一如大朝儀。上受賀畢始還宮。如遇上幸木蘭時,諸王大臣則齊集午門外遙祝萬壽云。」〔註 95〕準此可知,萬壽節清帝在圓明園正大光明殿接受百官朝賀,若遇木蘭秋獮,皇帝不在京,則群臣只需遙賀。不過乾隆八旬萬壽時,安南國王阮光平親至中國朝覲祝賀,時天子正巡幸避暑山莊,阮光平一行亦前往熱河瞻覲。然而與常例不同的是,大隊人馬後來還是奉旨先回圓明園待駕,準備參加在圓明園舉行的萬壽慶典與慶祝宴會。

乾隆五十五年(1790)隨阮光平入清的潘輝益,其《星槎紀行》中有〈圓明園侍宴紀事〉〔註 96〕一詩,詩前小序說明其七月二十日自熱河奉旨先回圓明園待駕,二十九日聖駕回抵而迎候道左。乾隆的生辰是八月十三,就潘氏所言,萬壽日之前便已有一連串的慶祝活動,其記曰:

〔註 93〕〔越南〕張好合:《夢梅亭詩草》,《越南漢文燕行文獻集成》第十二冊,頁 196。

〔註 94〕〔越南〕武希蘇:《華程學步集》,《越南漢文燕行文獻集成》第九冊,〈賀萬壽聖節〉,頁 223。

〔註 95〕〔清〕昭槤撰,何英芳點校:《嘯亭雜錄》(北京:中華書局,1980 年 12 月第 1 版),《嘯亭續錄》卷一「萬壽節」,頁 389。

〔註 96〕〔越南〕潘輝益:《星槎紀行》,《越南漢文燕行文獻集成》第六冊,頁 237～239。

八月初一日至初十日，連侍宴看戲，每夜四更趨朝，候在朝房。卯刻，奉御寶座，王公大臣，內屬蒙古、青海、回回、哈薩克、喀再喀諸酋長，外藩安南、朝鮮、緬甸、南掌、臺灣生番諸使部，排列侍坐。未刻戲畢，賞賚珍玩外，日三次賜食，前後二次賜肉品，中次賜密品，率以為常。浹旬奉御宴筵，聲樂迭奏，時召閣臣議事，裁決政機，四方章疏，經奉宸覽批答，次第宣示。又時奉御製詩文，題寫箋帖，無日無之，仰惟聖心運量，頃刻不停，以勤敬之實，享壽康之福，萬古帝王之所未有也。

連續十天的暖壽活動，安南使節與朝鮮、緬甸、南掌等藩屬國代表，及清廷王公大臣、蒙古、回部、臺灣山番諸使部，共列宴席觀戲聽樂，又受賞、賜食，頗受厚待。而這十天乾隆皇除了親御宴筵外，每日仍不忘政事，議事、裁決、批奏摺，甚且題詩寫箋，因此成為潘氏眼中勤敬篤實又得享壽康之福的曠世帝王。「禁鐘催曉列明堂，縹緲祥雲捧日光。晬表同瞻生佚壽〔註97〕（皇帝崇尚科典，臣工祝嘏詞，多用壽佚、活佚等字），班聯近惹御爐香。九成韶舞諧天樂，三次珍看出上方。丹扆裁幾兼潤藻，欽惟聖德運乾剛。」此詩便是潘氏對參與萬壽節慶祝活動的描述與觀察。

至於為何不循往例，而非要讓阮光平等人回到圓明園參加萬壽慶典，箇中理由可從以下《乾隆實錄》中的一段記載看出端倪：

諭軍機大臣曰：阮光平明年親自詣闕祝嘏。前據福康安奏，該國王於春間進關，福康安在鎮南關等候，帶同進京。但思廣西距京不遠，若於春間起程，計到京不過六月以內，彼時朕尚駐蹕熱河，阮光平又須前赴山莊瞻覲。明年慶典事宜，俱在京師舉行，而阮光平為安南國王，其境內甫經鳩集，亦未便久離該國。著傳諭福康安，照會阮光平，以大皇帝萬壽，在八月十三日，伊若進關太早，到京未免多住時日，恐其國內事務繁多，無人照料，不妨略緩起程，祇須計算日期，總於七月二十以後到京，俾隨同王公大臣、及外藩人等，同伸慶祝，瞻仰王會之喬皇，宮闕之壯麗，庶阮光平得覩生平所未見，更足以堅其向化之誠也。〔註98〕

〔註97〕「佚」同「佛」字。

〔註98〕《清實錄．高宗實錄》（北京：中華書局，1986年5月第1版），第25冊，卷1337，「乾隆五十四年八月己卯」條，頁1132～1133。

由上述可知，阮光平親至紫禁城向乾隆皇帝祝嘏一事，起程與到京日期牽連甚廣，須費心盤算。乾隆八旬萬壽定在京師舉行慶典，敲定之抵京日期有其背後目的，亦即乾隆有意安排安南國王一行隨同王公大臣和各外藩人等，共聚帝都、同慶萬壽，使方與大清建立宗藩關係的西山阮氏政權，在「瞻仰王會之裔皇，宮闕之壯麗」下，心生敬仰，讓阮光平得睹生平所未見，而更堅定其向化之誠，從此歸服大清，稱臣納貢。

關於乾隆八旬萬壽，潘輝益尚有〈欽祝大萬壽詞曲十調〉〔註 99〕，乃其於入覲議成後，所奉擬之祝嘏詞，先寫金箋，再隨表文投遞，計有〈滿庭芳〉、〈法駕引〉、〈千秋歲〉、〈臨江僊〉、〈秋波媚〉、〈卜算子〉、〈謁金門〉、〈賀聖朝〉、〈樂春風〉、〈鳳凰閣〉等十首，內容多歌功頌德、祝賀聖壽之意。如〈樂春風〉:「春醉桃英，香濃桂秀。銀蟾當牖，祥雲縹緲，瓊樓玉宇，鈞韶傳宣室，萬國衣冠燦爛。千行鴛鷺，陽光和煦承恩貺，楓陛彤弓湛露，媚祝億斯年聖壽。」自詡十全老人的乾隆皇帝，顯然對「萬國衣冠燦爛」、「媚祝億斯年聖壽」此類話語甚為喜愛，故其下旨，要安南擇本國伶工十名，按拍演唱，隨使團覲祝。到京後果然在御殿開宴時，禮部引安南伶工前入唱曲，因得天子嘉悅，故獲厚賞銀幣。乾隆甚至再命太常官挑選梨園十人，依安南伶工裝樣，「秀才帽交領衣，琴留笛笙鼓齊就」，然後召安南伶工入禁內，教之操南音、演曲調，待數日習熟，於開宴時，引南北伶工分列兩行對唱，體制格局頗相符合。

乾隆八旬萬壽「華祝嵩呼之盛，尤為史牒未有」〔註 100〕，有《八旬萬壽盛典》和《八旬萬壽圖》詳記其事，按《八旬萬壽盛典》所記圖繪解說，出圓明園不遠有紅橋一處，「紅橋之北面為山，一形如曲尺，翼以朱欄，西旁巖洞為門，取逕而登，上有亭二，扁曰瀛壺、曰西嶠，亭上演萬國來朝劇。山之麓，為安南國王阮光平及其陪臣並朝鮮、南掌、緬甸各國使臣，金川、臺灣山番，以至蒙古、回部各汗、王、台吉等均鞠𦢊道旁，瞻就天日。」〔註 101〕「萬國來朝」齊為大清天子賀壽，或許正是乾隆皇帝君臨天下、志得意滿的成就

〔註 99〕〔越南〕潘輝益：《星槎紀行》，《越南漢文燕行文獻集成》第六冊，頁 275～281。

〔註 100〕〔清〕吳振棫撰，童正倫點校：《養吉齋叢錄》（北京：中華書局，2005 年 12 月第 1 版），卷十一，頁 154。

〔註 101〕〔清〕阿桂等纂修：《八旬萬壽盛典》（臺北：臺灣商務印書館，1983 年初版），《景印文淵閣四庫全書》第 661 冊，卷 79，頁 247。

之一，因此即便只是記載清朝掌故的史料筆記，《養吉齋叢錄》特別記錄乾隆五十五年八旬萬壽時，朝鮮、琉球、安南、巴勒布皆詣闕祝釐，得賜宴於御園一事，且將朝鮮、安南、琉球三國使臣恭和御製詩章之祝頌詩九篇逐一引錄，其中和詩之安南使臣為謝恩正使阮宏匡、謝恩副使宋名朗與黎梁慎、進貢正使陳登大、進貢副使阮止信與阮偍。〔註102〕

〔註102〕安南國謝恩正使，刑部右侍郎阮宏匡詩曰：「筵開前節值新旬，春暖名園詔問頻。恩侈餅幪高覆物，澤覃優渥廣同人。懷徠柔遠天生聖，飽德觀光子慕親。化外幸陪冠帶會，期頤介壽拜皇仁。」安南國謝恩副使，東閣學士宋名朗詩曰：「虞廷肆覲未盈旬，拜奉天恩灌沃頻。不限陽春覃異域，式隆膏澤寵來人。淪肌浹髓知優渥，望日瞻雲妥戴親。分外餅幪何報答，願將嵩壽祝皇仁。」安南國謝恩副使，翰林院待制黎梁慎詩曰：「天眷皇王啟壽旬，億年聖澤祝聲頻。禦園日暖常佳氣，華宴春濃及遠人。星度共旋依北極，威顏咫尺仰慈親。觀光幸綴明堂列，項踵均沾雨露仁。」安南國進貢正使，翰林院侍讀陳登大詩曰：「虞階何待舞經旬，玉帛初通雨露頻。煦育肯分千裡外，綏懷渾似一家人。幸陪周宴清光接，近挹堯樽咫尺親。新寵歸來分海國，共將華祝頌皇仁。」安南國進貢副使，東閣學士阮止信詩曰：「華旦欣逢萬壽旬，春巵賡祝叩筵頻。象方玉帛聯王會，鹿宴笙簧慰遠人。望日有年陶煦暖，朝天何幸妥尊親。南歸願即呈黃耇，早拜丹墀仰至仁。」安南國進貢副使，翰林院阮偍詩曰：「九十韶光甫二旬，靈囿鶯燕報春頻。星馳輪轡趨行殿，雲集衣冠拜聖人。仰見英君德得壽，可知天命敬惟親。金章玉席洪恩浹，瀘傘難酬頂踵仁。」見〔清〕吳振棫撰，童正倫點校：《養吉齋叢錄》（北京：中華書局，2005年12月第1版），卷十五，頁200～202。

乾隆八旬萬壽慶典圖——安南國王瞻覲（全圖）〔註 103〕

安南國王瞻覲（局部放大）〔註 104〕

〔註 103〕〔清〕阿桂等纂修：《八旬萬壽盛典》（臺北：臺灣商務印書館，1983 年初版），《景印文淵閣四庫全書》第 661 冊，卷 78，葉 110。

〔註 104〕圖上紅圈圈起為首下跪的人物，應即安南國王阮光平。其上有碑刻字云：「安南國王阮光平及蒙古王公、朝鮮、緬甸、南掌各國使臣恭祝萬壽來京，於此瞻覲」。

正如同安南使節武輝瑨所寫之賀詩，天賜純禧萃於乾隆皇帝一人，祥光縹緲環繞帝王殿庭，「億萬斯年始八旬」，自然得邀四方之國前來環觀皇極之壽，使黎民群眾咸頌昊天之仁。〔註 105〕乾隆對於安南國王與隨行使團相當重視，因為他們是賀壽屬國中，由國王親自領隊前來者，所以八月二十日早上，安南使團得旨歸國，獲賜宴於正大光明殿時，乾隆特宣武輝瑨與潘輝益至御座旁，親酌玉杯賜飲，慰問其遠來之情，而此舉也讓兩位使節歡喜感動，賦詩加以記述。「兩番華轡叨清問」的武輝瑨，認為「遠陪遭際應希曠，卻信生前有勝因」，其得以「步步層梯入北辰，天顏咫尺喜身親」，乃前世善因而有今世之果。〔註 106〕至於潘輝益則詳述宴會過程與心情如下：

> 聖壽啟昌辰，梯航同祝嘏。指南早錫軿，宴筵隆寵數。
> 班列肅明堂，曉雲擁鸞輅。煙裊室爐香，丹庭奏韶護。
> 恩旨自天來，禮官呼潘武。應有起出班，五中喜且懼。
> 傴僂登殿墀，閣老前引步。趨向就座旁，曲跽聆溫諭。
> 案頭玉酒壺，斟酌出御手。親賜碧玉卮，加額恭領受。
> 傾飲不敢餘，醍醐潤肺腑。反爵交侍臣，叩謝連稽首。
> 降墀還就班，足蹈而手舞。聖人子庶邦，恩育曠前古。
> 海南翰墨臣，僥倖叨簡顧。龍閣嘉貺處，珍品賞詩句。
> 禁內賜遊觀，特有凡三度。趨蹌殿陛間，奎文幸親睹。
> 重奉御前杯，天樽灑甘露。旌獎荷鴻施，韶鈞長戀慕。
> 藩國奉琛頻，幾得奇遭遇。飛來報國人，皇華第一部。〔註 107〕

唱名應有出班，內心驚喜又害怕的潘輝益，長跪御座旁聆聽諭旨。御手斟酒親賜玉飲之恩寵，讓潘氏加額敬領且一飲而盡，不敢有餘。稽首叩謝還就班的潘輝益，手舞足蹈，喜悅激動，對於自己獲賜遊觀禁內、親睹御書又奉御杯，簡直是莫大鴻恩，實藩屬國頻繁朝貢中，難得之奇遇，讓他不禁想飛報

〔註 105〕〔越南〕武輝瑨：《華原隨步集》，《越南漢文燕行文獻集成》第六冊，〈欽進賀聖節詩一首并表文〉，頁 320～321。

〔註 106〕〔越南〕武輝瑨：《華程後集》，《越南漢文燕行文獻集成》第六冊，〈是月廿一，奉特宣至御座旁，以兩次遠來慰問，親酌玉杯賜飲喜成〉，頁 384。《燕臺秋詠》之詩題為〈八月廿日早侍宴，奉特宣至御旁，以兩次遠來慰問，親酌玉杯賜酒喜成〉。

〔註 107〕〔越南〕潘輝益：《星槎紀行》，《越南漢文燕行文獻集成》第六冊，〈二十日，旨賜歸國，賜宴于正大光明殿，奉特宣至御座旁，親賜玉飲，歡感紀事〉，頁 246～247。

安南國人，其客居大清帝都所受之皇華恩典。

（二）賀道光皇帝萬壽

乾隆時期清朝國力富強，慶祝萬壽聖節頗為隆重盛大，傳至道光帝又是如何？越南使節潘輝注《輶軒叢筆》中有如下記載：

> 清朝承平日久，不事張皇，朝賀禮儀衛，概從簡省。萬壽節日，庭前惟設黃紫傘二十四，旄稍二十，雅樂八音全部而已。鳴鞭開門，天子升座，眾樂齊奏，行禮，雖簡而嚴。至於御壇祭時，始陳鹵簿、傘蓋、團扇、五色旌旗、節旄、豹尾，並黃轎金馬，一切儀仗，然亦多舊時物，殊無華美新飭也。太平儀衛，此亦可見自然。〔註108〕

《輶軒叢筆》乃潘氏道光五年燕行之作，據其所述，萬壽節之朝賀儀衛一切簡省，儀仗之物陳舊無華。對照其該次使行另一著作《華軺吟錄》，當中有潘輝注親身參加萬壽慶典之記：其五更至圓明園正大光明殿前，見鹵簿儀仗排列，賢良門內外百官排班，而其位在門前庭，班排四品末。平明皇帝升座，開門鳴鞭，笙樂並奏，聞贊唱，便隨班三跪九叩禮。行禮時，聲樂響亮，所見天家景色尤其深邃肅穆。〔註109〕潘氏對萬壽慶典之述，未見奢華之儀仗與繁複之禮儀，倒是場面可稱嚴肅靜穆。事實上，外國使節在北京躬遇皇帝誕辰，除了必須參與慶典隨班朝賀，如潘輝注所言「海臣叨預趨蹌處，僅效華封祝有堯」外，還得進呈祝賀詩章與表文，而通常皇帝也會有所頒賞。以下便引錄潘輝注道光五年所進呈之賀詩與表文，以為參考：

> 越南國謝恩部陪臣……等奉本國王命，恭賫方賄叩謝天閽，萬里梯航，幸同率育。玆欽遇大皇帝萬壽聖節，仰見五位皇疇之福，川至山增；千秋金鑑之輝，日融月朗，誠阿蟠之嘉徵，而寰瀛之共慶也。凡有血氣，莫不尊親，矧在波臣，逾蒙聲教，臣等幸際昌期，拜瞻盛旦，仰星雲于玉闕，臧叟紀祥；沐雨露於楓庭，趨蹌斅祉，願休而祝嘏，虔攄悃以陳詩。
>
> 五建皇綱衍福疇，蟠桃盛會耀蓬州。
>
> 景雲祥郁虹流旦，恒月昭回桂影秋。
>
> 大道山川增聖址，葆光宮闕積仙籌。

〔註108〕〔越南〕潘輝注：《輶軒叢筆》，《越南漢文燕行文獻集成》第十一冊，頁160。

〔註109〕〔越南〕潘輝注：《華軺吟錄》，《越南漢文燕行文獻集成》第十冊，〈光明殿趨拜萬壽慶節恭紀〉，頁280。

海邦長仰無強祿，重譯微臣頌百道。〔註 110〕

既是應制之作，自然多歌功頌德之語，不過對越南使節來說，卻也是一展漢文詩才且爭取國家顏面的機會。

道光十一年二度來華的潘輝注，使行任務之一便是祝賀道光皇帝五旬萬壽，因此又有「桃筵慶始五旬秋」的〈恭進賀聖壽節詩章并語〉，及「又把南裝叩九重」的〈光明殿趨拜〉詩作。〔註 111〕而與潘氏一同至北京的還有張好合，其言「五旬壽曜影初流」的〈萬壽節恭進賀詩〉，得皇帝御賞端硯一方、御筆二匣、御墨二匣、御紙二卷、團龍大緞一疋。〔註 112〕另外，道光十三年抵北京的黎光院，其《華程偶筆錄》中亦記有「瑤池疊引桃筵慶」之句的〈恭上道光皇帝萬壽慶節〉詩；〔註 113〕道光二十一年燕行至京的李文馥，對道光皇帝的六旬萬壽則有較詳細的敘述。「鳴鞭響戛大紅橋，九陛仙香萬縷飄」，李文馥依禮於八月十日道光帝生辰日至圓明園正大光明殿朝賀，並言「因萬壽日趨拜，我使班在四品之次，例定然也」，對照前述潘輝注「班排四品末」之語，確實如此。而值得一提的是，李文馥此次使行乃為告哀而來，因此在接到萬壽慶典前先至鴻臚寺演禮之文時，曾先上稟禮部，其為告訃而來，對於「慶賀筵宴看戲等節，莫敢照常陪預酢接」。而事實上，道光帝力行儉省，其六旬萬壽除未舉行告祭禮，所有升殿筵宴均令停止，只照常年至皇太后宮行禮，及升正大光明殿受賀。〔註 114〕因此李文馥所得回應為：凡常例有迎駕並侍宴看戲諸節，告訃使臣可免參與，而中外慶賀儀文業已均奉停省，使臣可免進賀詩，惟皇帝於圓明園御殿受拜之朝賀典禮，「使臣禮宜隨班趨拜為合事」，〔註 115〕顯見賀壽的朝覲禮為萬壽慶典之核心儀節，不能輕易省略。

〔註 110〕〔越南〕潘輝注：《華軺吟錄》，《越南漢文燕行文獻集成》第十冊，頁 280～282。

〔註 111〕〔越南〕潘輝注：《華程續吟》，《越南漢文燕行文獻集成》第十二冊，頁 74～75。

〔註 112〕〔越南〕張好合：《夢梅亭詩草》，《越南漢文燕行文獻集成》第十二冊，頁 196。

〔註 113〕〔越南〕黎光院（阮黎光）：《華程偶筆錄》，《越南漢文燕行文獻集成》第十二冊，頁 363。

〔註 114〕《清實錄・宣宗實錄》（北京：中華書局，1986 年 10 月第 1 版），第 38 冊，卷 354，「道光二十一年七月庚申」條，頁 385。

〔註 115〕〔越南〕李文馥：《使程遺錄》，《越南漢文燕行文獻集成》第十四冊，〈光明殿趨拜〉，頁 323。

（三）賀同治、光緒帝萬壽

同治八年（1869）正月底到達燕京的越南使節阮思僩，在京期間適逢萬壽聖節，因此有〈萬壽聖節恭紀二首〉，其一如下：

花渚虹流電繞天，衣冠拜舞午門前。
纔過周洛浮觴日，遠邁昭皇辨霍年。
海靜久瞻南極外，山呼親見北辰邊。
乾清宮闕春朝會，東使曾聞近御筵。〔註 116〕

就詩中之述，阮氏等人在午門前行禮，然同治帝在京並未巡幸熱河，只是圓明園早已於咸豐年間被焚燬，無法循例在其中的正大光明殿舉行朝賀大儀。同治帝之生辰為三月二十三日，才過完曲水流觴的上巳節，現又迎來皇帝萬壽慶典，阮氏久居南方極遠之地，因為皇帝生辰而得以在大清帝都親見山呼萬歲之祝頌儀式。最有趣的是，阮氏竟聯想到其由四譯館舍之內務人口中，聽聞今年元旦之時，朝鮮使節曾於貞度門內恭候、於乾清門外行禮之事。同為外國使節，阮思僩行禮時想起與其多有交流的朝鮮使節，考察《燕軺筆錄》與相關資料，上引詩中所謂的「東使」即同治七年（1868）十一月初五日出發的朝鮮「冬至兼謝恩使」金有淵、南廷順與趙秉鎬。〔註 117〕

記錄光緒皇帝萬壽的則有光緒三年使行至清的裴文禩，及光緒七年如清的阮述。「千秋瑞氣泰階平，共效山呼祝聖明。昨夜鴻恩覃作雨，餘霑猶到第三聲。」〔註 118〕裴文禩之詩除了提到慶賀儀典，還附註萬壽節前一日，大雨如注，連夜不止，至該日早朝，猶微滴瀝，如鴻恩瑞雨之兆的天氣之象。「閶闔晨開咫尺天，嵩呼班廁玉階前。齊歌帝世卿雲旦，特紀皇華湛露偏。化國日長逢九夏，海邦波靜恰三年。壽棋永迓同床慶，一曲南薰播舜弦。」〔註 119〕

〔註 116〕〔越南〕阮思僩：《燕軺詩文集》，《越南漢文燕行文獻集成》第二十冊，頁 119～120。

〔註 117〕《清實錄．穆宗實錄》（北京：中華書局，1987 年 3 月第 1 版），第 50 冊，卷 249，「同治七年十二月庚午」條，頁 477；〔越南〕阮思僩：《燕軺筆錄》，《越南漢文燕行文獻集成》第十九冊，頁 177～189；楊雨蕾：《燕行與中朝文化關係》（上海：上海辭書出版社，2011 年 1 月第 1 版），頁 311。

〔註 118〕〔越南〕裴文禩：《萬里行吟》，據越南漢喃研究院所藏抄本 VHv.849／2 影印，〈燕臺瞻拜恭紀四首〉之三，葉 23b。

〔註 119〕〔越南〕阮述：《每懷吟草》，《越南漢文燕行文獻集成》第二十三冊，〈六月二十六日，萬壽慶節奉于午門拜賀禮成恭紀〉，頁 105。按：《每懷吟草》VHv.852／1 本，最後一句「南薰」作「南風」，另於第四句下有詩注「辰以宮中有事，臣工均停宴賚，惟使部特蒙頒給綵緞、筆、硯、紙等項」。見阮

則是阮述於午門拜賀禮成所寫之詩，阮述此行已是清越宗藩朝貢之尾聲，齊歌帝世祥雲、特記皇華恩露的場面與文字，終將隨歷史畫上休止符。

（四）聽戲與觀火

外國貢使在京期間，往往正好在萬壽節或年節期間，為了體現大清天子與民同樂、四海昇平的盛世景象，清廷在賜宴的同時，往往也准許貢使一同聽戲、觀火。〔註 120〕而前述提及越南使節在宮苑御溝中泛舟，多半便是為赴宴、聽戲，如潘輝注《輶軒叢筆》此段記載：

> 從光明正大殿庭禮訖，赴同樂看戲。入園門後，崗巒重疊，松柳陰森，行約五十步，至御溝津次泛舟。溝兩邊萬樹葱青，亭臺隱現，洲阜間景色縹緲。舟行二里許，登岸入宮門，就在廊筵次，侍坐庭前。層樓高聳，綺麗奪目，百樂迭奏，音響遏雲。聽戲時，屢奉級賜珍膳嘉殽，鴻霑優渥，日晚席罷，向宮門復登舟泛溝出園。前後陪筵二次，每往來舒矚，心目怡爽。旅舍無事時，回憶勝遊，恍如在十洲三島間也。〔註 121〕

顯然，御溝泛舟所見兩岸景色，有其迷人之處。而泛舟乃為參加筵宴，皇家宴席豐盛佳美，極騁耳目之欲，潘氏陪筵兩次，兩次皆覺心目怡爽。身為皇宮佳宴座上之賓，回憶起禁宮深苑中的泛舟、宴筵與戲曲欣賞之樂，就如同去到神仙居住的十洲三島仙境，與世隔絕，舒暢美好。而潘輝注聽戲所在、「層樓高聳，綺麗奪目」的地點，正是圓明園的同樂園大戲臺。據《養吉齋叢錄》所記：「同樂園在圓明園大宮門東，轉東樓門，乘舟里許乃至。乾隆間，年例自正月十三日起，在園酬節。宗室王公及外藩、蒙古王公，台吉、額駙、屬國陪臣，俱命入座，賜食聽戲。又萬壽慶節前後數日，亦於此演劇。」〔註 122〕可見自乾隆起，每逢正月新春與萬壽聖節，朝廷皆於同樂園宴客、演劇，而藩屬國使節亦在邀請之列，上述引文便是道光五年潘輝注因皇帝萬壽之慶，而泛舟至同樂園聽戲。

述：《每懷吟草》，據越南漢喃研究院所藏抄本 VHv.852 / 1 影印，葉 46。

〔註 120〕何新華：《威儀天下——清代外交禮儀及其變革》（上海：上海社會科學院出版社，2011 年 4 月第 1 版），頁 80。

〔註 121〕〔越南〕潘輝注：《輶軒叢筆》，《越南漢文燕行文獻集成》第十一冊，頁 159～160。

〔註 122〕〔清〕吳振棫撰，童正倫點校：《養吉齋叢錄》（北京：中華書局，2005 年 12 月第 1 版），頁 184。

潘輝注對同樂園聽戲的描寫，在其同樣記錄道光五年燕行過程的著作《華軺吟錄》中有如下記載：

> 宮門中正中二層樓，左右廊亦並二層，每間鋪重裀簟，陪臣位在右邊大臣之末。庭中歌樓，三層高廣，雕飭極華，下穿空洞，周匝簷霤通竅，琴管鼓吹，並坐其中。每演戲，三層並唱，音節嘹亮，其戲劇歌舞，百曲迭奏。奉侍坐看，自卯刻至未刻始退，前後奉頒賜食品饈饌餅茶凡四次。
>
> 寶座御香濃，璇臺瑞景融。重簷開帳幙，百樂奏笙鏞。
> 鶴舞烟光繞，霓章樹色籠。趨蹌藩价幸，時荷渥霑隆。
> 閬苑層層逐，高樓面面開。袞章初日耀，仙樂半雲來。
> 歌舞呈新妓，冠簪集妙材。海臣叨末序，湛露奉金杯。
>
> （〈奉侍看戲記事〉）〔註 123〕

就潘輝注所描述，同樂園宮門正中有二層樓高的觀戲樓臺，其延伸之左右迴廊亦有二層，供王公大臣與外國使節觀戲，每間皆鋪上雙層坐臥墊褥。對照《養吉齋叢錄》之記與後人研究相補充，則觀戲樓臺之正屋共有五間，是所謂的觀戲殿，兩邊迴廊則有十四間，雖然同是觀戲區域，但卻依觀眾身分地位而有不同分配，通常皇帝后妃在觀戲殿中看戲，王公大臣則照等級差別從殿中到迴廊下分坐。又奉賜聽戲者，包括皇子及臣子在內，數日前先由奏事處擬好名單奏准，按例多坐於東西廂，而如何分組同屋一間等座次安排問題，亦先期指定；另觀戲時，皆賜茶酒果物享用。〔註 124〕至於庭中高廣華麗的三層大戲臺即「清音閣」，其「演劇臺深廣約十丈，凡三層，神祇仙佛由上一層縋而下，鬼魅則自下一層穴而上」〔註 125〕。事實上，巨大的三層樓戲臺為皇家特權，其由上到下稱為「福臺」、「祿臺」、「壽臺」，借以用作壯觀盛典之表演舞臺。「壽臺」的背後有一座夾樓，叫「仙樓」，演員可以通過戲臺後的樓梯在樓層之間上下；天花板上可見天井以供開合，臺面上則有活動地板，其下為地井，特殊的佈景道具可以由此往上升，還可以噴

〔註 123〕〔越南〕潘輝注：《華軺吟錄》，《越南漢文燕行文獻集成》第十冊，頁 283。

〔註 124〕〔清〕吳振棫撰，童正倫點校：《養吉齋叢錄》（北京：中華書局，2005 年 12 月第 1 版），頁 184～185；李建芸：〈從同樂園復原研究看清代宮廷室外院落式戲院一般特點〉，收入張復合主編：《建築史論文集》第 17 輯（北京：清華大學出版社，2003 年），頁 56。

〔註 125〕〔清〕吳振棫撰，童正倫點校：《養吉齋叢錄》，頁 185。

水製造特效。〔註 126〕潘氏所記「下穿空洞」、四周簷溝連通孔竅的地方，或許指的便是地井這個特殊空間，當時是由琴管鼓吹等樂器演奏人員坐於其中伴奏。殊為可惜的是，潘輝注並未提及所觀戲碼為何，只記演戲時舞臺三層並唱，聲音嘹亮，歌舞戲劇不斷演出，從卯刻直至未刻，進行將近十個小時的馬拉松式表演。而從潘氏「百樂奏笙鏞」、「鶴舞烟光繞」、「仙樂半雲來」、「歌舞呈新妓，冠簪集妙材」等詩句，可知其所欣賞之演出水準不凡，和《養吉齋叢錄》之記：「特聲容之美盛，器服之繁麗，則鈞天廣樂，固非人世所得見聞。」〔註 127〕實相呼應。

潘輝注兩日後又再得看戲與賜膳之禮遇，這次他記下了觀戲內容：「是日戲西遊、水滸諸劇，奉侍看至申刻始退，食品奉頒四品如前。」〔註 128〕在同樂園清音閣上演的戲目，常見的有《清平見喜》、《和合呈祥》、《青牛獨駕》、《萬年甲子》、《太平有象》、《環中九九》、《瑤林香世界》等，〔註 129〕至於潘氏所提之「西遊」、「水滸」等劇，則可見於趙翼《簷曝雜記》和昭槤《嘯亭續錄》。趙翼曾於熱河行宮同樣名為「清音閣」的三層大戲臺上，觀看萬壽聖節大戲，「所演戲，率用《西遊記》、《封神傳》等小說中神仙鬼怪之類，取其荒幻不經，無所觸忌，且可憑空點綴，排引多人，離奇變詭作大觀也。」〔註 130〕昭槤「大戲節戲」一條則言：「乾隆初，純皇帝以海內昇平，命張文敏製諸院本進呈，以備樂部演習，凡各節令皆奏演。……其於萬壽令節前後奏演群仙神道添籌錫禧，以及黃童白叟含哺鼓腹者，謂之《九九大慶》。……演唐玄奘西域取經事，謂之《昇平寶筏》，於上元前後日奏之。其曲文皆文敏親製，詞藻奇麗，引用內典經卷，大為超妙。其後又命莊恪親王譜蜀、漢《三國志》典故，謂之《鼎峙春秋》。又譜宋政和間梁山諸盜及宋、金交兵，徽、欽北狩諸

〔註 126〕〔荷蘭〕伊維德著，余婉卉譯：〈三層戲樓上的演出：乾隆朝的宮廷戲劇〉，《武漢理工大學學報》第 6 期（2014 年 11 月），頁 940～941；李建芸：〈從同樂園復原研究看清代宮廷室外院落式戲院一般特點〉，收入張復合主編：《建築史論文集》第 17 輯（北京：清華大學出版社，2003 年），頁 55～56。

〔註 127〕〔清〕吳振棫撰，童正倫點校：《養吉齋叢錄》（北京：中華書局，2005 年 12 月第 1 版），頁 184～185。

〔註 128〕〔越南〕潘輝注：《華軺吟錄》，《越南漢文燕行文獻集成》第十冊，〈看戲，再奉賜珍膳恭紀〉，頁 283～284。

〔註 129〕〔清〕吳振棫撰，童正倫點校：《養吉齋叢錄》，頁 185。

〔註 130〕〔清〕趙翼撰，李解民點校：《簷曝雜記》（北京：中華書局，1982 年），卷一「大戲」，頁 11。

事，謂之《忠義璇圖》。」〔註 131〕就此二則紀錄，潘輝注所看西遊之戲，應該是搬演三藏取經故事的《昇平寶筏》，而顯然在三層大戲臺上演出神怪「西遊」之戲，可以展現盛大排場，營造宏偉闊麗的繁富之美，及熱鬧好看的舞臺效果，令欣賞者嘆為觀止，所以早在乾隆五十五年的同樂園清音閣舞臺上，一同為乾隆祝賀八旬萬壽的安南使節與朝鮮使節，便看過改編自《西遊記》的《昇平寶筏》。〔註 132〕不過，道光元年，皇帝為彰顯帝王儉僕美德，曾下旨減少萬壽大戲中上臺的演員人數，〔註 133〕因此潘輝注所見之《昇平寶筏》，或已不如乾隆時期那樣壯觀熱鬧。又《昇平寶筏》在乾隆朝之上元節前後演出，而據潘氏所記，道光朝萬壽節亦演出《昇平寶筏》，可見宮廷戲劇的演出雖有慣例，但主要還是依循帝王的旨意而決定。至於潘氏所見以「水滸」故事為本編寫的宮廷大戲，則應是《忠義璇圖》，和《鼎峙春秋》一樣，此類歷史題材故事，意在凸出「忠君報國」之精神，且為使舞臺上的戰爭更加精采呈現，會添加各路神仙法術，使舞臺展示更熱鬧好看。〔註 134〕

另外一個詳細記載清宮聽戲經驗的人是同治八年抵達北京的阮思僩。〔註 135〕三月二十三日是同治皇帝生辰，阮思僩言其二十一日早上被通知萬壽聖節當天要至午門前行禮，二十二與二十三兩日則至寧壽宮聽戲。中午時分清官李仲約來會，阮氏詢問寧壽宮演戲之戲單，李仲約回答聽戲時間，「總約十有八刻」，又言是日預宴，一品以上官員方得參加。而因為萬壽節

〔註 131〕〔清〕昭槤撰，何英芳點校：《嘯亭雜錄》（北京：中華書局，1980 年 12 月第 1 版），《嘯亭續錄》卷一，頁 377～378。

〔註 132〕乾隆五十五年朝鮮陪臣柳得恭《灤陽集》中〈圓明園扮戲〉一詩：「誓撫分明結采錢，中堂祝壽萬斯年，一旬演出《西遊記》，完了《昇平寶筏》筵」。同行的徐浩修在其《燕行記》中亦記錄了八月一日至六日，一連六天在圓明園清音閣演出《昇平寶筏》，皆卯時始戲，未時止戲。而安南使節潘輝益《星槎紀行》中有與徐浩修往來之詩作，且提及與朝鮮使臣一同至清音閣赴宴，因此可知朝鮮與安南使節皆曾親睹《昇平寶筏》此萬壽慶典大戲。參見何新華：《威儀天下——清代外交禮儀及其變革》（上海：上海社會科學院出版社，2011 年 4 月第 1 版），頁 80；〔荷蘭〕伊維德著，余婉卉譯：〈三層戲樓上的演出：乾隆朝的宮廷戲劇〉，《武漢理工大學學報》第 6 期（2014 年 11 月），頁 943～944。

〔註 133〕朱家溍、丁汝芹：《清代內廷演劇始末考》（北京：中國書店，2007 年 1 月第 1 版），頁 131～132。

〔註 134〕羅燕：《清代宮廷承應戲及其形態研究》（廣州：廣東高等教育出版社，2014 年 12 月第 1 版），頁 322～323。

〔註 135〕下面有關同治八年萬壽節之述皆見〔越南〕阮思僩：《燕軺筆錄》，《越南漢文燕行文獻集成》第十九冊，頁 208～214。

之故，下午阮氏便收到禮部派人送來的紬緞、羅絹、文房寶玩等賞項，阮氏等人具朝服叩領如儀。二十二日黎明，穿戴整齊朝服的越南使節，在四譯館館卿引領下，從東長安門下車，入天安門、端門、午門，轉左出協和門，過文華殿西垣，至賜慶門外兵舍小歇。待至辰時，入寧壽門，過皇極殿，在右直房吃畢早飯便由右轉養性殿門前，至寧壽殿前太監房等候。等了一段時間，終於同治帝與兩宮太后駕到，由養性門入，門前設大樂一部，三宮駕過時各鳴播一次。不久，歌鼓作，禮部侍郎奉召被引導至觀戲的閱是樓西廊，列坐堦上，阮思僩等人則繼列其次叩首後入坐。午後，賜點心糖果（阮氏特意註明「滿語謂點心為克什」）及奶茶，至未時末，歌闋將終，從《萬壽祥開》演至《吉祥獻壽》，凡十三齣終曲，共計演出「十有八刻一分」。演出結束後，奉敕賜歸，百官趨出，越南使臣亦循舊路回館。

三月二十三日，為慶祝同治帝萬壽，阮氏等人五更初便至午門排班行禮，禮畢至寧壽宮右直房早飯罷，被禮部右侍郎溫藻深引導至太監直房等候。辰時末，同治皇帝並兩宮太后駕過，鼓樂作，宣召照次列坐。阮氏遙見正殿中間，「施榻一，上施青綢帳，兩宮立帳前看戲，御前諸大臣太監等趨侍如常」，儀節極為簡易，與方才駕過養性門時，乘步輦，「百官兵丁環立御道邊，不聞有呵止遮攔者」之簡單隆重頗相類似。宴會過程賜點心奶茶，又賜每人玉如意一柄、白玉瓶一件、鼻煙壺一件、瓷器花瓶一件、紅牋一盒、荷包四件、花綢二疋，戲曲則從《福祿壽》聽至《萬壽無疆》，凡十二齣，共計約十八刻〔註 136〕，於未時初刻終曲，眾人叩首趨出。阮思僩《燕軺詩文集》另有〈萬壽聖節恭紀二首〉詩作，其一云：「春風別殿綵棚開，曼衍魚龍百戲催。舊是開元傳法曲，還聞王母下瑤臺。鹿鳴雅詠歌三肄，蟒服龍儀接上台。宮錦烟壺歸袖滿，爭看侍宴玉樓回。」〔註 137〕寫得正是三月二十二、二十三兩日，因慶祝皇帝萬壽節而在寧壽宮演戲，同治皇帝奉兩宮太后於暢香閣臨覽看戲之事。阮氏還特別說明，按京中舊例，萬壽慶節前後三日，百官俱穿蟒服，謂之「蟒衣會節」。而連日侍宴聽戲，惟王公一品得預內庭，貢使預列末班，蓋皇帝特恩也。

〔註 136〕阮思僩《燕軺筆錄》誤記為六十八刻，對照黎峻、阮思僩、黃竝的《如清日記》，可知為十八刻。

〔註 137〕〔越南〕阮思僩：《燕軺詩文集》，《越南漢文燕行文獻集成》第二十冊，頁119～120。

從阮思僩鉅細靡遺的紀錄可以得知，同治時期的萬壽聖節戲劇演出持續兩日，每次演出時間約十八刻，即四個半小時，多於未時散場，反推則約於巳正之刻開始，演出劇目至少可見《萬壽祥開》、《吉祥獻壽》、《福祿壽》、《萬壽無疆》等。對比潘輝益所述乾隆五十五年（1790）八旬萬壽由八月初一至初十日，連續十天侍宴看戲，每夜四更趨朝，由卯刻演至未刻結束的盛況，以及道光五年潘輝注仍從卯刻看至未刻近十小時的表演，同治時期的萬壽承應戲演出，已和大清國力一樣，每況愈下，漸趨簡省。畢竟萬壽慶典所費不貲，為了營造出富麗堂皇的皇家氣派、宮廷氣息，排場未稱特別盛大的乾隆二十六年皇太后七旬萬壽慶典，光是聘請戲班的花費就合計要白銀一萬七千二百四十六兩九錢七分，〔註 138〕此種娛樂一人與炫耀國威的代價，對道光以降國庫漸虛、國力日衰的清朝，是無法承受之重。不過，朝簡省方向發展的萬壽聖節演劇，也和道光帝個人崇尚儉僕的作風影響不無關聯。道光七年下旨縮短萬壽聖節演戲的天數，還要求儘量按已有之舊宴戲演出，減少新編，且不再採行一演數日的連臺本大戲，而是與其他節令時的演戲流程一樣，起訖時用壽戲，中間只唱小戲軸子。〔註 139〕此番改制讓清代的萬壽聖節戲曲演出產生變革，因此正如阮氏注意到兩宮太后「垂簾聽戲」時，侍奉儀節簡易，同治時期的慈禧仍受慈安太后與恭親王等勢力鉗制，宮廷演劇基本上維持道光時期的簡樸風格，無怪乎阮氏觀戲時看見宮殿規制高廣，卻無錦鏽珠玉之飾，殿壁窗槅，盡糊白紙，簾帷只用青布緣而已，會因此產生「宣尊恭儉之化，蓋宛然猶存」之感。

另外，阮氏所看《萬壽祥開》、《吉祥獻壽》、《福祿壽》、《萬壽無疆》等劇，通常為帝后誕辰所演之戲，故事情節相對簡單，多是與祝壽主題相關的神話傳說或民間故事，常以單折短劇形式，讓眾多神仙下凡歌舞慶賀、祝壽呈祥，取其場面華麗，意頭吉利。乾隆時期，專門為皇太后、皇帝所編的萬壽慶典戲即有《福祿壽》，取其吉祥，故事主題為神仙祝壽，「大清天子御宇，始媲義軒，功高巢燧，九有仰元良之化，萬年蒙樂利之休，恭逢聖主萬壽聖誕」，因此眾福星「齊赴御前，拜舞申祝」。〔註 140〕而據史料顯示，嘉

〔註 138〕梁憲華：〈清宮萬壽慶典戲〉，《中國典籍與文化》第 92 期（2015 年），頁 137～138。

〔註 139〕羅燕：《清代宮廷承應戲及其形態研究》（廣州：廣東高等教育出版社，2014 年 12 月第 1 版），頁 262。

〔註 140〕梁憲華：〈清宮萬壽慶典戲〉，頁 135～136。

慶二十四年萬壽聖節亦曾演出過《福祿壽》，道光三年、四年和十一年，以及同治七年，則皆演出《福祿壽》和《萬壽無疆》，且自道光七年改制後，道光十一年與同治七年、加上阮思僩所記同治八年的萬壽節演劇，皆有以《福祿壽》和《萬壽無疆》為起訖壽戲之紀錄。事實上，《萬壽無疆》早在朝鮮使節朴趾源《熱河日記》中所記，乾隆四十五年七旬萬壽的八十種劇目中出現過；《萬壽祥開》則曾於道光三年皇帝的萬壽節上開演。〔註 141〕搭配中國戲曲史料和越南使節阮思僩的記錄，我們可以知道《萬壽祥開》、《福祿壽》、《萬壽無疆》等劇目，在清代宮廷上演和流傳的軌跡。

「玉樓金殿砌雲開，朝罷魚龍百戲催。坐到觚稜紅日晚，衣冠盡惹御香回。」〔註 142〕有清一代，究竟有多少越南使節在紫禁城宮殿或是圓明園同樂園，乃至是熱河行宮的清音閣中獲賜觀賞戲曲，而得以坐至紅日晚、衣冠染御香？據陳正宏〈越南燕行使者的清宮遊歷與戲曲觀賞〉一文所附之「越南使者清宮聽戲一覽表」統計〔註 143〕，乾隆時期有使團一，嘉慶朝和道光朝各五次使團，同治年間則有一使團，共計十二使團，主要皆因皇帝萬壽而得以觀戲，少數則是在上元宴和除夕宴觀賞歌舞諸戲。〔註 144〕觀戲地點以圓明園同樂園最多，其次則是寧壽宮的暢音閣三層大戲台。作客紫禁城的越南使節，公務繁忙，朝貢儀節之多相當程度地壓縮了私人休閒的空間，如此則觀賞魚龍百戲的宮廷戲曲，也勉強算是一種視覺上的消遣娛樂了。

至於煙火表演，是宮廷慶祝的節目之一，清宮內有專門製作煙火的作坊，每到元宵節、萬壽節等慶典時節，內務府會製作大量的爆竹、煙花，而來華貢使往往獲賞觀看盛大的煙火表演。〔註 145〕據《嘯亭續錄》「山高水長

〔註 141〕羅燕：《清代宮廷承應戲及其形態研究》（廣州：廣東高等教育出版社，2014 年 12 月第 1 版），頁 71、241～275。

〔註 142〕〔越南〕阮思僩：《燕軺詩文集》，《越南漢文燕行文獻集成》第二十冊，〈燕臺十二紀〉，頁 123～124。

〔註 143〕陳正宏：〈越南燕行使者的清宮遊歷與戲曲觀賞〉，《故宮博物院院刊》第 5 期（2012 年），頁 39～40。

〔註 144〕清代乾隆、嘉慶、道光、同治四朝皆有越南使團在北京或熱河聽戲的記錄，唯獨咸豐一朝無，然而咸豐三年（1853）越南其實亦曾派遣潘輝泳、劉亮、武文俊之謝恩使團，及范芝香、阮有絢、阮惟之歲貢使團如清，二使部同行。但考察潘輝泳《駰程隨筆》與范芝香第二次出使的燕行之記，皆未見聽戲記錄，推敲箇中原因，或許與咸豐三年太平軍攻佔南京、逼近天津的紛亂時局有關。

〔註 145〕何新華：《威儀天下——清代外交禮儀及其變革》（上海：上海社會科學院出版社，2011 年 4 月第 1 版），頁 82。

殿看煙火」所述：乾隆初年定制，於上元前後五日，在西苑西南門內之山高水長樓觀煙火，平圃前設有火樹，棚外則圍以藥欄。是日申刻，外國使節與宗室、王公大臣等分翼入座，在皇帝入座、賜茶及角伎之戲等表演結束後，天子下令放瓶花，一時火樹崩湃，插入雲霄，實為異觀。又待魚龍曼衍、炫曜耳目的燈戲結束後，再放煙火，火繩紛繞，砉如飛電，不久即聞萬爆齊作，轟雷震天，逾刻乃止。〔註 146〕另，趙翼的《簷曝雜記》亦記有圓明園上元煙火，描述表演實況頗為精采。〔註 147〕不過，筆者考察經眼的越南使節燕行紀錄，只有一首〈西苑看烟〉〔註 148〕，是嘉慶二十四年（1819）因歲貢兼賀皇帝六旬萬壽而至北京的丁翔甫所作。「歌管連天步未央，晚來西苑逐鵷行」，丁氏所至之「西苑」當即圓明園；而對於煙火表演，著墨未多，只云「一聲笛振光春蟄，萬樹花開不夜光」，笛響之聲帶來萬樹花開的炫人火光，讓圓明園徹底成了不夜之城；「身惹御香攜滿袖，耳傾溫語燦成章」的丁翔甫，對自己能在清宮觀賞煙火之幸頗為感動，因此寫下「記得天恩遍遠方」之語。

第二節　公餘閒暇的私人活動

在官方的儀節活動占去大部分的時間後，越南燕行使公餘閒暇的日常生活，除了文人一貫的吟詩作對，或是「獨酌頻呼酒，消閑為鬥棋」〔註 149〕的飲酒下棋外，還有在公館會見來訪的客人，及外出訪友、閒遊、購書、買藥等，具體說明如下。

一、公館見客

越南使節在北京所住之所為四譯館館舍，關於短暫客居北京的住宿公館，乾隆時期如清的阮輝僅是這麼形容：「相維公館所，占得一般奇。水藻横花棟，晴雲擁畫楣。地囂車響鬧，軒豁月光遲。雪點糊窗粉，楊低入戶枝。」〔註 150〕

〔註 146〕〔清〕昭槤撰，何英芳點校：《嘯亭雜錄》（北京：中華書局，1980 年 12 月第 1 版），《嘯亭續錄》卷一，頁 374～375。

〔註 147〕〔清〕趙翼撰，李解民點校：《簷曝雜記》（北京：中華書局，1982 年），卷一「煙火」，頁 11～12。

〔註 148〕〔越南〕丁翔甫：《北行偶筆》，《越南漢文燕行文獻集成》第十冊，頁 163。

〔註 149〕〔越南〕阮輝僅：《奉使燕京總歌並日記》，《越南漢文燕行文獻集成》第五冊，〈留題公館作五言排律〉，頁 144～145。

〔註 150〕〔越南〕阮輝僅：《奉使燕京總歌並日記》，〈留題公館作五言排律〉，頁 144～145。

顯然其住宿之地雕飭精美、自成風景，且位於熱鬧之所。道光時期的黃碧山則記云：「皇城東二館、西二館，通稱四譯館，儀門三重中植槐樹以引涼風，乃南使停駐之館」〔註 151〕；同治年間的范熙亮直接指出其所住公館乃位於正陽門西的內務府四譯館。〔註 152〕而潘輝注《輶軒叢筆》除了指出「四驛館在京城西南，為外國貢使停駐之所，爽塏宏麗」，更詳細介紹四譯館由順治到乾隆的設置、改制與職務〔註 153〕，並云：「北館體製頗華飭，本國使與朝鮮、琉球諸使來者分住，蓋外國表文，惟我並此二國用漢文，與中華同，殊異於諸國也。其他如回回、高昌、西番、西天為一館，曰西域門館，暹邏、緬甸、白夷、八百並蘇祿、南掌為一館，號白夷館。」〔註 154〕潘氏認為華麗的四譯館北館館舍，之所以提供給越南和朝鮮、琉球等國使者居住，乃因此三國以漢文書寫，與中華文化無異，較諸西域、南蠻各國，水準更為高尚。潘氏對能用漢文書寫流露出一定程度的優越感，而就在這個與其水準堪配、華麗熱鬧的四譯館舍中，越南使節客居在此，更會見賓客於此。

范熙亮《范魚堂北槎日記》中曾記載有琉球國林世忠、林世項二人就館求見，三人筆問相談。據范氏所記，林世忠與林世項係國學生，「衣服如中國，惟不剃髮，束于頂上，串以簪而已」，二人於同治六年入國子監，當時共有六人一同入學，然節次病故，今僅存二人，明年課滿亦將回國。〔註 155〕雖因天晚未及他問，然越南使節與琉球官學生在四譯館舍會面，並以漢文筆談，此番異地奇緣殊屬不易。北京國子監是清代的最高學府，也是當時國家管理教育的最高行政機構，不僅培養出本國的文官、學者，還培養了許多外國留學生。琉球國派留學生來華，始自明洪武二十五年（1392），中山王

〔註 151〕〔越南〕黃碧山：《北遊集》，《越南漢文燕行文獻集成》第十一冊，〈四譯館秋興〉，頁 333～334。

〔註 152〕〔越南〕范熙亮：《北溟雛羽偶錄》，《越南漢文燕行文獻集成》第二十一冊，〈抵公館〉，頁 80～81。

〔註 153〕原文如下：「自順治初設置主客司，滿漢主事各一人，提督館事。凡貢使來，點提督官稽正從人數，申部劄光祿寺，支送飯食等物，咨工部應付鋪墊什物，咨兵部撥官兵看守、車輛撥送。乾隆年間，準定將四譯館併歸禮部會同館鴻臚，有分引外國朝儀之職，俾提督其事，加俸兼銜，自此而來，遂為定例。」

〔註 154〕〔越南〕潘輝注：《輶軒叢筆》，《越南漢文燕行文獻集成》第十一冊，頁 175～177。

〔註 155〕〔越南〕范熙亮：《范魚堂北槎日記》，據越南漢喃研究院所藏抄本 A.848 影印，葉 53b。

遣王子日孜每、闊八馬等入國子監讀書，清襲明制，繼續接納琉球陪臣子弟至國子監就讀。琉球官學設於今北京安定門內的國子監街，在國子監內敬一亭西廂。琉球官生入監學習，一般以三年為限，在官生畢業時，皇帝照例會厚加賞賜，又官生回國前，禮部則照例筵宴一次。琉球來華官生，多數學成畢業，豐收而歸，但也有少數官生，不幸因病死亡。對於死亡的官生，清朝都厚加撫恤，一般賞白金三百兩，以二百兩交貢使附歸其家，以一百兩交禮部官員，置棺木葬於北京附近通州張家灣地方。同治六年（1867）中山王尚泰遣陪臣子弟葛兆慶、林世忠、林世功、毛啟祥等四人入監讀書，是琉球國第九批來華入國子監學習的官生，其照例有跟伴蔡光地、衡向輝、茄行仁、雍廷基等一同來華，供官生役使。不幸的是，毛啟祥在入京途中，於同治八年六月初八日在江陰縣因病去世，跟伴雍廷基亦因患病於是年六月十五日舟抵建德縣而身故。對照上述范氏同治十年（1871）所記，則「林世項」或為「林世功」之筆誤，而六人一同入學乃是將官生與跟伴人數併計，且至同治十年時，只林世忠與林世功尚存人間。與范氏會面後的琉球二官生，其中林世忠後亦不幸病故，林世功則因在監讀書已逾三年，於同治十二年照例隨貢使一同回國。〔註 156〕

越南使節最常在公館會見的其實是中國官紳文友，除了社交往來與公務相關事項討論外，有時談話內容還會涉及時政與他國使節。如阮思僩《燕軺筆錄》記載，同治八年二月初一日朝鮮使臣趙秉鎬等投柬相問時，適有四譯館官員陳熺和帳房頭目恩普來訪，陳熺幫忙補充介紹了趙秉鎬是年甫二十二歲的朝鮮狀元。阮氏因此又問了琉球使部到京之期，以及與洋人相關之事，並得到琉球「間歲一貢」、朝鮮「每歲冬來朝」，洋人「現居宣武門內」、「氣息不比同文諸國」等訊息和評論，還了解到清廷之所以嚴禁閒雜人等擅自出入四譯館館舍，就是因為洋人的緣故，所以要想與朝鮮使臣會面，至少得等他們完成貢務，方為適當時機。《燕軺筆錄》中還附錄了內務府的諭示，當中要求四譯館附近軍民人等不得於該處諠譁及擅行出入，同時委派護軍番役且咨行步軍統領衙門派兵，一體嚴行稽察，若有不法立即鎖拿懲辦，而弁兵若有循私之情，亦嚴懲不貸。檢視阮思僩與陳熺的會面，頗有趁此打探消息的意味，藉機了解朝鮮、琉球和洋人在北京的動態，彷彿國際與各國局勢變化都

〔註 156〕秦國經：〈清代國子監的琉球官學〉，《歷史檔案》第 1 期（1993 年），頁 86～94。

可在大清帝都看出些許湧動的風雲。而就在陳濬等辭去後，現任戶部筆帖式的原富陽縣知縣蘇完成瑞之子文悌亦來館拜見，除了回答有關清朝的里路、官制、科目、風氣外，還告訴阮氏有關洋人近事，包括廣東有記洋人事務的新書，以及洋人主要聚居於康熙時所設原宣武門天主堂處（即南堂），開店經商，未生他事。〔註 157〕對於前來四譯公館會見越南使節的中國仕人，不斷向越南使節回答或分享所知洋人情事，可以推敲出越南使節和晚清的中國官員，因洋人勢力的威脅相逼，及對西方世界的陌生與不安，都讓洋人洋事成了雙方對談的關注焦點。而清廷對使節所居公館的嚴格管制，更透露出其不欲屬國使節和洋人有所接觸，以免節外生枝，或出現突發事故，以致影響宗藩關係及與西方列強交涉的諸多焦慮。

二、外出訪友

同治年間雖然清廷有所管制，最終讓朝鮮使節金有淵等敏感地邀請越南使節就公館外的「玉成參店」相會，〔註 158〕然而異國使節外出拜訪中國仕宦文友的自由還是存在的。光緒七年（1881）在北京朝貢的阮述，有〈蕭杞山韶御史宅上贈工部知事劉人熙〉〔註 159〕一詩，言其在蕭宅席間遇到工部主事劉人熙（1844～1919），向他索觀使程近作，因此寫詩相贈。劉人熙，字艮生，湖南人，光緒三年（1877）中進士，任工部主事，〔註 160〕阮述在御史蕭韶〔註 161〕的家宅筵席上與之碰面，從詩句「城南樹森森，晴日雲微陰。嬌鶯一振羽，臨風多好音。同生天地間，異苔本同岑」來看，阮述應是

〔註 157〕〔越南〕阮思僩：《燕軺筆錄》，《越南漢文燕行文獻集成》第十九冊，頁 177～180。

〔註 158〕〔越南〕黎峻、阮思僩、黃竝：《如清日記》，《越南漢文燕行文獻集成》第十八冊，頁 177。

〔註 159〕〔越南〕阮述：《每懷吟草》，據越南漢喃研究院所藏抄本 VHv.852／1 影印，葉 50b～51a。按：《集成》版此詩詩題作〈蕭杞山御史宅上贈工部知事劉人熙〉，未寫出蕭杞山其名為「韶」，若未對照 VHv.852／1 本，無法就人物身分作更進一步之考證。至於所引詩句，《集成》版「衡嶽」作「衡岳」、「湘江采蘭杜」作「湘江來采杜」。

〔註 160〕《清實錄．德宗實錄》（北京：中華書局，1987 年 5 月第 1 版），第 52 冊，卷 51，「光緒三年五月甲子」條，頁 711～712。

〔註 161〕蕭韶，字杞山，湖南清泉人。同治丁卯舉人。光緒元年二月由刑部員外郎入直。見〔清〕梁章鉅、朱智撰，何英芳點校：《樞垣記略》（北京：中華書局，1984 年 10 月第 1 版），卷十九，頁 234。

受邀至中國官員家中作客，以文會友，認識志同道合的異國朋友。「輶軒訪文獻，衡嶽先登臨。湘江采蘭杜，餘香懷至今」，阮述燕行至北京的過程經過劉人熙的家鄉湖南，湘楚文化的美好確是瑰寶，而其一介「下客」的「越吟」之詞，竟蒙劉氏關注，實乃「取善乃靡遺，披沙勞揀金」。對於劉人熙的「不惜齒牙論，相邀翰墨林」，阮述深有「千秋相契心」之感，所以蕭氏宅上的宴會之遇，是阮述作客北京的拜訪之行，也是知音相見的難得場面。

阮述另有〈工部郎中王應孚宅上題海客琴樽圖〉之作，寫其至王應孚家中作客觀圖的一段文人雅事。王應孚字信甫，直隸人，拔貢出身，與阮述的護貢官張桐熙有同年之誼，或許便是因為這樣的人際網絡牽線，阮述出席了一場包括戶部主事莊心和、內閣侍讀劉溎焴、翰林編修慕子荷皆在座的集會。會中莊心和展示其所收藏的「海客琴樽圖」，此圖是道光年間朝鮮使臣李藕船至燕京朝貢，與諸文人宴集後，有都人繪製而成，寫中外人物服制及琴樽遊宴，甚為工緻。〔註162〕李藕船即李尚迪（1803～1865），字惠吉，號藕船，能詩善畫，曾任朝鮮燕行使之譯官，自道光九年（1829）到同治三年（1864）共十二次來華，結交許多清朝士人，其中與清代著名詞人張惠言之侄張曜孫（1807～1862）的交往尤為突出。李尚迪結識張曜孫，於道光十七年（1837）孟春其第三次來華之時，李氏滯留北京期間，經常參加張氏與朋友所舉行的文人雅會。其中一次在張曜孫的大姊夫刑部員外郎吳贊（又名庭鈐，字偉卿，道光六年進士）家舉行的雅會，被吳贊繪成〈海客琴樽圖〉，作為其交往之見證。道光二十五年（1845）正月，李尚迪第七次來京時，與張曜孫等人又舉行一次雅會，會後張曜孫請吳冠英繪〈海客琴樽圖〉第二圖，畫中有十八人，除李尚迪外其餘皆清朝士人。〔註163〕道光朝有中國和朝鮮文人宴游唱和，以畫紀事，光緒朝更有中國、越南文人聚會飲宴，觀賞描繪中朝詩人雅集之圖，且賦詩歌詠其事，阮述詩云：「是誰稱海客，

〔註162〕〔越南〕阮述：《每懷吟草》，據越南漢喃研究院所藏抄本 VHv.852 影印，葉 52b～53a。按：《集成》本之詩前小序將「李藕船」誤記為「李藕」，又寫〈海客琴樽圖〉為「道光元年間」所繪，然〈海客琴樽圖〉與〈海客琴樽圖〉第二圖所繪時間為道光十七年與二十五年，再對照《每懷吟草》VHv.852 / 1 本之序言只記「道光年間」，足見《集成》本「道光元年間」之記有誤。見阮述：《每懷吟草》，《越南漢文燕行文獻集成》第二十三冊，頁 113～114。

〔註163〕孫衛國：〈清道咸時期中朝學人之交誼——以張曜孫與李尚迪之交往為中心〉，《南開學報》第 5 期（2014 年），頁 95～113。

僕亦忘機翁。玉帛何年事？琴樽此日同。龍池千樹畔，鴨綠片帆東。安得荊關筆，重留雪爪鴻」。南渡鴨綠江至北京的朝鮮使節，與來自南方的越南使節及身為東道主的中國士子，竟因一幅圖畫與文人琴樽雅宴，而有跨越時空、國界的交集，雪泥鴻爪之事轉瞬即逝，以詩記述更顯意義非凡。

越南和朝鮮使節作客北京之時，往往利用公餘閒暇與文人好友聚會，並因此擴展、加深其與中國士人的交往情誼。阮述在王應孚家中認識了內閣侍讀劉溎焴（字星岑，進士出身），當時劉氏請阮述題書摺扇，翌日又以詩送別，且詩歌內容讚賞阮述觀〈海客琴樽圖〉時所題詩句，阮述因而有〈次韻留別內閣侍讀劉溎焴〉詩四首如下：

瓊島秋雲接太行，長途綠柳綰輕裝。
西園猶憶題襟處，攜得薇風滿袖香。

畫屏醉墨尚淋漓，海客才名上國知。
慙謝濬雲微雨句，揚芬恐負阮亭詩。

紅藥高吟紫禁春，西清詞藻鬥紛綸。
輞川雅集多名士，談麈新添海外臣。

安得琴樽重往還，丹青妙筆借荊關。
天涯空作懷人夢，飛到蓬萊第一山。〔註 164〕

因為一場在北京的文人雅集，讓阮述這位越南使臣得以在中國知悉朝鮮文人李尚迪的大名與才華，不論是李尚迪或阮述，兩人參加的聚會皆有許多清朝名士，而也因為李尚迪與阮述的受邀參與，讓眾人談論的對象與話題，從此新添「海外之臣」，此番因緣實屬難得。

三、帝都閒遊

對越南使節來說，難得跋山涉水來到大清帝都，一遊京師繁華街道自然是不可錯過的休閒娛樂。道光十一年張好合寫下「纔入琉璃玩帝州，不知秋在綠楊樓。長安處處多遊蕩，遺得深閨倚月愁。」〔註 165〕顯然張好合是到了

〔註 164〕〔越南〕阮述：《每懷吟草》，據越南漢喃研究院所藏抄本 VHv.852 影印，葉 53b～54b。按：《集成》版第六句「海客」作「海外」，第十句「鬥紛綸」誤抄為「門紛綸」，倒數第二句「天涯空作懷人夢」之「空」字抄為「宜」字。見阮述：《每懷吟草》，《越南漢文燕行文獻集成》第二十三冊，頁 115～116。

〔註 165〕〔越南〕張好合：《夢梅亭詩草》，《越南漢文燕行文獻集成》第十二冊，〈遊長安街〉，頁 198。

清代著名的琉璃廠文化街。乾隆年間潘榮陛所編的《帝京歲時紀勝》「琉璃廠店」記載：「每於新正元旦至十六日，百貨雲集，燈屏琉璃，萬盞棚懸，玉軸牙籤，千門聯絡，圖書充棟，寶玩填街。更有秦樓楚館徧笙歌，寶馬香車遊士女。」〔註 166〕雖然張好合到達北京之時已非新春時節，然其都城之街多遊蕩之所，致使閨怨深深的詩句，倒是與潘氏「秦樓楚館遍笙歌」之語相呼應。光緒三年抵達北京的裴文禩，有〈燕中雜詠八絕〉其三與其六，記錄了遊觀帝京的見聞：「亭午薰風細細吹，長安車馬自逶遲。柳陰深處蓬如海，三伏人間總不知。」、「紛紛歌吹帝城邊，聽曲人歸落照天。痛飲松間醉相語，清平此調憶康乾。」微風吹拂的正午時分，街道車馬徐行，裴氏遛達到公館後門外一處名為「蓬海」的地方賞景看人。「蓬海」兩邊皆是蓮湖，中一路栽植柳樹，綠蔭婆娑，並設有賣茶坐几。暑天午後，平常人家的男男女女艷裝前往乘涼，車馬絡繹不絕，市廛之中的消暑之地，足以讓人忘卻三伏天的炎熱。〔註 167〕至於平常的帝京街景，則是歌聲連綿，聽曲人不夜不歸，看著這些痛飲而醉的人們，酒後吐真言，說出懷念康乾盛世曾經的太平美好，同樣處於國家動盪之際的裴文禩，恐怕也是感觸頗深，清平之調不忍再聞。

京城可遊之處甚多，其中充滿學術文化氣息的「國子監」則是特殊的遊覽之地。作為普通身分的觀光客，國家教育機構國子監並非人人可入的隨意觀光之所，然作為身分特殊的外國使節，則有機會一睹傳習文教之地。嚴從簡《殊域周咨錄》便曾記載明朝時，「朝鮮使臣例於國子監等處聽令謁拜，於一應貨買，聽其自便，所以優待者已與各夷不同；後因夷人多生事端，始行約束。」亦即朝鮮使臣在明朝時就有謁拜國子監之例，甚至比起他國使節來說通行自由，只是為免滋生事端、徒增困擾，明朝後採取謹慎的約束政策，明憲宗成化六年（1470）來京的朝鮮使節便已行動受限。〔註 168〕國子監嚴格說來非出入自由的觀光勝地一類，考察清代越南使節的燕行紀錄，也確實少有提及，顯然官方並未安排如明代朝鮮使臣謁國子監那樣的例行活動，如此則《越南漢文燕行文獻集成》中對國子監有相關記寫和參觀經驗的黎貴惇、

〔註 166〕〔清〕潘榮陛：《帝京歲時紀勝》，收入《帝京歲時紀勝　燕京歲時記》（北京：北京古籍出版社，1981 年 8 月），頁 9。

〔註 167〕〔越南〕裴文禩：《萬里行吟》，據越南漢喃研究院所藏抄本 VHv.849 / 2 影印，葉 26b、27a。

〔註 168〕〔明〕嚴從簡著，余思黎點校：《殊域周咨錄》（北京：中華書局，1993 年 2 月第 1 版），卷一，頁 30。

阮輝僅與李文馥三位，是目前所知在北京得遊國子監的越南使節。黎貴惇《北使通錄》〔註 169〕記其於乾隆庚辰（二十五）年十二月至北京，曾向會同四譯館提督素敏提出到國子監瞻拜的意願，隔年正月初十日素敏先向禮部報告，之後委四譯館官吏史周翰帶使團成員出館，行遍皇城西苑後至國子監。國子監由助教官張元觀出迎，眾人一同入「持敬門」、坐於「致齋所」，越南使節表達其自遠方來朝上國，幸得謁拜宮墻，不勝欣喜，希望國子監官員能周旋引導，使其遍觀禮容樂器，張元觀為其解釋道：「禮樂器具，敬貯庫中。遞年二丁祭期前一日，請旨開鎖始奉設，常日不得擅開」。

之後黎貴惇又問「衮冕之敬」，張元觀答曰：「惟曲阜廟有之。今京中及各處，止奉牌位，請入行禮。仍入戟門之右角門，詣大成殿庭正中，皀隸前鋪棕薦，謂從來皇上親御行禮，及王公百官，並不敢設坐褥，一樣如此。」語畢，越南使節行三跪九叩禮後，出登戟門看石鼓、再詣正殿升堂瞻所，黎貴惇對石鼓、牌位、題字、御書對聯、香爐等擺設、以及「金碧畫彩，下鋪棕薦，無空罅地」的配祀龕位及建築、植栽等，都或詳或略地加以描述。而由其敘述內容也可看出，黎貴惇等一行乃先入國子監與孔廟相通的「持敬門」，參觀孔廟的「致齋所」、「大成門」前廊仿周宣王時代的石鼓，以及「大成殿」。左廟右學，北京國子監與孔廟相連，參觀完孔廟的黎貴惇等人隨而轉入國子監的「彝倫堂」參觀，並了解到彝倫堂兩側有「博士廳」、「繩愆廳」，及辟雍殿兩側有修道、廣業、率性、誠心等六堂之配置。有趣的是，當黎貴惇等人聽聞「崇道殿」別奉聖父聖母，及顏回、子路、孔鯉、曾點諸賢祀，認為是「古人追隆本原，據禮文『子雖齊聖，不先父食』之義」，而「欲併於此時瞻謁」，可惜日已向暮，無法得遂所願。黎氏此處所言的「崇道殿」，應為孔廟的「崇聖殿」，殿內供奉孔子五代先人的牌位，及配享的顏回、孔伋、曾參、孟軻四位先哲之父的牌位。而黎貴惇引《左傳・文公二年》「子雖齊聖，不先父食」之義來詮解孔廟奉祀孔子先人與「復聖」顏回、「宗聖」曾參、「述聖」子思（孔伋）之父，足見其熟稔儒家經文典籍與文化精神。

結束參觀行程後，張元觀請黎貴惇等人到國子監教學博士的辦公場所「博士廳」稍坐，不久有博士張鳳書入內，見越南使節來訪便以筆硯與黎氏相問答。張氏言：「貴國貢使從來未有謁聖廟者，今諸公敬謹至此，是徵好

〔註 169〕有關黎貴惇報告謁國子監的記錄見〔越南〕黎貴惇：《北使通錄》，《越南漢文燕行文獻集成》第四冊，頁 307～314。

學重道之意」，黎氏答以：「敝邑夙奉聖教，服習詩書，故因觀光之辰，冀伸瞻謁之敬」，同時表達未見禮容樂舞之憾，並提出希望國子監博士諸公能於閒暇之日，攜典故諸書至其留宿公館惠賜一看。關於黎貴惇的請求，張鳳書答以書在書坊發賣，其手中並無別貯奇本，至於孔廟車服禮器，於二月初七日丁祭陳設，黎貴惇等三人可以與朝鮮使臣一同向禮部申請屆期陪祀，以為大觀。黎貴惇與張鳳書的對話透露出以下訊息：過去朝鮮使臣似有向禮部請求參與丁祭或拜謁孔廟、國子監之事，而越南使臣作客北京期間，在公在私皆未有參訪孔廟、國子監之安排，黎貴惇等人的主動到訪，被視為是「好學重道」，而黎氏本人的回答亦可見其學習儒家經典與道統文化之用心，因此非常盼望踏上中土時能有此朝聖之行。那麼黎貴惇是否有向禮部提出陪祀的請求？答案是當時皇帝駕幸五臺山，因此不敢冒然提出申請，為彌補此缺憾，因此越南使節購買了有繪圖可考的《闕里志》〔註 170〕一本帶回，並將之呈予後黎朝顯宗皇帝。黎貴惇除了在《北使通錄》裡提到參訪孔廟、國子監一事外，對照其《桂堂詩彙選》，亦有一首古體長詩和〈謁國子監恭紀〉七律可茲對照，今引短詩如下：

聖道昭昭日月星，辟雍俎豆肅儀型。
天王禮樂存三代，夫子文章備六經。
籀篆鋪陳環石鼓，奎翰讚述煥碑銘。
古槐新表昌明瑞，五百年來葉再青。〔註 171〕

到過國子監辟雍殿，看過孔廟大成門外刻有籀篆的石鼓，以及文采煥然的諸多御書題字、對聯和歷代進士碑，最令黎貴惇稱奇的是國子監「彝倫堂」有傳說元代許衡所植古槐，久已枯槁，竟然在乾隆時期復榮，這是文教昌明之瑞。

乾隆時期另有使節阮輝瑩至孔廟、國子監遊訪，記述如下：

國子監在京城東，中奉至聖先師孔子牌位，有御書對云：「氣備四

〔註 170〕《闕里志》共二十四卷，乃明朝提學副使陳鎬所編，吏部尚書李東陽作序，以圖像、禮樂、世家、事蹟、祀典、人物、林廟、山川、古跡、恩典、弟子、撰述、藝文分類排纂，是一部較為完整的孔氏家族史。闕里是孔子故里，向無志乘，僅有《孔庭纂要》、《祖庭廣記》諸書。弘治甲子，重修闕里孔廟成，李東陽承命致祭。時鎬為提學副使，因屬之編次成志。崇禎中，孔子六十五世孫允植重加訂補，是為今本。

〔註 171〕〔越南〕黎貴惇：《桂堂詩彙選》，《越南漢文燕行文獻集成》第三冊，〈謁國子監恭紀〉，頁 234～235。

時，與天地日月鬼神合其德；教垂萬世，繼堯舜禹湯文武作之師」。正門置宣王石鼓，九門外植進士題名碑。右一區為彝倫堂，庭右邊有老槐樹，傳是元許衡所植，乾隆辛未年，其木再榮。使臣入謁，有恭紀詩贊。詩曰：「粵從開闢有生民，天地英華萃一人。德備溫良恭儉讓，道兼堯舜禹湯文。春秋史外傳心典，鄉黨坐中涉世津。江漢秋陽渾在望，恍如親炙一身親。」贊云：「大哉道乎，磅礴周流；備於聖人，屬於吾儒。緬惟素王，寔懋聖德；與天地參，以立人極。玉振金聲，集其大成；上紹往緒，下述來型。人也而天，陶鑄無跡；師也而君，袞冕有赫。出類拔萃，麒麟鳳凰；仰高鑽堅，江漢秋陽。堯舜雍熙，商周交際；生民以來，未之有也。」〔註 172〕

阮輝僋先參觀孔廟大成殿，見孔子牌位及乾隆御書，再看大成門外之石鼓與進士題名碑。後入國子監彝倫堂，見復青再榮、屹立不倒的老槐樹。親謁孔廟和發揚儒學的國子監，讓阮氏有詩和贊稱揚孔子之偉大與令人崇仰。至於道光時期來華的李文馥，其《使程括要編》所記，則一樣引錄乾隆御聯、提及彝倫堂槐樹復青之事，〔註 173〕聊記幾筆而已。

四、購書買藥

前面提到黎貴惇買書《闕里志》帶回獻給後黎皇帝，事實上越南使節在中越書籍交流中扮演重要角色，多數的中國書籍之所以在越南流傳，便是使節藉其燕行之便而在中國各地購買帶回。黎貴惇《北使通錄》便曾記載其使團一行沿路採買的書籍在回程至廣西桂林時，遭官府查扣沒收。〔註 174〕其他像汝伯仕《粵行雜草編輯》中提及他在廣東購買官書，並抄錄書店「筠清行」所售書目。再如阮述有《梧州十首》之作，其中第十首云：「玻璃窗裏燦珠璣，悅目雖多愜意稀。獨喜街頭書價賤，再來應購滿船歸」，顯然廣西梧州街上的便宜書籍，讓阮述想於回程時大肆採購。〔註 175〕喜歡購買中國

〔註 172〕〔越南〕阮輝僋：《奉使燕京總歌並日記》，《越南漢文燕行文獻集成》第五冊，頁 138～140。

〔註 173〕〔越南〕李文馥：《使程括要編》，《越南漢文燕行文獻集成》第十五冊，頁 134。

〔註 174〕〔越南〕黎貴惇：《北使通錄》，《越南漢文燕行文獻集成》第四冊，頁 282～286。黎貴惇使團購書攜回而被沒收一事，陳益源教授於其〈明清小說在越南的流傳與影響〉一文已研究指出。

〔註 175〕有關汝伯仕、阮述及清代越南其他使節在中國各地的購書情形，可參考陳益源：〈清代越南使節在中國的購書經驗〉，《越南漢籍文獻述論》（北京：中華

書籍的越南使節來到帝都北京，自然不忘閒逛書店和購買書籍，李文馥《使程遺錄》有詩〈譯館夜雨〉，主要是為抒發「思歸一度一躕躇」的懷鄉之情，然其中有句云：「啟眼強觀新買書」，可見其曾至北京書肆購買新書。〔註 176〕再看同治八年抵京的阮思僩，其《燕軺詩文集》有詩〈小齋〉云：「雨過天街景漸遲，小齋病起獨支頤。風高古樹烏鴉舞，日煖疎櫺鳥雀嬉。慚愧諸公求墨跡，頻煩使館講朝儀。橐金欲罄書猶買，笑看榆錢滿地垂。」〔註 177〕生病的阮思僩積欠了一堆文字債，對於頻頻講述的朝會儀節頗感厭煩，想到自己袋中錢財已花費將盡，卻仍不斷買書的行為，也不禁覺得好笑起來。愛書的阮氏一直添購書籍，此事對照其另一著作《燕軺筆錄》，及署名黎峻、阮思僩、黃竝三人共著的奏本《如清日記》可以得到印證。《燕軺筆錄》二月十八日有記如下：

> 巳刻，同三陪臣往書肆看閱書籍。據各店主云：江南書板為多，自兵火之後，刻板散亡，未及重刊，書目日闕而書價日高，職此之故。〔註 178〕

阮思僩和同行的使節一同至書店看書，跟店主人聊天得知書價變貴的原因乃受戰火影響，刻板亡失而重刊不及，因此物以稀為貴。二月二十日則有其和富陽縣員蘇完成瑞閒聊之記，阮氏向其「問奇書、秘書諸書目」。〔註 179〕再對照《如清日記》，其中三月十三、十五、十九此三日，出現「買書籍載回」、「買書籍載回公館」和「往諸鋪戶看買書籍載回公館」之紀錄，足見阮思僩及同行使節在北京一得空閒便至書店看書、購書，且購買書籍數量應不少，陳益源教授便援引該次護貢官馬先登《護送越南貢使日記》中「迺其陪臣等，亦復文雅好學，買京師書籍滿二十簏以歸」之語，證明阮思僩此番燕行所費不貲，帶回滿滿二十箱的書籍。〔註 180〕

書局，2011 年 9 月第 1 版），頁 1～48。

〔註 176〕〔越南〕李文馥：《使程遺錄》，《越南漢文燕行文獻集成》第十四冊，〈譯館夜雨〉，頁 324。

〔註 177〕〔越南〕阮思僩：《燕軺詩文集》，《越南漢文燕行文獻集成》第二十冊，頁 118。

〔註 178〕〔越南〕阮思僩：《燕軺筆錄》，《越南漢文燕行文獻集成》第十九冊，頁 198～199。

〔註 179〕〔越南〕阮思僩：《燕軺筆錄》，頁 201。

〔註 180〕陳益源：〈清代越南使節在中國的購書經驗〉，《越南漢籍文獻述論》（北京：中華書局，2011 年 9 月第 1 版），頁 9。

另外光緒三年抵達北京的裴文禩，其〈燕中雜詠八絕〉第八首云：「奇書欲買橐無鈔，閑客孤吟日似年。一夢天津飛不到，新秋愁聽數聲蟬。」〔註 181〕阮囊羞澀無法購買奇書的裴文禩，相來必是在北京書店閒逛，看到不少新奇好書，心癢難耐，欲購之收藏而後快，可惜少了孔方兄的資助，難以如願。其實越南使節在北京的私人行程，除了上書店看書、買書之外，還有極大的可能是去逛藥鋪、買藥材。乾隆時期琉璃廠賣人參的店鋪就多達二百餘家的規模，〔註 182〕前文提到朝鮮使節邀請阮思僩等越南使節碰面的地點便是在「玉成參店」，而檢視《如清日記》二月初十、二十三、二十八日，三月初四、初五、初七、十三、二十一日及四月初二、初四共十日，有「飭行隨就鋪看項並買藥材服用」、「給發差人錢文並辨買藥材服用」、「給發車夫錢文並買鐵匣藥材備用」、「日晚買藥材需用」、「及支錢買藥材」、「飭行人往諸商戶採買藥材回館」、「又給發車夫錢文買書籍載回並買藥材服用」、「回館給發車夫錢文並買藥材服用」、「又委就鋪增買藥品茶葉各項」、「又支出錢文還節次買藥材」等紀錄，〔註 183〕可見越南使節在北京或親自或託人至藥鋪採買藥材的次數相當多。同治十年十一月初五日越南使節范熙亮準備離京，「是日同仁堂祈永壽就館送行，具帖遞藥劑寄進（參茸術生丸，安神贊育丸、靈寶如意丸四十，參茸酒四瓶），再分送及行隨有差（使各十丸、酒四瓶，行人各五丸、酒一瓶，如意檳榔各一封〔註 184〕，隨人如意檳榔各一）。」〔註 185〕同仁堂是北京著名的藥店，范熙亮回程前同仁堂親自派人到公館送行，若非彼此交情深厚，那麼就是范熙亮等越南使團是同仁堂的重要顧客，而所遞藥劑或是送禮感謝、或是交易送貨，皆有可能。

事實上，越南使節對中藥材甚感興趣，阮思僩《燕軺筆錄》便有其與富陽縣員蘇完成瑞討論藥材的內容。〔註 186〕蘇完成瑞似乎對中藥材頗有研究，

〔註 181〕〔越南〕裴文禩：《萬里行吟》，據越南漢喃研究院所藏抄本 VHv.849 / 2 影印，〈燕中雜詠八絕〉，葉 27。

〔註 182〕〔越南〕阮輝僜：《奉使燕京總歌並日記》，《越南漢文燕行文獻集成》第五冊，頁 138。

〔註 183〕〔越南〕黎峻、阮思僩、黃竑：《如清日記》，《越南漢文燕行文獻集成》第十八冊，頁 181、186、189、191、194、196、207～208。

〔註 184〕「封」為量詞，用於封緘物。

〔註 185〕〔越南〕范熙亮：《范魚堂北槎日記》，據越南漢喃研究院所藏抄本 A.848 影印，葉 59b。

〔註 186〕〔越南〕阮思僩：《燕軺筆錄》，《越南漢文燕行文獻集成》第十九冊，頁 199～201。

因此阮氏倚仗他幫忙看買人參、海狗腎、冰片、空青等各項藥材。蘇完成瑞還向阮氏分析高麗參性熱，不比人參太和之氣；關東參產於盛京，因在山海關之東故以名之，且其有家參、野參之別，「家者為秧、野者即土家產。家者明而淨，野者粗而老；家參力弱，野參力大，總要似人形。武像力大，文像不及，壽星頭越高越好。每一形節，三年形愈粗愈好，故鬚鬢多者為佳。」至於海狗腎，其實是一種壯陽藥材，是中國古代春藥的材料，沈德符《萬曆野獲編》云：「宇宙間真何所不有，媚藥中又有膃肭臍，俗名海狗腎，……，然百中無一真者，……。出山東登州海中，昔張江陵相，末年以姬侍多，不能遍及，專取以劑藥，蓋薊帥戚繼光所歲獻，戚即登之文登人也。藥雖奇驗，終以熱發，至嚴冬不能戴貂帽。百官冬月雖承命賜煖耳，無一人敢御，張竟以此病亡。」〔註 187〕明代戚繼光為感激萬曆首輔張居正的提拔，送其春藥之一的海狗腎，後張居正因服藥縱慾而亡。

蘇完成瑞向阮氏表明海狗腎「乃東海之寶物，十無一真」，不容易買到，藥店拿來的也多是以西北藏狗腎魚目混珠，但亦可用，欲求真者，恐怕只會徒勞無功。蘇完成瑞後又說明「圓者方為真枸杞」、「空青為石中之水，可治眼疾，此最難真，容為訪買，或幸得真者」。

從阮氏不厭其煩的記錄人參等藥材的特性與如何分辨品質好壞，可以確定其有意深入了解採買藥材之相關知識，而其應該也有買賣藥材這方面的需求。而蘇完成瑞果然便向阮氏透露「藥料須到正陽門外大柵欄胡同同仁堂採買，或可真物。又崇文門外，喜鵲胡同藥行，價稍廉而料好」。阮氏見蘇完成瑞說得如此專業，因此決定託他訪買真正的關東人參與空青此兩種藥材。中越兩國使節往來的過程中，出現所謂的「使團隨帶貿易」，即使團代表國家進行國際貿易，和使團成員私人之貿易活動。清初便允許各國朝貢使團在京開市，以會同館作為交易場所，且基於「柔遠」目的，並不徵稅，因此安南使團曾在華採購大宗的絲綢及其製成品。越南阮朝時期，朝貢使團出發前，皇帝往往開列購物清單，命其至中國購買，而阮朝的慣例是「帶將物項兌換清貨」，即以物易物的方式。道光二十年（1840），越南明命帝便曾言：「夫物各出於其所產，以有易無，古今通義，即如肉桂、荳蔻、燕窩等項，均是本國所有，每遇如清之期，曾有附帶多少，換易人參、藥材、書籍、清貴之品，以充國用

〔註 187〕〔明〕沈德符：《萬曆野獲編》（北京：中華書局，1959 年），卷二十一「滇南異產」，頁 550。

而已，非如市肆之販買雜貨圖利者，向來已經成例，於國體何傷？」〔註 188〕可見越南使團承擔中越兩國互通有無的使命，而此隨帶貿易情形一直延續至光緒七年越南最後一次朝貢。〔註 189〕準此，越南使節在北京的私人活動中，購書、買藥除了是個人的興趣、嗜好外，也可能是其個人或代表國家的商業貿易行為。

第三節　禮與人的構圖：使節燕京生活析論

越南燕行使是少數享有進入大清皇宮特權的異域人士，他們向無數永遠無法獲得這種幸運機會的人們，描述了什麼樣的北京生活？他們在城牆宮門內的見聞與日常活動究竟為何？本章前兩節已援引諸多例證，就其在北京的公私活動進行探討，現再徵引下列詩歌和小注，作為總括之例，進行總結說明：

> 圓明面駕梅風曉，西直瞻迴天日照。
>
> 午門拜賜公事完，裘馬舒徐諳此道。
>
> 十一月初六日，奉清帝駕詣慈宮問安，使臣是日五更初，具大朝品服，先詣圓明園，大紅橋內佇候，尋領賜食品（克食羊肉饅頭餅）。平明見數十騎，挾弓前導，少頃大皇帝服天青袍烏騾黄輿轡，駕至，使臣跪迎道左，禮部尚書跪奏越南國使瞻仰，奉大皇帝顧盼。久之，駕過，叩興回館。十九日駕回京城，使臣先就城內西直門路左佇候，平明弓矢傘蓋旄仗數十騎前導，少頃駕至，禮部跪奏越南國使恭請聖安回國，奉清帝寄問我皇安好，使臣叩興。二十三日，拜領國賞項在午門前。〔註 190〕

上文是道光二十八年在北京的越南燕行使裴樻，簡要記述其在紫禁城的生活。關於北京，裴樻在其作《燕行曲》中寫下繁華熱鬧的初見京城印象，以及恭進國書和獲准由廣西按察使勞崇光前往國都富春敕封新君之事，除此之外，上引詩文便是北京生活總述。顯然，對裴樻而言，作客北京的生活重

〔註 188〕許文堂、謝奇懿編：《大南實錄清越關係史料彙編》（臺北：中央研究院東南亞區域研究計畫，2000 年 11 月初版），正編第 2 紀，卷 218，頁 220。

〔註 189〕孫宏年：《清代中越關係研究（1644～1885）》（哈爾濱：黑龍江教育出版社，2014 年 2 月第 1 版），頁 154～160。

〔註 190〕〔越南〕裴樻：《燕行曲》，《越南漢文燕行文獻集成》第十六冊，頁 62～64。

心便是執行出使任務，盡力扮演好外交使節的角色，因此道旁瞻覲、請安回國、午門領賞，成為剪裁選擇後的最終紀錄。據此，或許吾人可以作下如此註腳：越南使節的燕京生活面貌，其實便是交織在禮文儀節中，一幅禮與人的構圖。而禮之於使節，既是責任、約束，也是其身分地位之象徵；禮之於紫禁城，則是其建築設計之內涵，故越南燕行使作客紫禁城的時光歲月，是一幅幅統攝在禮文儀節下的生活圖象，以下便分兩點進行剖析。

一、正陽門外即人間：彰顯使臣格調的任務實錄

正陽門是北京內城的正門，因位於皇城正前方，故俗稱「前門」，是皇帝出入專用的城門。「前門樓子九丈九，四門三橋五牌樓」、「前門樓子九丈九，九個胡同九棵柳」、「前門樓子九丈九，王口花炮響上頭」……，這些老北京民謠昭示出正陽門這座城門建築高大，而「聖立當陽，日至中天，萬國瞻仰」，乃正陽門所隱含的內在涵義。〔註 191〕事實上，北京城的整體布局有效地營造出一種對於皇權的崇敬，這首先表現在其空間布局中展現出的宏大規模，以及對稱和均衡原則之一致性，而北京城中的宮殿並不僅僅是城市的一部分，相反，整座城市已經成為一種渾然一體的紀念性建築，強烈表述著帝國的權力。同時，北京明確的等級感也體現在象徵著地位和族群隔離的城牆上，外城、內城、皇城、宮城，一層又一層的城牆，展現了皇權威嚴的空間，城牆的高大令人卻步，城門之開合則蘊含權力，並劃分隔離著皇族與平民、滿人與漢人、政治與商業、城市與鄉村。〔註 192〕所以當同治年間的越南燕行使阮思僩寫下詩句：「弱水樓臺萬疊山，正陽門外即人間」〔註 193〕時，顯然他也感受到一出正陽門，繁華熱鬧的京師、尊貴無上的天子、威嚴深刻的皇權，都將慢慢退下生活舞臺，逐漸成為「他年漫詫遊仙樂，雞犬驚人幾自閒」的記憶，恍如仙宮、仙境的紫禁城，只能回味，雞鳴犬吠的平民日常，才是真正真實可感的「人間」。

對於北京，西方學者認為這座設計成帝王住處的中國城市，意圖標誌出

〔註 191〕大運河翰林文化藏書編委會：《圖說老北京：京門九衢》（北京：中國書店，2012 年 5 月），頁 98～99。

〔註 192〕董玥：《民國北京城：歷史與懷舊》（北京：生活·讀書·新知三聯書店，2014 年 10 月北京第 1 版），頁 5～16。

〔註 193〕〔越南〕阮思僩：《燕軺詩文集》，《越南漢文燕行文獻集成》第二十冊，〈四月初十出城，小住南門外永陞店待發〉，頁 126。

宇宙的中心，是一座十分講究禮儀程式和宗教思想的城市；〔註 194〕對於紫禁城，中國學者認為走在紫禁城裡，隨著空間形式的出現和轉換，展現的是一套中國的思想體系，只有懂得中國文化，才能真正懂得紫禁城。〔註 195〕明清北京城就是在風水結構與宗法禮制、尊卑有序相互結合的文化思想下規劃建設，以中軸線統領整個城市的布局，使之均衡對稱，展現左右、內外此種陰陽對稱和諧的宮殿設計，並以北面人工堆砌的「景山」（明稱「萬歲山」）為「鎮山」，又引入金水河形成「金城環抱」，呼應風水理論上的「山環水繞」之空間布局。〔註 196〕那麼置身在處處展示皇權及昭顯天人合一、陰陽調和、尊禮為尚之制的北京城空間中，越南燕行使所思所寫自然與此有關，因為「一個地理空間（包括各式建築或不同地域）可以是某種意象化的形式，而人們正是藉助於在一定程度上共通的意象，來『看到』這個空間，或發展出對這空間的感知。」〔註 197〕越南使節對北京、對紫禁城的空間感知，其屬性是禮儀的、皇權的、朝貢外交的、公共事務的、個人職責與榮耀的，甚至是某種文化價值認同的，因此不論是隨班覲見、道旁瞻覲，或是到圓明園、熱河行宮朝見天子，即使此間行禮過程費時甚長又多為固定禮文儀節，即使禮儀背後是封藩體制、天子權威的展現，越南使臣卻對「禁城夜靜霜初勻，星駕相催覲紫宸」的辛苦，未有微詞，反而喜於「咫尺天顏知有堯」。雖然就現代眼光來看，瞻仰宗主國天子龍顏是藩屬國臣服的尊卑心態表現，然而身在封建與宗藩體制長久運作的社會中，他們所熟悉的便是朝貢文化體系的上下層級關係，皇恩畢竟浩蕩，予人無上榮光，越南使節的感觸少有政治現實之悲，因為朝覲之禮帶來的是「最是大家行步處，恩光曾逮遠方人」的聖眷之寵，〔註 198〕是應該被如實記載的使臣任務與成果。

通過本章前兩節的討論，可以發現繫之於禮的官方活動所占篇幅甚多，

〔註 194〕〔美〕埃德蒙·N·培根著，黃富廂、朱琪譯：《城市設計（修訂版）》（北京：中國建築工業出版社，2003 年 8 月第一版），頁 244。

〔註 195〕張法：《北京的深邃——京城模式與象徵體系》（合肥：安徽教育出版社，2015 年 1 月第 1 版），頁 108。

〔註 196〕朱祖希：《營國匠意——古都北京的規劃建設及其文化淵源》（北京：中華書局，2007 年），頁 249～255。

〔註 197〕鄭毓瑜：〈抒情自我的詮釋脈絡〉，《文本風景：自我與空間的相互定義》（臺北：麥田出版社，2014 年二版），頁 18

〔註 198〕此處所引詩句皆出自〔越南〕丁翔甫：《北行偶筆》，《越南漢文燕行文獻集成》第十冊，〈三座門候駕恭紀〉，頁 160～161。

足見越南使節在燕京所看與所做者，以禮儀之節和皇權風景居多，即使有少許公餘閒暇的私人活動紀錄，會客訪友、購書買藥，還是可能因為使節身分而意在為國打聽輿情、蒐集情報，又或是隨帶貿易、採買所需，〔註 199〕總是難以擺脫皇權、禮儀空間的環境氛圍，和使節身分此一書寫位置的影響。因此當我們思考越南使節北京書寫中，所選擇記錄的活動內容時，還必須考慮「真實世界的人所身處的環境總是具有一定意義。我們總是在某個背景下看待彼此。人類無法脫離環境。不確定自己身處於什麼環境，不表示這個環境不存在」，以及「我們的公共行為對我們的內在生命有積極影響。實踐美德能讓我們擁有美德。」〔註 200〕此二論點的可能性。一個人所處的環境背景與空間氛圍，會對人的言行處事產生深刻影響，而人根據所屬身分地位所表現出相對應的公共行為，更是展現生命意義的美德實踐。翻閱一部部越南漢文燕行紀錄，前出後行眾多的燕行使中，多有履行朝貢儀節、參加宮廷宴會、朝賀萬壽聖節之記，顯然在北京，這個標誌皇權最高影響力的地區，如實記下與皇室、朝儀相關的一切，是使臣之責，更是一種「使於四方，不辱君命」的使臣格調之彰顯。

越南燕行使的北京書寫中，留下許多邦交屬國之臣應有的朝覲禮儀紀錄，其燕行記載可說是行禮遵儀的任務實錄。「邦交新議奉綸言，行理梯航遠叩閽。兢慄厥心懷靡盬，底宣俞旨幸承恩。一初注措宸衷慰，萬禩持循國勢尊。預喜此回公事濟，春風軿乘寵光蕃。」〔註 201〕越南燕行使便是如此忠實記錄其為邦交任務遠行，戰戰兢兢，只為完濟公事，成就個人之最高榮譽與國家之最好發展。不憚繁瑣，將諸多行禮過程和儀節加以書寫記錄，或是出於現實所需的考察之記，卻也反映出書寫者的身分格調。清代乾嘉時期義理學的發展有所謂的「復禮思潮」，是一種以「習禮」為著力點的禮學

〔註 199〕越南使部如清的重要任務之一便是購買中國書籍，阮朝明命帝曾交代使臣張好合等購買古詩、古畫、古人奇書，及燕京仕宦之家所撰的私書、實錄；嗣德帝亦曾叮囑使臣阮述，雖已擬定購書清單，然不宜拘泥，應加心廣求，相機購買。因此，越南使節至中國的購書行為，既是其本身文化修養而有之舉，也有奉命行事的客觀要求。詳細內容可參考陳國保：〈越南使臣與清代中越宗藩秩序〉，《清史研究》第 2 期（2012 年 5 月），頁 69～70。

〔註 200〕泰瑞・伊格頓（Terry Eagleton）：《如何閱讀文學》（臺北：商周出版，2014 年 1 月初版），頁 111。

〔註 201〕〔越南〕阮做：《星軺隨筆》，《越南漢文燕行文獻集成》第十六冊，〈聞國書已蒙清帝准允喜賦〉，頁 144～145。

復興，認為落實在器數、儀則上的禮，可以使「上者陶淑而底於成，下者亦漸漬而可以勉而至」，清儒凌廷堪甚至認為各種禮儀之演練與學習，能夠發揮「禮」之節性作用，進而復其善性，達到化民為善的禮學經世最高理想。〔註 202〕清代對屬國朝貢覲見之相關儀節規範，沿用前代並有所更新，並以制定專門的儀注、編纂《會典》和《會典事例》等方式使之愈趨規範化、系統化，最終臻於完善。而清廷之所以如此關注宗藩禮儀的制定，乃因這些禮儀規範體現了天朝與藩屬國之間的政治關係與封建等級之別。〔註 203〕雖然從清廷的角度來看，不無宣示皇權之用心，然而回到越南燕行使乃其國萬中選一的優秀臣子來論，對朝貢相關的各種活動加以書寫留下紀錄，都是使節身分的展現與榮耀。

誠然，則越南使節似乎難以跳脫身分，寫下更多值得參考的非官方活動紀錄，這無疑受到其個人身分之制約，以致產生著重公共行為紀錄的書寫判斷與選擇，還有任務實錄方能彰顯使臣格調的書寫態度。如果我們對於越南使節燕行之記在北京未有更多皇室和禮儀之外的關注與記錄，而深感遺憾，卻還是不得不考量到其停留北京的時間與所受之限制，國外學者韓書瑞曾指出，清代外國使節至北京乃多有特定任務與時間，其所見到的北京面貌有其侷限，而私人遊覽北京未被大力提倡，因此使節們的注意力都集中在官方的交易和皇家儀式上。〔註 204〕準此，研究越南燕行使的北京書寫，若以朝貢儀節記載欠缺嶄新視角或文學性，而有所忽略，便是忽略了其選擇記述材料的某種價值判斷與身分認知，更漠視了環境背景和空間氛圍對人的深厚影響。

二、衣冠禮樂，咫尺威顏：皇權、禮儀與國家主體地位

觀光客的凝視是一種有限度地擺脫日常生活習以為常的慣例與行事作風，以便讓感官投入一連串與生活上的「平凡無奇」形成強烈對比的刺激。思索觀光客的凝視對象，可以進一步了解與其作為對比的其他社會元素。〔註 205〕作

〔註 202〕張麗珠：〈凌廷堪「以禮代理」的禮治理想暨乾嘉復禮思潮〉，《清代義理學新貌》（臺北：里仁書局，1999 年初版），頁 235～297。

〔註 203〕孫宏年：《清代中越關係研究（1644～1885）》（哈爾濱：黑龍江教育出版社，2014 年 2 月第 1 版），頁 112～113。

〔註 204〕〔美〕韓書瑞（Susan Naquin）著，朱修春譯：《北京：寺廟與城市生活（1400～1900）》（新北市：稻鄉出版社，2014 年 1 月），頁 175。

〔註 205〕John Urry 著、葉浩譯：《觀光客的凝視》（臺北：書林出版有限公司，2007 年 12 月一版），頁 21。

為特殊身分的觀光客，越南燕行使是以何種方式建構屬於「越南限定」的「觀光凝視」？思索此議題，其實也是透視大清帝都樣貌，挖掘屬國越南自處姿態的方法。乾隆年間兩度來到北京的阮偍，寫下兩首初抵京師時的「到京喜賦」詩：

啣命梯航拜冕旒，八千餘里路途修。
撫今文物繁花地，景古衣冠禮樂州。
致遠果酬余素志，觀光不負此情遊。
宸居咫尺威顏近，景仰天垣瑞氣浮。

飄飄周道策吟鞭，秋盡冬殘復到燕。
華轡聘窮鄒兗國，星槎泛抵斗牛邊。
征人情思猶前度，大地風光勝昔年。
玉帛一庭來萬國，衣裳再挽舜堯天。〔註206〕

來到帝都北京，算是一酬素志的觀光之遊，天子威顏就在眼前。對於北京，阮偍的觀光凝視除了玄妙的瑞氣之兆外，北京就是個自古擁有衣冠禮樂文明，如今又文物盛明、繁華熱鬧的首都；是萬國依禮來朝，共尊繼承堯舜賢君道統而依禮治國的大清天子所在地。阮偍之語不無美飾，不過至少可以肯定的是，其心中以為的「北京印象」，是「衣冠禮樂，咫尺威顏」，有皇權、有禮儀、有文明，統馭天下、四海一家、共尊賢主的首善之都。

事實上，作為帶有特殊任務的另類觀光客，執行任務的最終目的地北京又是帝都，越南燕行使凝視的對象主體自然有其專門限定，呈現的書寫氣息必然流露鮮明的皇家氣象，如此其北京書寫隱含著某種既新鮮奇特，又制式單一的弔詭反差在其中。其筆下捕捉的該是觀光客感覺奇特之處，照理來說，單一重複且繁瑣無趣的行禮如儀場面，應該捨去，然而燕行朝覲面聖卻是許多越南士子畢生難有的經歷，代表本國朝見宗主國天子的莫大榮耀與浩大場面，是在越南日常生活經驗不到的場景，這些禮儀活動是越南燕行使身為越南官員，個人立身揚名的價值所在，也是越南國家利益與國家主體之證明，更何況還可能是政治外交角力的著眼點，如何能夠不記？明明操演的是藩屬國的臣子之禮，然而行禮的排列序位、所著衣冠朝服，卻又是證明本身主體存在事實的禮節象徵，因此自然成為書寫的重心。臺灣歷史學者甘懷真認為

〔註206〕〔越南〕阮偍：《華程消遣集》，《越南漢文燕行文獻集成》第八冊，〈到京喜賦〉、〈至京喜賦〉，頁135～136、226～227。

權力本身是一種人為的文化建構，禮制中的諸符號不只是政治權力的反映、工具與裝飾，其本身就是權力。權力也是一種人際關係中的文化現象，人們在其社會生活中，通過人際關係的締構，以確立自身主體的地位，並藉此確認或擴張其權力。〔註 207〕如此，則越南使節的朝貢禮儀活動，恰好印證了權力藉由禮儀符號而有所展示，禮儀活動的實行，讓士大夫（越南使節）獲得了身分的榮譽感，進而感受到己身的權力；而被朝覲的大清天子也在各種朝貢儀節的實踐中，感受到四夷來朝的共主權力與虛榮心，「中國國君」與「海外臣子」的封藩關係與權力位階，就此確立。

中國在東亞政治秩序的操作中，最主要的目的是要建立君臣關係的秩序，而此關係是藉由代表權力本質的「禮儀」來表達，因此實踐禮儀的本身便是在展現權力。〔註 208〕當越南使節書寫其隨班覲見，在隆重的朝會儀式上朝見大清天子，寬闊的廣場，金碧輝煌的太和殿，丹陛上從銅爐、銅鶴、銅龜中裊裊升起的香煙，五彩繽紛的儀仗，身著朝服的文武百官在震耳的樂聲中行禮，儀仗隆重，氣氛肅穆，朝覲典禮的儀式場面之寫，既彰顯使臣身分、權力與忠於其職之功，更反映出封建皇權的威嚴及天子的神聖權威。〔註 209〕同樣的，當越南使節寫到其獲賜參加宮廷宴會，又或是一飽耳目感官之福，得以在宮廷中聽戲、觀火、觀看樂舞表演，這些記述除了是燕行使個人的體驗與公務執行內容，更有濃厚的政治意味在其中。道光帝在道光五年（1825）曾作〈上元日正大光明殿錫宴外藩喜成〉：「前朝雪散助春光，今序張筵御醴香。西北雄藩承世德，東南雁使奉前章。柳垂弱質檐端拂，梅吐新葩坐右芳。敬續鴻猷欽耿烈，情聯中外凜無忘。」在圓明園的宴席上，既有「西北雄藩」，又有「東南雁使」，清廷正是通過這種賜宴形式，達到「情聯中外」的政治目的。至於讓外國貢使觀看焰火，就如同三跪九叩之禮，也是一種帝國禮儀，通過綻放的烟花，將帝國的萬丈光輝濃縮在帝京暗夜的天空，讓貢使們不自覺地體驗到天下一統的情懷，從而增加屬國對天朝的向心力。還有，慶賀乾隆皇帝八旬萬壽時，令南北伶工對列演唱，既是懷柔政策的展現，也是「昭德象

〔註 207〕甘懷真：〈自序：兼論中國政治史研究的展開〉，《皇權、禮儀與經典詮釋：中國古代政治史研究》（臺北：國立臺灣大學出版中心，2004 年），頁 2～3。

〔註 208〕甘懷真：〈所謂「東亞世界」的再省思：以政治關係為中心〉，《皇權、禮儀與經典詮釋：中國古代政治史研究》（臺北：國立臺灣大學出版中心，2004 年），頁 243。

〔註 209〕韋弓：〈清宮朝會儀式〉，《紫禁城》第 3 期（1980 年 6 月），頁 16。

功」——昭示帝王文德與象徵皇朝武功的表現，更有將周邊國家、民族的音樂納入統治王朝的禮樂體系中，以達天下一統、四方臣服之意。〔註 210〕

皇宮之內的各種安排，皆非興起為之，只為一時趣味，其背後皆有某種政治目的或價值信念，比如為帝后賀壽上演的宮廷連臺本戲，從表現的範圍來看，要比民間豐富很多，尤其重視表現國家層面的大戰爭，這與觀賞者皆為當時統治階層有關，為滿足此一社會層面的審美與需求，因而形成了獨特的「宮廷氣息」，即浩大的歷史空間背景、激烈的戰爭場面，永遠的忠奸對抗。這符合以皇帝為代表的皇族、官僚們的欣賞眼光，以及他們堅持的國家倫理價值體系。〔註 211〕又如乾隆四十七年（1782，壬寅）命朝鮮、琉球、南掌、暹羅四國陪臣亦入原只賜宴蒙古諸藩及年班回部降番的紫光閣上元宴觀禮，朝鮮使臣黃仁點、洪秀輔因此各賦紀恩七律一章；及乾隆五十年舉行千叟宴時，朝鮮國王遵乾隆之命，派年六十以上陪臣二、三人充正、副使與宴，因此得高宗嘉其忱悃，於常例外特賜諸禮。〔註 212〕讓藩屬國與宴觀禮，或是要求屬國共襄盛舉千叟宴並破例賞賜，這些都不無炫耀國力、展示皇權支配天下，及柔懷遠人的政治意義在其中。越南使節記寫其所參與的官方活動時，不見得顯露太多皇權操縱支配的痕跡，然而隱身其中「列聖柔遠綏邦，撫安華夏」〔註 213〕的皇權身影，卻始終未曾消失。

另外，越南使節朝覲大清天子時，除有奉和御製詩或恭進祝賀詩文表箋等應制之作，亦有御前謝恩、一展詩才之作。如陶公正《北使詩集》便有後黎朝使節武惟諧、胡士揚、陶公正、武公道四人唱和之〈御前賜茶謝詩〉，將其覲見康熙皇帝而得賜茶一事留下紀錄，表達萬里遠來得御前賜茶、沐浴皇恩之幸，茶溫、禮溫無以回報，僅以詩作祝賀天子壽等南山萬年聖，且言「南回長共北辰尊」、「願正侯綱名分尊」，表明謹守封藩體制，以宗主國天子為尊之意。〔註 214〕則越南使節在北京履行朝貢儀節時，對於國家主體

〔註 210〕何新華：《威儀天下——清代外交禮儀及其變革》（上海：上海社會科學院出版社，2011 年 4 月第 1 版），頁 72、79～80、83。

〔註 211〕羅燕：《清代宮廷承應戲及其形態研究》（廣州：廣東高等教育出版社，2014 年 12 月第 1 版），頁 323。

〔註 212〕〔清〕吳振棫撰，童正倫點校：《養吉齋叢錄》（北京：中華書局，2005 年 12 月第 1 版），卷十五，頁 200、204。

〔註 213〕〔清〕昭槤撰，何英芳點校：《嘯亭雜錄》（北京：中華書局，1980 年 12 月第 1 版），《嘯亭續錄》卷二「本朝待外國得體」，頁 431。

〔註 214〕〔越南〕陶公正：《北使詩集》，《越南漢文燕行文獻集成》第一冊，頁 234～235。

地位的想法為何？確實只存奉大清為「君」而自稱為「臣」的君臣關係之想嗎？面對禮儀背後的皇權身影，其姿態便是俯首再拜、臣服無聲？首先，前文提及乾隆時期越南使節阮輝㵗曾提出與朝鮮位列同次的行禮要求，而道光時期的燕行使阮廷賓在明命帝要求下，向大清禮部申辯行禮班次，因明命帝主張若仍被視同南掌、暹羅、琉球等「夷狄之國」，則寧願出班受罰。顯然，在北京，越南使節面對禮儀背後的皇權與所象徵的國際秩序與國家地位，並非完全沉默，然而其發言與爭取的關注重點，總有一個可供比較的對照組，即所謂「文獻之邦」的朝鮮。〔註 215〕越南如此費心計較朝覲大禮時的班次序位，除了重視國體、維護國家地位，關鍵還是在於文化思想上的華夷觀念。

越南接受中國文化，自稱為文化民族，視入主中原的清人為夷狄，認為自己才是中國文化的真正繼承人，甚至以「中夏」、「中國」自尊其國，而視其周邊民族為蠻夷，藉此凸顯自身文化的優越，此種心態從越南人將道光十一年（1831）李文馥在福州作〈夷辨〉以辨說華夷的地方性事件，附會為道光二十一年（1841）在京城會同館發生，並將李文馥其行刻寫為越南民族英雄一事可看出，其目的便是將華夷之辨上升為國家之間的禮儀之爭，強調越南乃神農之後，與夷有別，凸顯出其中華正統地位，並暗藏視滿清為夷狄的文化優越心理。〔註 216〕正如朝鮮以明朝為中華，其自身為小中華，視清朝則為夷狄，因此明朝滅亡後，朝鮮作為中華餘脈，故當尊周攘夷，尊明貶清，在思想文化上以中華正統自居。〔註 217〕同為清朝屬國的越南，其實和朝鮮一樣，面對滿清政權，存在某種鄙「夷」的自我優越感，而朝鮮使臣漢文水準向來頗高，自認文化之國的越南當然不能在朝鮮和清人面前有所遜色，甚至因此遭輕侮為「夷」，所以其挑選出的燕行使往往精通語文、嫻熟禮儀、文化素養高，能與清朝官員一同吟詩，亦能與朝鮮使臣切磋詩文。〔註 218〕

〔註 215〕潘叔直《國史遺編》記載：道光十三年（西元 1833 年）如清歲貢的越南使臣阮亶、阮炤，因朝覲位次立於朝鮮之下，不能申辯，回國受到處罰。此事不論是否為真，都反映出越南視己與朝鮮同為文化之國的心理。

〔註 216〕陳國保：〈越南使臣與清代中越宗藩秩序〉，《清史研究》第 2 期（2012 年 5 月），頁 67～68。

〔註 217〕孫衛國：《大明旗號與小中華意識——朝鮮王朝尊周思明問題研究（1637～1800）》（北京：商務印書館，2007 年 11 月第 1 版），頁 419。

〔註 218〕劉仁善：〈19 世紀的越中關係和朝貢制度：理想與現實〉，《Journal of Northeast Asian History（JNAH）》第 1 期（2009 年夏），頁 5～6。亦見於「東北亞歷史

其實對於越南與朝鮮的文化認同和鄙視滿人夷俗，從衣冠文明的思想即可得到印證。中國古稱華夏，意即衣冠華美之大國，衣冠制度是中國傳統文明的基調，衣冠文明更是區別華夷之標記。「萬國仰宗周，衣冠拜冕旒」（王維〈奉和聖制暮春送朝集使歸郡應制〉）是中國傳統文明的理想，朝鮮人以衣冠制度悉同中國視為其文化上的最高成就，並引以為榮；〔註 219〕越南使節阮思僩「卻喜朝鮮門館近，相逢略識古衣冠」之句，〔註 220〕也道出其和朝鮮文人相同，崇尚中國別尊卑、寓賞罰、辨夷夏的衣冠文明。尤其，阮氏所謂的「古衣冠」，乃指以漢族文化為主的大明衣冠，而非薙髮易服的滿俗。道光初年使華的潘輝注在其《輶軒叢筆》中便云：

> ……唯衣服之制，不改滿俗，終乏雅觀。天子衣，五金花；親王衣，三金花；大臣以下，衣二花一花，以此分別。其冠氈帽皆同，惟以頂顆黃白青紅為差。頂掛珠串，恰似禪僧，衣皆狹袖，又類戎服，以此周旋揖遜，畢竟非聲名文物之盛耳。
>
> 自清朝入帝中國，四方薙髮變服，二百年來，人已慣見耳目，習俗熟簡，便恬然無復疑怪，故明冠服之制，惟於戲劇時陳之，已俱視為傀儡中物，不曾又識初來華夏樣矣。我國使部來京，穿戴品服，識者亦有竊羨華風，然其不智者，多群然笑異，見幞頭、網巾、衣帶，便皆指為倡優樣格，胡俗之移人，一至如此，可為浩嘆。〔註 221〕

潘氏認為清朝衣服之制從滿俗，不夠雅觀、又似戎服，實在不符盛世文明，然而清朝入關統治下令薙髮易服已兩百年，百姓早習以為常、不復怪疑，代表華夏文明的大明冠服之制，只在戲劇出演時得見，成為徹底的「傀儡之物」。越南使節遵從古代衣冠文明，以幞頭、網巾、衣帶此漢家冠服打扮進京，卻少有人識，羨華風者少，取笑為倡優扮相者多，對於這樣的社會風俗與思想意識之變，潘氏深深感嘆滿人胡風夷俗竟可如此改變人心，摧毀歷史悠久的衣冠文明。

財團網站」，網址如下：https://www.nahf.or.kr/chn/gnb03/snb02_02.do?mode=view&page=3&cid=53705&hcid=49255

〔註 219〕朱雲影：《中國文化對日韓越的影響》（臺北：黎明文化事業股份有限公司，1981 年 4 月初版），頁 557～571。

〔註 220〕〔越南〕阮思僩：《燕軺詩文集》，《越南漢文燕行文獻集成》第二十冊，〈曉回驛館偶成〉，頁 113。

〔註 221〕〔越南〕潘輝注：《輶軒叢筆》，《越南漢文燕行文獻集成》第十一冊，頁 160～162。

除了潘輝注的評論外，道光晚年來華的阮攸，其《星軺隨筆》中有〈過燕京城東南弔故黎從亡臣黎冏并引〉，憑弔追隨被西山阮氏政權推翻的後黎朝末代君主黎維祁一同出逃中國，並奉命護送黎氏家眷入清的一代忠臣黎冏其人：

> 我國前黎氏之亡也，黎末主內投，有故臣長派侯黎冏從至桂林省城，廣督福康安逼令薙髮，冏不肯乃下獄，尋解至燕仍繫獄，至十餘年而髮終不薙也。及聞我國朝大定乃請于清，以故君遺櫬南歸。夫冏之從亡自是人臣事君常分，固不必贅為稱讚，惟不薙髮一事尤為持節，此豈獨我國人所深取想，中州士夫懷本之思亦當有感焉者也。〔註 222〕

黎冏在清朝承認西山阮朝後，被逼薙髮易服入旗籍卻始終不從，後遭清廷拘押十年，仍未改其志，最終在清朝同意下奉故主骸骨歸國。對於「身能不浼仇邦餤，髮亦猶為太古人。囹圄十年心似鐵，山河千古氣凌雲」的黎冏，阮攸自是佩服其忠貞之節，不過國破君奔而事君從亡，阮攸認為乃君臣綱常之職分，毋須特意稱讚，倒是堅持不肯薙髮一事，此堅守氣節不事蠻夷的文化思想意識，更令人敬仰，不只是越南人該深思取法，更是中土士大夫該有的懷本之思！阮攸之言明顯流露其以薙髮滿俗為夷的華夷思想，及崇尚漢家冠服的文化意識。對於滿清統治的中國，儘管知其「歷世不變滿服，只是遵守祖宗之訓」，正如潘輝注眼中的道光帝騎射亦精，乃「其世守家法，不忘馳驟」，不敢廢騎射而習寬衣大袖；儘管明白「清朝禮制謹嚴」，親王入侍、同樂聽戲、送駕幸園等皆有規定，「轂輦之下，諸臣體制宜然」，至於「外任行儀」，亦有其制，〔註 223〕滿清王朝並非無禮的野蠻之國。然而對於清廷以「異族」之姿統治中原華夏，越南人總是存有蔑視心理，對於施網巾以束髮、戴烏紗帽、繫腰帶、穿皂靴的漢族衣冠服制，更是視為華風嚮慕仿效，實難認同薙髮狹袖之滿州風俗。〔註 224〕

〔註 222〕〔越南〕阮攸：《星軺隨筆》，《越南漢文燕行文獻集成》第十六冊，〈過燕京城東南弔故黎從亡臣黎冏并引〉，頁 145～146

〔註 223〕〔越南〕潘輝注：《輶軒叢筆》，《越南漢文燕行文獻集成》第十一冊，頁 162～163、174～175。

〔註 224〕劉仁善指出，黎熙宗曾於康熙三十五年（西元 1696 年）下敕令，要求進入安南的中國人之髮型、服裝皆須改為越南人之打扮，理由是不欲滿州風俗損害了越南的美好風俗。又越南阮朝明命帝在道光十年（西元 1830 年）讀了《大清會典》後，對群臣言及清廷官吏衣冠遵循蠻夷風俗，與古人服飾相異，

不過有趣的是，乾隆時期安南西山阮朝國王率使團來向乾隆皇帝朝覲賀壽時，卻欣然改易滿人服裝行朝覲之禮，隨行使節更為此作詩感懷謝恩。〔註 225〕對清廷來說，薙髮滿服是清朝維繫其大清正統的一種手段，因為「衣冠不僅是文化認同的標誌，也是政治承認的象徵」，不過對於外國使節的禮儀朝覲服飾，清廷並未嚴格規定，也因此朝鮮、琉球和安南的使節皆照舊穿著前明冠服來朝。〔註 226〕那麼為何安南國王阮光平及其隨行使節要捨棄符合其華夷觀念與衣冠文明的漢家冠服不穿，而改易滿族服裝？甚至因此遭到同樣視大明衣冠此漢族服飾方為中華正統的朝鮮使節之鄙視，並作詩加以諷刺？〔註 227〕答案便是向現實妥協的一時權宜作法。雖然在朝鮮使節的

切勿貿然模仿。參見劉仁善：〈19 世紀的越中關係和朝貢制度：理想與現實〉，《Journal of Northeast Asian History （JNAH）》第 1 期（2009 年夏），頁 11。

〔註 225〕潘輝益《星槎紀行》有詩二首，其一為〈十四日，奉頒國王與陪臣冠服，奉御詩題扇頒示，恭和進覽。奉賞大緞一卷，箋紙二卷，筆墨各二匣〉：

「覲鑾追陪幸邇依，天恩稠疊古來稀。宸居親睹四知屋，朝列榮叨三品衣。遭際奇緣咸手舞，恭虔素悃不顏違。南山厘祝聖人壽，億載鴻圖永受機。」

其二為〈奉穿戴天朝冠服，惕然感懷〉：

「聖心覆冒視如一，朝服焜華品在三。逐陛覲光頻荷眷，清霄顧影獨懷慚。幸將文字塵隆鑒，驚受冠紳沐渥覃。夢境不知身幾變，且憑天寵耀軒南。」

見〔越南〕潘輝益：《星槎紀行》，《越南漢文燕行文獻集成》第六冊，頁 232～233、235。

武輝瑨《華程後集》則有詩三首，其一為〈應制奉代和特賜朝服御製詩韻〉：

「梯航遠至樂因依，聖澤霑優自古希。已列明堂瞻舜冕，還容逐陛側萊衣。華躬服飭欣無斁，從俗儀章奉不違。覆幬莫酬穹昊德，虔稱壽斝祝祥機。」

其二為〈次日奉賜三品冠服，因奉依前韻進謝〉：

「扈從覲鑾再瞻依，似此遭逢千載希。恩典幸叨三品服，昕廷親拜六章衣。此生被德長無斁，異日祇顏遠不違。釐祝吾皇天壽永，萬年黼座受鴻機。」

其三為〈被帶新頒冠服偶成〉：

「衮衣重覲熱河城，盈耳鈞韶去歲聲。周實頻叨天九渥，虞章還竊品三榮。亦知聖眷非常得，自笑凡身幾變更。正擬歸裝珍襲處，斑堂獻舞獻桃觥。」

見〔越南〕武輝瑨：《華程後集》，《越南漢文燕行文獻集成》第六冊，頁 366～367。

〔註 226〕葛兆光：〈大明衣冠今何在？〉，《想像異域：讀李朝朝鮮漢文燕行文獻札記》（北京：中華書局，2014 年 1 月第 1 版），頁 151、154～155。

〔註 227〕有關朝鮮使節對安南君臣易滿服之不悅和鄙視，及朝鮮使節自得於其冠服乃明朝遺制，瞧不起清廷統治下薙髮易服的漢族人之態度，可參見葛兆光〈大明衣冠今何在？〉與〈朝貢、禮儀與衣冠——從乾隆五十五年安南國王熱河祝壽及請改易服色說起〉二文。見氏著：《想像異域：讀李朝朝鮮漢文燕行文獻札記》（北京：中華書局，2014 年 1 月第 1 版），頁 143～164、227～249。

追問下，安南使臣最終似有赧意，對漢族大明衣冠的「文明背叛」應仍懷有羞恥之心，然而正如大陸學者葛兆光所分析，清朝統治下的一般漢族百姓，也在經歷過慘烈、漫長的血腥歲月後不得不向現實妥協，「遵時」、「從俗」地薙髮編辮、穿上滿服，〔註 228〕那麼甫推翻後黎朝的西山阮氏，自然要為獲得清朝冊封以定名分，穩固政權權威與根基而向現實低頭。

其實正如朝鮮對清朝並非表裡如一，外表上雖然謙恭，履行藩國職責，行事大之禮，但內心從未真正臣服，始終處於獨立抗拒的姿態，以優越的心態俯視宗主國清朝，〔註 229〕越南實際上也不「敬畏天朝」，而是抱著與清朝地位對等的想法，如阮朝君主雖派使節在北京稱臣納貢，然而對內稱帝，制定年號；在清越外交正式場合使用「朝貢」一詞，對內則使用「邦交」。〔註 230〕然而亦如乾隆年間的朝鮮燕行使，有鑑於朝鮮國內的改革需要，及清中國強盛的事實，因此一面「思明」，一面「尊清」；一面高呼眷眷皇明，一面積極與清人交往，〔註 231〕越南統治者為避免軍事衝突，保持國家安全；為通過獲得清朝皇帝的冊封，以確立對內對外的權威；為採購物資，活絡經濟等種種現實考量，〔註 232〕而和朝鮮一樣扮演稱臣友好的藩屬之國，定期派遣使節朝覲納貢，以表忠心。越南與朝鮮其實都妥協於政治現實，走在以中國為中心的東亞朝貢軌道上，即使各有其民族與國家之認同，卻也眷慕中國文化；至於中國，當然也有其自己的「皇權論述」：中國的天子自認為是人間文明的典範，中國的朝廷就是人間最高禮儀的展示所，作為中國天子之臣而臣服於中國的政權與個人，即被歸入文明的範疇，反之，即為野蠻人；中國天子所統治的是一個「名教」的世界，在此「名教」世界，天子的職責是賜名。〔註 233〕清朝在這套皇權論述下重視宗藩之間的君臣關係，重

〔註 228〕葛兆光：〈大明衣冠今何在？〉，《想像異域：讀李朝朝鮮漢文燕行文獻札記》（北京：中華書局，2014 年 1 月第 1 版），頁 156、161～164。

〔註 229〕孫衛國：《大明旗號與小中華意識——朝鮮王朝尊周思明問題研究（1637～1800）》（北京：商務印書館，2007 年 11 月第 1 版），頁 422～423。

〔註 230〕劉仁善：〈19 世紀的越中關係和朝貢制度：理想與現實〉，《Journal of Northeast Asian History（JNAH）》第 1 期（2009 年夏），頁 8～9。

〔註 231〕吳政緯：《眷眷明朝——朝鮮士人的中國論述與文化心態（1600～1800）》（臺北：秀威資訊科技股份有限公司，2015 年 11 月），頁 215。

〔註 232〕劉仁善：〈19 世紀的越中關係和朝貢制度：理想與現實〉，頁 6～8。

〔註 233〕甘懷真：〈所謂「東亞世界」的再省思：以政治關係為中心〉，《皇權、禮儀與經典詮釋：中國古代政治史研究》（臺北：國立臺灣大學出版中心，2004 年），頁 250。

視維繫皇權的禮儀文明，不過對接受朝貢體系只是為了實質利益的藩屬國越南來說，君臣關係與禮儀文明僅僅具有形式上的意義，否則阮朝明命帝也不會在未取得清朝的同意下，自行制定新國號「大南」，凡據御命編纂的所有書籍上都印上「大南」二字，如《大南實錄》、《大南一統志》、《大南會典事例》。〔註 234〕就如同大陸學者孫宏年所分析，越南與中國虛擬的「君臣關係」並未損害本國的領土完整、主權獨立和國家利益，只是多了個表面上的「天下共主」和虛設的藩屬，以及煩瑣的禮儀和規範而已，〔註 235〕因此越南王朝可說是利用了皇權論述和禮儀上的君臣綱常之從屬關係，來獲得更多的國家利益，以維護其國家主體地位。

越南對中華文化的仰慕無庸置疑，而其文化認同和國家政治認同在現實考量下可以切割分視，其維護國家主體地位的方式並非與滿清對抗，而是在行之有年的宗藩架構下，以國家利益為考量，在屬國朝貢賓禮的諸多儀節中，盡形式上的君臣關係，從中獲取物質資源等各方面的利益回饋；是在華夷觀念下，堅持是華非夷，並將之反映於行禮序位等細節安排。因此越南燕行使北京書寫中所反映的燕京生活，其實就是一方面通好中華，迎合天朝所謂「柔遠綏懷」的禮儀秩序；另一方面秉承本國「南國山河南帝居之」的旨意，在禮儀上不觸犯既存宗藩朝貢體制的前提下，試圖爭取更為平等的對話地位，以不辱使命。〔註 236〕總之，越南使臣在燕都，便是把握禮的分寸，既彰顯使臣格調又維護國家體面；既臣服皇權又不忘透過儀節抗衡申辯；在君臣朝貢之儀下維繫中國原本的皇權論述體系，又從中獲取國家主體利益。其越南限定的北京觀光凝視，正是一幅禮與人的構圖，圖畫中的禮儀之行本身既隱含權力身影，又成為被人所運用的工具，北京這座天子所在之城，始終被覆蓋在各取所需的禮儀大衣之下。

〔註 234〕劉仁善：〈19 世紀的越中關係和朝貢制度：理想與現實〉，《Journal of Northeast Asian History（JNAH）》第 1 期（2009 年夏），頁 10。

〔註 235〕孫宏年：《清代中越關係研究（1644～1885）》（哈爾濱：黑龍江教育出版社，2014 年 2 月第 1 版），頁 114。

〔註 236〕陳國保：〈越南使臣與清代中越宗藩秩序〉，《清史研究》第 2 期（2012 年 5 月），頁 73。